mandelbaum *verlag*

Horacio Verbitsky

DER FLUG

Wie die argentinische Militärdiktatur
ihre Gegner im Meer verschwinden ließ

Aus dem Spanischen von Sandra Schmidt

mandelbaum *verlag*

»History is a nightmare from which I am trying to awake.«

James Joyce, Ulysses

Gedruckt mit Unterstützung von

Ministerio de Relaciones Exteriores y Culto de la República Argentina.
Programa »SUR«

www.mandelbaum.at

Originaltitel:
El vuelo, Editorial Planeta, Buenos Aires 1995
Die Übersetzung folgt der Ausgabe 2004, erschienen in der Editorial Sudamericana sowie 2006 in der Zeitung La Página

Lektorat: Tanja Gausterer
Satz & Umschlaggestaltung: Michael Baiculescu
Umschlagbild: Verena von Schönfeldt
Druck: Primerate, Budapest

INHALT

Wolfgang Kaleck

VORWORT

Der argentinische Schriftsteller Julio Cortázar beschrieb 1981 das Dilemma seines Heimatlandes, in dem »eine Gruppe von Argentiniern beschließt, in einer einladenden ebenen Landschaft eine Stadt zu gründen, ohne dass die große Mehrheit von ihnen bemerkt, dass die Erde, auf der sie beginnen ihre Häuser zu bauen, ein Friedhof ist, von dem keine Spuren mehr sichtbar sind.« Eine neue Metropole entsteht. Dann aber kommt »der Moment, in dem sich die Symptome einer seltsamen Unruhe bemerkbar machen, der Verdacht und die Sorge jener, die seltsame Kräfte spüren, die ihnen zusetzen und die sie beklagen und auf irgendeine Weise versuchen loszuwerden.« Aus dem scheinbaren Triumph »wird langsam einer der schlimmsten Albträume deutlich, entstanden aus einem Fluch, der mit seinem unaussprechlichen Horror alles einfärbt, was diese Menschen auf einer Stadt von Toten errichtet haben.«

Es ist der Plot einer Erzählung, von der Cortázar sagte, dass er sie nie geschrieben habe, weil die Geschichte selbst sie schon geschrieben hatte – so schildert es der Journalist Horacio Verbitsky in seinem Buch »El Vuelo«, »Der Flug«.

Bücher können den Lauf der Dinge verändern und das Werk von Verbitsky, das 1995 erstmals in Argentinien erschien, ist ein solches Buch. Es enthält Auszüge der stundenlangen Gespräche mit dem Marineoffizier Adolfo Scilingo. In den Gesprächen mit Verbitsky berichtete mit Scilingo erstmals einer der Täter detailliert aus dem Inneren der Repression während der argentinischen Militärdiktatur (1976–1983) und zwar von einem der grausamsten Kapitel: Scilingo war in der Escuela de Mecánica de la Armada (ESMA) eingesetzt, dem größten Folterzentrum des Landes, wo allein geschätzte 5000 der etwa 30.000 während der Diktatur Verschwundenen umgebracht wurden, und das mitten in Buenos Aires. Von dort starteten in den blutigsten Jahren der Diktatur wöchentlich Flüge mit betäubten Gefangenen, die anschließend nackt über dem Río de la Plata abgeworfen wurden.

Die Geschichte war schon zuvor bekannt, denn kein geringerer als Adolfo Pérez Esquivel, der spätere Friedensnobelpreisträger von 1980, hatte selbst in einem solchen Flieger gesessen – und war dem Tod nur knapp entronnen. Auch viele der Details über die ESMA und hunderte andere der geheimen, über das gesamte Land verstreuten Folterlager hatten die wenigen Überlebenden der Haft zuvor erzählt. Bei den Gefolterten von einst und den Familienangehörigen der Verschwundenen machte sich deshalb nach den ersten Reaktionen auf Scilingos Beichte eine gewisse Verbitterung breit: »Wir haben es euch seit über einer Dekade immer und immer wieder berichtet – warum bedarf es nun eines Täters, um die Wahrheit dieses Geschehens zu bestätigen?«

Ein fürwahr berechtigter Einwand, den auch das Buch thematisiert. Sowohl der Bericht der nationalen Kommission zur Aufklärung des Schicksals der Verschwundenen (Conadep), der nach dem Ende der Diktatur 1984 unter dem Titel »Nunca Más!«, »Nie wieder!«, vorgelegt wurde, als auch der große Strafprozess gegen die Angehörigen der Militärjunta 1985/86, hatten die Eckdaten des Repressionssystems, nicht zuletzt auf Grund der Zeugenaussagen von Betroffenen, festgestellt.

Doch was brachte Adolfo Scilingo dazu, sich dem bekannten linken Schriftsteller Horacio Verbitsky gegenüber zu öffnen, der in den 1970er-Jahren Mitglied der revolutionären linksperonistischen Gruppierung Montoneros gewesen war?

Seine Motive klangen einigermaßen bizarr. Scilingo nahm keinen Anstoß an den schweren Menschenrechtsverletzungen als solche, sondern an der Debatte um die geplante Beförderung zweier ESMA-Kameraden. Seine Argumentation: Auch Offiziere hätten nur Befehle befolgt. Deshalb müsse entweder kein Militär oder alle Militärs bestraft werden. Kurzum: Es ging ihm um die Frage der Verantwortung für die Verbrechen der Diktaturjahre. Er begann, sich mit Verbitsky zu treffen, und dieser nahm die langen Unterredungen per Tonband auf, die Aufnahmen wurden später als Beweismittel vor Gericht benutzt.

Die Enthüllungen lösten ein gewaltiges Echo in der argentinischen Gesellschaft aus. Vor allem die argentinische Justiz reagierte auf den öffentlichen Druck. Zwar galten 1995 noch die Amnestiegesetze, aber der Anfang vom Ende der Straflosigkeit setzte nun ein: Bundesgerichte führten sogenannte Wahrheitstribunale durch. Am 20. Jahrestag des Militärputsches, dem 24. März 1996, beteiligten sich mehr als 50.000 Menschen an einer großen Demonstration vor dem Regierungsgebäude. Kurz darauf erstatteten progressive Juristen Strafanzeige in Spanien – und zwar unter expliziter Bezugnahme auf die Mobilisierung vom 24. März. Die Anzeige stützte sich auf das Prinzip der universellen Jurisdiktion, auch Weltrechtsprinzip genannt. Danach können schwerste Straftaten wie Folter und Verbrechen gegen die Menschlichkeit vor den Gerichten jeden Landes verfolgt werden – unabhängig vom Tatort oder von Herkunft und Aufenthaltsort des Täters. Es schloss sich ein transnationales Netzwerk aus Aktivisten, Überlebenden, Angehörigen und Juristen zusammen, das gemeinsam den Kampf gegen die Straflosigkeit vor europäischen Gerichten antrat, der in Argentinien aufgrund der Amnestiegesetze zu diesem Zeitpunkt nicht zu gewinnen war. Das Netzwerk sammelte Informationen über die Diktaturverbrechen, machte Zeugen und Überlebende ausfindig, brachte immer neue Fälle ins Rollen. So begannen umfangreiche Ermittlungen gegen argentinische Militärs, die nach mehreren Jahren schließlich zu dutzenden von Haftbefehlen der spanischen, französischen, italienischen und deutschen Justiz führten. Letztere hatte strafrechtliche Untersuchungen aufgenommen, weil es unter den Opfern der Militärdiktatur zahlreichen Franzosen, Italiener und Deutsche gegeben hatte. Der Druck der argentinischen Menschenrechtsbewegung vor Ort und die europäischen Strafverfahren führten 2004 unter der Regierung von Nestór Kirchner zur Aufhebung der Straflosigkeitsgesetze. Die Prozesswelle, die damals einsetzte, dauert bis heute an: Höchste Militärs, Polizisten und Geheimdienstler der Diktatur, aber auch Zivilisten, darunter Ärzte, Pfarrer und Richter, wurden seitdem vor Gericht gestellt. Bis jetzt ergingen mehr als 550 Verurteilungen. Die Wirtschaftselite von damals allerdings ist bis heute so nahe an den Schaltzentren der Macht, dass die Aufarbeitung ihrer Komplizenschaft nur schleppend läuft. Dabei ging es der Diktatur nicht zuletzt darum, die organisierte Arbeiterschaft auszuschalten und die Wirtschaftsordnung umzugestalten. In vielen Fällen waren die Unternehmer allzu gerne bereit, den Militärs bei der Verfolgung unliebsamer Gewerkschafter zur Hand zu gehen. So etwa die Leitung des Ford-Werkes in Buenos Aires, die die Einrichtung eines Folterlagers auf dem eigenen Werksgelände zu verantworten hat.

»El Vuelo« machte Horacio Verbitsky zu einem weltweit bekannten Publizisten. Zudem ist er seit Jahren Direktor der wichtigsten argentinischen Menschenrechtsorganisation »Centro de Estudios Legales y Sociales« (CELS). Er beschäftigt sich nach wie vor mit den

Verbrechen der Vergangenheit, insbesondere auch der Verwicklung der Kirche.

Warum erscheint eigentlich erst jetzt eine deutsche Übersetzung seines epochemachenden Buches?

»El Vuelo« wurde schon bald nach seinem Erscheinen auf Portugiesisch, Englisch, Italienisch und Französisch veröffentlicht. Doch anders als der wesentlich umfangreichere »Nunca Más!«-Bericht, der bereits 1987 vom Hamburger Institut für Sozialforschung veröffentlicht worden war, fand sich für »El Vuelo« kein deutschsprachiger Verleger.

Dabei war die argentinische Militärdiktatur auch hier durchaus ein Thema. In der deutschen Diskussion spielten vor allem die Morde an den deutschen Studenten Elisabeth Käsemann und Klaus Zieschank 1976 und 1977 eine große Rolle. Mehrere Filme und Bücher widmeten sich ihrem Tod und kritisierten das Mitverschulden – durch Unterlassen – des Auswärtigen Amtes an ihrem Tod. Inspiriert durch die spanischen Ermittlungen gründete sich 1998 in Nürnberg die »Koalition gegen Straflosigkeit in Argentinien«, ein Netzwerk aus Kirchlichen, Solidaritäts- und Menschenrechtsorganisationen. Seit damals wirke ich als Rechtsanwalt daran mit, die Diktaturverbrechen strafrechtlich aufzuarbeiten. Im Namen dutzender deutsch-argentinischer Opfer erstatteten wir Anwälte der Koalition bei der Staatsanwaltschaft Nürnberg Fürth Strafanzeige gegen 80 ehemalige Militärs. Ein weiteres viel beachtetes Strafverfahren richtete sich gegen den deutsch-argentinischen Manager von Mercedes Benz, Juan Tasselkraut, dem eine Beteiligung am Verschwindenlassen eines Gewerkschafters bei Mercedes Benz vorgeworfen wird. Die deutschen Verfahren mündeten immerhin in Haftbefehle des Amtsgerichtes Nürnberg und Auslieferungsersuche der Bundesrepublik Deutschland bezüglich der ehemaligen Militärdiktatoren Jorge Videla und Emilio Massera. Obwohl die Aktivitäten der Koalition gegen Straflosigkeit eine Reihe von Veröffentlichungen und auch neuere Filmprojekte inspirierten, hat es bis heute, bis zum bevorstehenden 40. Jahrestag des Militärputsches am 24. März 2016, gedauert, dass dieses wichtige Buch im deutschsprachigen Raum erscheinen kann.

Die Vorzeichen haben sich gründlich geändert: Argentinien stand vor gut 20 Jahren, als das Buch erstmals erschien, für eine selbst im lateinamerikanischen Maßstab besonders brutale Militärdiktatur und für die andauernde Straflosigkeit von deren Verbrechen. Mittlerweile gilt das Land als Modell einer späten, aber erfolgreichen juristischen Aufarbeitung schwerster Menschenrechtsverletzungen. Viele Gesellschaften, die Massengewalt erlebt haben, versuchen einen Mantel des Schweigens über die brutale Vergangenheit zu legen. Zur Begründung heißt es oft, nur so könne ein friedliches Zusammenleben gewährleistet werden. Die ehemaligen Täter und Verantwortlichen bleiben häufig auch nach einem politischen Umbruch einflussreich genug, um eine strafrechtliche Aufarbeitung ihrer Verbrechen zu verhindern. Überlebende und Angehörige von Opfern sind dann gezwungen, im Wissen um die Straflosigkeit zu leben, das Stigma als angebliche Kriminelle und Dissidenten bleibt noch lange haften. Dass diese Stigmatisierung oft auch in der Demokratie nicht endet, berichten auch Überlebende der argentinischen Diktatur. Vielen gilt daher nicht die Bestrafung der Täter als wichtigstes Moment im Gerichtsverfahren. Für sie zählt vor allem, dass in den Prozessen das Unrecht offiziell anerkannt wird. So schreiben die argentinischen Verfahren die Geschichte der Diktatur neu. Die Prozesse stellen klar, dass die damals Verantwortlichen nicht taten, »was getan werden musste«, sondern dass sie Verbrechen gegen die Menschlichkeit begingen. Einen solchen Bruch mit der eigenen gewalttätigen Vergangenheit haben bis dato nicht viele Gesellschaften vollzogen. »El Vuelo« ist daher nicht nur als Kriminalroman auch heute noch gut zu lesen, sondern hilft uns zu verstehen, wie zivilgesellschaftliche Akteure bleierne Zeiten aufbrechen können.

Dezember 2015

Meiner Schwester Alicia

DAS GESTÄNDNIS

Sagen wir die Wahrheit

»Ich war in der ESMA*[1]. Ich will mit Ihnen reden«, sprach er mich in der U-Bahn an.

Der Mann war klein, mit großer Nase und Schnauzbart, etwa Mitte vierzig, trug eine blaue Hose, ein kurzärmeliges gestreiftes Hemd und hatte eine billige Aktentasche in der Hand. Er wirkte wie so viele Überlebende des berüchtigtsten geheimen Konzentrationslagers der Militärdiktatur. Sie laufen ziellos durch die Gegend, versuchen sich irgendwie das Leben zu verdienen und werden den schlechten Traum nie mehr los. Ich hielt ihn für einen von ihnen und antwortete mit einem Satz des Mitgefühls für sein Leiden.

»Nein. Sie haben mich falsch verstanden. Ich bin ein Kamerad von Rolón«, sagte er.

Er war also nicht Opfer, sondern Täter.

Der Fregattenkapitän Juan Carlos Rolón war einer der Geheimdienstoffiziere der ESMA gewesen und zusammen mit seinem Kameraden Antonio Pernías löste er 1994 eine der größten politischen Krisen jener Jahre aus. Präsident Carlos Menem hatte beschlossen, beiden den Dienstgrad des Kapitäns zur See zu verleihen. An dem Tag, an dem der Senat verfassungsgemäß der Beförderung zustimmen sollte, hatte ich einen Artikel über ihre Vorgeschichte in der Zeitung *Página/12* veröffentlicht, in der meine politischen Kolumnen erscheinen. Seit 18 Jahren, also seit 1976 mein erster Artikel über den schmutzigen Krieg in Argentinien erschienen war, verfolgte ich die Geschichte dieser beiden.

Während der großen Verfahren zu Menschenrechtsverletzungen in der Regierungszeit der Militärs von 1976 bis 1983 hatte die Justiz Pernías unter dem Vorwurf festgenommen, elf Gefangene gefoltert zu

1 ESMA – Escuela de Mecánica de la Armada; Mechanikerschule der Marine. Alle weiteren mit einem * gekennzeichneten Begriffe finden Sie im *Siglenverzeichnis* ab Seite 198 erklärt.

haben, die meisten davon Frauen. Der Fall hatte enormes Aufsehen erregt, denn es ging um die ersten Madres de Plaza de Mayo, die kurz vor Weihnachten 1977 aus der Kirche Santa Cruz verschleppt worden waren. Ein anderer Offizier der Marine, Alfredo Astiz, hatte sich unter dem Vorwand, er sei der Bruder eines Desaparecido, eines Verschwundenen der Diktatur, bei den Frauen eingeschleust. Und er hatte das Zeichen für den Beginn der Operation gegeben, indem er eine der Frauen auf die Wange küsste. Zu der Gruppe gehörten auch zwei französische Nonnen, Alice Domon und Léonie Duquet. Alle Frauen wurden gefoltert und dann getötet. Der französische Berufungsgerichtshof in Paris verurteilte Astiz zu einer lebenslangen Freiheitsstrafe. Damit wurde er der einzige Angehörige des Militärs, der Argentinien nie verlassen konnte, ohne dass die Polizei ihn festnehmen würde, nicht einmal, um Krieg zu führen.

Auch Pernías wurde wegen der Ermordung einer Gruppe von pallottinischen Priestern in der Kirche von San Patricios angeklagt, ein anderer der besonders grausamen Fälle der 1970er-Jahre. Gegen Rolón wurde außerdem wegen der Entführung einer Frau ermittelt, die im Zuge einer Hausdurchsuchung gestorben war. Er war es auch, der als Offizier der argentinischen Marine jene Geheimdienstabteilung der ESMA leitete, die ausgesuchte Gefangene einer Art Gehirnwäsche unterzog. Sie wurden unter Androhung des Todes gezwungen, intellektuelle Arbeiten zu übernehmen, die der politischen Karriere von Admiral Emilio Massera förderlich sein sollten. Das Junta-Mitglied Massera verfolgte das Ziel, ein charismatischer Führer à la Juan D. Perón zu werden.

Schließlich rettete ein Gesetz Rolón und Pernías vor dem Gefängnis, das Ex-Präsident Raúl Alfonsín angesichts der Aufstände einer Gruppe von Militärs, der sogenannten Carapintadas, gegen die Strafverfolgung erlassen hatte. Das ›Gesetz über den pflichtgemäßen Gehorsam‹[2] verhinderte ein Verfahren gegen Rolón, und auch Pernías musste aufgrund dieses Gesetzes wieder freigelassen werden.

Die Conadep*, die nach dem Ende der Diktatur eingesetzt wurde und der ein Dutzend Persönlichkeiten aus Wissenschaft, Kunst, Kultur, Kirche und Politik angehörten, hatte noch weitere Vorwürfe ge-

2 Laut *Ley de Obediencia Debida*, auch Gehorsamspflichtgesetz, konnten Militärangehörige bis zum Dienstgrad des Brigadegenerals nicht weiter strafrechtlich verfolgt werden, da sie aufgrund pflichtgemäßen Gehorsams gehandelt hatten.

sammelt: Demnach hatten Pernías und Rolón versucht, in Venezuela, tausende Kilometer von Argentinien entfernt, den ehemaligen peronistischen Unternehmer Julio Broner zu entführen. Er wurde verdächtigt, mit der Guerilla der Montoneros in Kontakt zu stehen. Pernías beabsichtigte, mit Gift versehene Pfeile zu benutzen, die sein Opfer lähmen sollten.

Um die richtige Dosis zu erproben, benutzte er einen Gefangenen als Versuchsobjekt. Der Mann wurde nie wieder lebendig gesehen. Außerdem hielt Pernías eine Fortbildung über den ›antisubversiven Kampf‹ für Folterer aus Uruguay, Paraguay, Bolivien, Nicaragua, Brasilien und Guatemala ab. Und er gründete eine Immobilienfirma, über die er die beschlagnahmten Wohnungen der Gefangenen verkaufte. Deren Angehörige wurden erpresst, damit sie der Überschreibung zustimmten. Waren die Wohnungen erst einmal verkauft, wurden die Gefangenen getötet.

Bis zu diesem Moment war der Widerstand gegen die von der Regierung angestrebten Beförderungen nicht größer gewesen als in allen anderen Fällen seit Ende der Diktatur. Die Presse beleuchtete die Vergangenheit der Kandidaten, und die Menschenrechtsorganisationen gaben ihre Einwände in den Senat ein, der seinerseits Druck von der anderen Seite, also der Regierung und den Generalstäben bekam. Aber dieses Mal war es anders. Pernías und Rolón fühlten sich von der Marine im Stich gelassen. Sie beschlossen auszusagen und lösten damit eine Kettenreaktion aus. Bis zu diesem Zeitpunkt hatten die Militärs immer alle Vorwürfe geleugnet und die Zeugen diskreditiert, indem sie ihnen vorhielten, nur ihre gegen die Streitkräfte gerichteten politischen Ziele mit anderen Mitteln zu verfolgen.

Pernías brach mit dieser Tradition. Er erklärte, die Folter sei die erwählte Waffe in einem Krieg ohne Gesetze gewesen. Er gab zu, dass die Marine die französischen Nonnen entführt und umgebracht hatte, und deutete an, dass die pallotinischen Geistlichen von der Polizei getötet worden seien. Rolón blieb allgemeiner. Er sagte, er würde unter keinerlei Umständen selbst Befehle erteilen wie jene, denen er gehorcht habe, und dass diese »falsch« gewesen seien. Sie seien aber von »Vorgesetzten, die jetzt mit Zustimmung des Senats Admiräle sind«, angeordnet worden. Außerdem ließ er wissen, dass sich keiner der Militärs hätte entziehen können, da die Marine alle Offiziere nach einem Rotationsprinzip in den verschiedenen existierenden Einsatzgruppen operieren ließ.

»Finden Sie nicht, dass das eine Riesenschweinerei ist, was da mit Rolón passiert?«, fragte mich der Mann mit der billigen Aktentasche.

Was meinen Sie?

»Ja, glauben Sie denn, dass Rolón in Eigeninitiative gehandelt hat oder dass wir irgendeine Verbrecherbande waren?«, fragte er herausfordernd.

Und was war es, wenn nicht eine Verbrecherbande?

»Eine Verbrecherbande, die über Einrichtungen der Marine verfügen und Flugzeuge bewegen kann?«

Flugzeuge?, ging der skurrile, aus lauter Fragen bestehende Dialog weiter.

Er machte seine Aktentasche auf und zog eine Fotokopie heraus.

»Lesen Sie das! Es wird Sie interessieren.«

Es war ein Einschreiben, adressiert an den Chef des Generalstabs der Marine, Admiral Enrique Emilio Molina Pico. Würde die zuständige Kommission des Senats die Beförderungen von Pernías und Rolón ablehnen, dann wäre dies eine Ungerechtigkeit in Verkennung der Tatsachen, stand dort. Deshalb müsse die Marine darüber informieren, ›welche Methoden die Vorgesetzten für die Festnahmen, die Verhöre und die Eliminierung des Gegners in der ESMA während des Krieges gegen die Subversion angeordnet haben und, falls sie existieren, die Listen derjenigen, die fälschlicherweise Desaparecidos genannt werden, veröffentlichen‹.

Die Eliminierung des Gegners?

»Lesen Sie es bis zum Ende.«

›In meiner Zeit in der ESMA habe ich Befehle von vorgesetzten Offizieren ausgeführt, die heute mit Zustimmung des Senats der Nation Admiräle sind.‹

Dieser Satz ließ mich aufhorchen. Es war eine indirekte Form, um zu sagen: entweder alle oder keiner.

Das ist das Gleiche, was Rolón gesagt hat, antwortete ich.

»Lesen Sie weiter.«

›Ich erkläre hiermit, dass ich für den Fall, dass die besagten Anträge negativ beschieden werden, eine vollständige juristische Untersuchung verlangen werde, damit die Wahrheit endgültig über die Heuchelei siegt.‹ Unterschrieben vom Korvettenkapitän Adolfo Francisco Scilingo.

»Hier habe ich die Empfangsbestätigung von Videlas Wachmann«, sprach er weiter.

Als Menem die ehemaligen Befehlshaber 1990 begnadigte und Ex-Diktator Jorge Videla seine vollständige Rehabilitierung forderte, hatte Scilingo ihm persönlich einen Brief überbracht.

»Lesen Sie ihn! Sie müssen sich nicht bemühen, sich Details zu merken, ich gebe Ihnen eine Kopie. Sie werden begreifen, dass wir schlimmere Dinge getan haben als die Nazis.«

Sein Text ist gruselig:

Im Jahr 1977 war ich als Kapitänleutnant in der ESMA dem Ersten Heereskorps zugeordnet, deren Oberbefehlshaber Sie waren. Als solcher habe ich laut Befehl der Regierung, der Sie ebenfalls vorstanden, an zwei Verlegungen per Flugzeug teilgenommen. Bei der ersten waren 13 Subversive an Bord einer Skyvan der Küstenwache, bei der zweiten 17 Terroristen in einer Electra der Marine. Man sagte den Menschen, sie würden in ein Gefängnis im Süden des Landes verlegt und deshalb zuvor geimpft werden. So erhielten sie eine erste Dosis Betäubungsmittel, eine stärkere zweite erfolgte während des Fluges. Schließlich wurden sie in beiden Fällen nackt aus dem Flugzeug in den Atlantik geworfen. Ich persönlich habe den Schock nie überwunden, den ich durch die Ausführung dieses Befehls erlitten habe. Obgleich wir uns mitten in einem schmutzigen Krieg befanden, empfand ich diese Methode, den Gegner zu eliminieren, als ethisch bedenklich für ein Mitglied der Marine. Aber ich war überzeugt, dass Sie Ihre Verantwortung für diese Praxis in angemessener Weise öffentlich übernehmen würden.

Als Antwort auf die Frage nach den Desaparecidos haben Sie gesagt: Es gibt Subversive, die unter falschem Namen leben, andere sind im Kampf gestorben und wurden anonym begraben, und zu guter Letzt schlossen Sie auch den einen oder anderen Exzess seitens Ihrer Untergebenen nicht aus. Wo soll ich mich da einordnen? Glauben Sie, dass diese Flüge, die jede Woche durchgeführt wurden, ein Ergebnis von aus dem Ruder gelaufenen Exzessen waren? Hören wir mit dem Zynismus auf. Sagen wir die Wahrheit. Geben Sie die Liste der Toten heraus, auch wenn Sie damals nicht die Verantwortung für die Unterzeichnung der Exekutionen übernommen haben. Ihre Strafe, die Ihrer Meinung nach zu Unrecht verhängt wurde, trug die Unterschrift des Präsidenten, der den Prozess angeordnet hat, die Unterschrift des Staatsanwaltes, der die Strafe beantragt hat, und die Unterschrift der Richter, welche die Strafe ausgesprochen haben. Alle diese Menschen haben ihr Gesicht hingehalten und ihre Unterschrift gegeben, ob sie nun falsch lagen oder nicht. Wir tragen weiterhin die Verantwortung für Tausende von Desaparecidos, ohne dass wir unser Gesicht dafür hinhalten und die Wahrheit sagen, und Sie sprechen von Rehabilitierung. So etwas gibt es nicht per Dekret.

Scilingos Brief endete mit der Ankündigung, dass er für den Fall, dass Videla nicht seine Verantwortung übernähme, den Brief veröffentlichen würde, ›damit die Wahrheit ans Licht kommt‹.

Was hat Videla Ihnen geantwortet?

»Er hat nie geantwortet.«

Scilingo schickte eine Kopie dieses Briefes an den ersten Chef des Generalstabs der Marine der Regierung Menem, Admiral Jorge Osvaldo Ferrer. Er schrieb, dass die ehemaligen Junta-Mitglieder mit der Annahme der Begnadigung auch anerkannten, dass das Urteil der Justiz, die Videla und Massera zu lebenslanger Freiheitsstrafe verurteilt hatte, nicht politisch motiviert gewesen war. Das hatten diese während des Prozesses immer behauptet. Folglich, fügte er hinzu, hätten sich ihre damaligen Untergebenen in ›Ausführende von Befehlen, die strafrechtlichen Charakter haben, verwandelt‹. Das Schlusspunktgesetz[3] habe sie vor jeglicher Verurteilung bewahrt, aber ›deswegen hören wir nicht auf, verantwortlich für die Taten zu sein, an denen wir beteiligt waren‹, schrieb er Ferrer. Er wolle sich nicht ›dadurch, dass er seine Täterschaft in Bezug auf Desaparecidos nicht anerkenne‹, der Verschleierung mitschuldig machen und habe daher entschieden, Aussagen vor der Bundesstaatsanwaltschaft zu machen, ›damit man feststelle, ob ich durch die Ausführung von Befehlen gegen das Gesetz verstoßen habe‹.

Als Offizier mit höherem Dienstalter als der Fregattenkapitän Alfredo Astiz beabsichtige er, vor der französischen Justiz auszusagen, ›um die Wahrheit über das zu sagen, was diesem zur Last gelegt wird, und die Verfahrenseinstellung zu erreichen‹. Ferrer müsse ›die Veröffentlichung der Namen der von Mitgliedern der verschiedenen Streitkräfte hingerichteten Subversiven‹ anordnen, und zwar ›unabhängig

3 Das *Ley de Punto Final* besagt, dass die strafrechtliche Verfolgung von Tatverdächtigen an Diktaturverbrechen dann erlischt, wenn nicht innerhalb von 60 Tagen nach Verkündung des Gesetzes eine erste gerichtliche Untersuchung angeordnet wird.

von der Methode, die jeweils angewandt worden ist‹. Scilingo verlangte, dass sein Brief Präsident Menem vorgelegt würde.

Aus dem Bündel von Fotokopien zog er einen weiteren Brief an Ferrer hervor. Angesichts der ausbleibenden Antwort auf den vorhergehenden fühle er sich von seinen Vorgesetzten nicht vertreten, sondern vielmehr ›benutzt und weggeworfen‹. Die Marineschule ›hat mich gelehrt, Offizier der Marine zu sein‹, aber in der ESMA ›hat man mir befohlen, an der Grenze der Gesetzmäßigkeit zu handeln, und hat mich zu einem Verbrecher gemacht‹. Die Haltung seiner ehemaligen Vorgesetzten in der Frage der Begnadigung ›macht mich zu einem Komplizen der Verdunkelung‹.

Der Brief endete mit einer kryptischen Anspielung. Er schrieb, er habe im zivilen Leben schwere Fehler begangen, ›sowohl in meinem persönlichen Verhalten als auch mit Blick auf meine beruflichen Geschäfte‹. Diese Fehler lastete er der ›Überheblichkeit, der Allmacht und der Selbstüberschätzung, die er Zivilen gegenüber an den Tag legte‹, an. Eine Eigenschaft, die er sich während der Militärdiktatur zugelegt habe, ›als ich daran glaubte, dass sowohl meine Vorgesetzten als auch ich selbst die Retter der Nation seien. Die schweren Rückschläge, die ich erlitten habe, haben mir gezeigt, dass nur Wahrheit, Demokratie und Gerechtigkeit die wahrhaftige Lösung für unser Land sind‹.

Er hinterließ einen Satz Kopien der Briefe am Regierungssitz, adressiert an Präsident Menem. Er beantragte die Erlaubnis, vor einem argentinischen Bundesstaatsanwalt und vor den französischen Justizbehörden Aussage machen zu dürfen und den Brief an Videla öffentlich zu machen. Außerdem bat er um ein privates Treffen, bei dem er ›erfahren wolle, was sein Oberbefehlshaber über dieses Thema denke‹.

Auch von Menem kam keine Antwort.

Lob der Folter

Menem wusste nicht, wer Pernías und Rolón waren. Der Staatssekretär für Verteidigung seiner Regierung, Vicente Massot, hatte die beiden einfach auf die Liste der zu Befördernden gesetzt. Massots Familie gehörte die Tageszeitung *La Nueva Provincia* aus Bahía Blanca. Er verfasste Rechtfertigungs-Essays über Hitler und Franco und war ein guter Freund von Admiral Ruben Jacinto Chamorro, dem Leiter der ESMA, also jenem Konzentrationslager, in dem Pernías, Rolón, Astiz und Scilingo ihren Dienst getan hatten. Massot, der Chamorro auch in der ESMA besucht hatte, gehörte zur Führungsriege der Zeitschriften *Cabildo* und *Verbo*, beides Organe des fundamentalistischen Katholizismus. Er war einer der Intellektuellen, die in den 1970er-Jahren die Logik der französischen Kolonialkriege auf Argentinien übertrugen, und die Folter von Gefangenen mit theologischen Argumenten rechtfertigte. Völlig kohärent war er zwei Jahrzehnte später der erste Funktionär einer verfassungsgemäßen Regierung, der die Verteidigung der Folter öffentlich aussprach: »Was man sich mit Machiavelli fragen muss, ist, bis zu welchem Punkt, in einigen Situationen, der Zweck die Mittel heiligt. Ein Gefangener weiß, wo eine Bombe versteckt ist, die kurz vor der Detonation steht und Hunderte von Menschen töten wird. Könnten Sie die Verantwortung dafür tragen, dass eine Bombe in einer Schule hochgeht, dass Hunderte von Kindern sterben, weil Sie nicht gefoltert haben«, sagte er zur Rechtfertigung der Beförderungen.

Die gleiche Frage hatte der Innenminister der Diktatur, General Albano Harguindeguy, dem Bischof von Patagonien, Miguel Hesayne, gestellt: »Nein, Herr General. Der Zweck heiligt die Mittel nicht«, hatte der strenge Priester geantwortet. Hesayne sagte voraus, dass sich »ein Sieg auf der Basis von unwürdigen Handlungen schnell in eine Niederlage verwandeln würde. Streitkräfte, die folterten, würden vom Heiligen Vater nicht ungestraft bleiben«. Er lehnte die Option »für machiavellistische Prinzipien unter Verzicht auf Christus und sein Evangelium« ab und erklärte: »Folter ist unmoralisch, ganz gleich, wer sie anwendet«. So oder so ging die machiavellistische Mutmaßung von Massot und Harguindeguy von falschen Annahmen aus. Niemals hatte irgendeine Guerilla in Argentinien eine Schule angegriffen. In den Folterzellen wurden die Gefangenen nicht nach Bomben gefragt, die jeden Moment hochgehen sollten, sondern danach, wann und wo das nächste Treffen mit ihren Mitstreitern geplant war.

Ein fuchsteufelswilder Menem dementierte, dass er vorhabe, den Henker der französischen Nonnen auszuzeichnen: »Das ist eine plumpe Lüge!« Offiziere, die an Folter beteiligt gewesen waren, würden nicht befördert, versprach er.

Seine Antwort wurde sowohl von der Regierung als auch von den Streitkräften konsterniert aufgenommen. Als man ihm mitteilte, er habe die entsprechenden Papiere bereits unterzeichnet, war Menem längst Gefangener seiner eigenen Worte. Die zuständige Kommission des Senats plädierte für die Ablehnung der Beförderungen. Ihr Gutachten sollte in öffentlicher Sitzung ratifiziert werden, doch aus der

Casa Rosada, dem Präsidentenpalast, wurde der Vorsitzende der peronistischen Fraktion kontaktiert, und dieser beantragte eine neuerliche Untersuchung des Falls in der Kommission.

Man verständigte sich dann darauf, dass Pernías und Rolón zu ihrer eigenen Verteidigung vor der Senatskommission erscheinen sollten. Wenn die ehemaligen Junta-Mitglieder freigesprochen worden waren, dann müssten auch diejenigen, deren Verantwortung sehr viel geringer gewesen war, befördert werden, war die Haltung des Kommissionsvorsitzenden Deolindo Bittel, peronistischer Senator und 1983 unterlegener Kandidat seiner Partei für die Vizepräsidentschaft. Nun, als der Seegang stürmisch zu werden begann, verließen die Verantwortlichen der Marine das Schiff: Der Chef des Generalstabs Molina Pico reiste nach Túnez, um gemeinsam mit Menem das Lehrschiff *Libertad* in Empfang zu nehmen, sein Stellvertreter Jorge Enrico flog zu einer Bootsmesse nach Paris. Pernías und Rolón kamen alleine und in ziviler Kleidung zur Sitzung der Kommission. Obwohl der Senat noch keine Zustimmung gegeben hatte, erfüllten sie bereits die Funktion des Kapitäns zur See. Hätten sie vor den Senatoren ihre Insignien zur Schau getragen, wäre dies einer Provokation gleichgekommen, und sich weiterhin mit den Abzeichen des Fregattenkapitäns zu zeigen, hätte ihre Autorität den Untergebenen gegenüber geschmälert. Die erstaunten Senatoren hörten die beiden dann erzählen, was die Streitkräfte seit rund zwei Jahrzehnten immer abgestritten hatten, und das, ohne sie mit Fragen unter Druck zu setzen.

Es gab nur einen einzigen Präzedenzfall. Der Konteradmiral der Reserve Horacio Mayorga hatte in einer Reportage 1985 Folgendes gesagt: »Die Leute staunen und erschaudern über Astiz. Wissen Sie, wie viele Astiz' es in der Marine gab? 300 Astiz'.« Die Offiziere in der ESMA seien einfache Menschen gewesen, die für ihr Vaterland töteten, »Leute, die nie Geld hatten. Astiz ging ab dem 15. des Monats auf dem Flugzeugträger essen. Das waren Leute, die haben alles gegeben, um zu tun, was sie taten. Ob sie Menschen umgebracht haben? Ja, klar. Die ganze Welt weiß, dass wir sie eliminiert haben. Wenn wir vier oder fünf festgenommen haben, wie viele von denen konnte man denn umdrehen und auf unsere Seite ziehen? Einen vielleicht. Und das war schon viel. Das Schlimmste ist, was diese Offiziere jetzt ertragen müssen. Viele sind von ihren Frauen rausgeworfen worden, andere sind auf die schiefe Bahn geraten oder verrückt geworden«.

Derjenige, der das gesagt hat, war nicht ohne eigene Vorgeschichte. 1972 war Mayorga der Chef des Marinestützpunkts in Trelew, als dort unter dem Vorwand eines fingierten Fluchtversuchs ein Massaker an zwei Dutzend politischen Gefangenen stattgefunden hatte. Ein Jahrzehnt später bot er vor einem Militärgericht an, seine beiden bekanntesten Schüler zu verteidigen: Chamorro und Astiz. Mayorga stritt ab, dass man in der ESMA den Gefangenen mit einer Säge die Finger abgeschnitten habe, damit man sie nicht anhand ihrer Fingerabdrücke identifizieren könne. »Lüge! Das Einzige, was wir in der ESMA hatten, waren Elektroschockgeräte.« Aber auch mit der Führungsspitze der Marine war er nicht einverstanden. »Für meinen Geschmack hätte man die Erschießungen im Stadion von River Plate machen sollen, mit Gratis Coca-Cola und Übertragungen im Fernsehen. Ich fand es falsch, genauso vorzugehen wie die Linken.« Vorgehen wie die Linken ist ein argentinischer Euphemismus, der impliziert, geheim und aus der Illegalität heraus zu agieren. Die US-amerikanische Autorin Tina Rosenberg versuchte er vom Humanismus der Marine zu überzeugen: »Sie sollten mich fragen, warum wir überhaupt Betäubungsspritzen für diese Leute verschwendet haben. Ja, das haben wir getan.« Er erzählte ihr, er habe schreckliche Dinge gesehen, die aber eben unvermeidlich gewesen wären, um den Krieg zu gewinnen. Er verglich die Marine mit jenen uruguayischen Rugbyspielern, die, als zehn Jahre früher ihr Flugzeug an den Anden zerschellt war, die Reste ihrer Mannschaftskameraden hatten essen müssen, um zu überleben. Trotzdem seien »es keine Kannibalen gewesen«, sagte Mayorga. Der Admiral präsentierte sich als guter Christ, der von Gewissensbissen geplagt wurde. »Wir müssen die Folter verurteilen. An dem Tag, an dem wir aufhören, das zu tun, selbst wenn wir sie anwenden, an dem Tag, an dem wir gegenüber den Müttern, die nach ihren Guerillakindern fragen, unsensibel werden, selbst wenn es Guerillakinder waren, an dem Tag werden wir aufhören, Menschen zu sein.« Aber er bestritt, dass die Herren des Meeres vergewaltigt oder gestohlen hätten. »Sie sprechen von uns, als seien wir wilde Afrikaner! Wir sind Offiziere der Marine! Wir machen uns für eine goldene Uhr doch nicht die Hände dreckig!«

Dieser erste und bis dahin einzige Bruch des Paktes des Schweigens hatte keinerlei Konsequenzen gehabt. Mayorga war 13 Jahre zuvor aus dem Dienst geschieden, seine Erklärungen erschienen in einer wenig bekannten Zeitschrift und wurden erst viele Jahre später in einem Buch veröffentlicht.

Pernías und Rolón hingegen waren noch im Dienst, sie sprachen in der ersten Person über die grausamen Handlungen, die sie selber ausgeführt hatten, und ihr Forum war der Senat der Nation, vor Journalisten aller Medien des ganzen Landes. Die Reaktionen folgten prompt. Der Anwalt der Familien der Nonnen, Horacio Méndez Carreras, verlangte von der Kommission, dass sie genauere Aussagen von Pernías bezüglich des Ortes einforderte, an den ihre sterblichen Überreste gebracht worden waren, um ihnen »eine christliche Bestattung zu ermöglichen«. Außerdem widersprach Méndez Carreras der Behauptung Pernías', man habe gefoltert, um an Informationen zu gelangen: Zu dem Zeitpunkt, als die Nonnen und die Madres de Plaza de Mayo aus der Kirche von Santa Cruz verschleppt wurden, agierte Astiz bereits seit sechs Monaten als infiltriertes Mitglied, das jeden Tag Informationen an den Geheimdienst der Marine weiterleitete. Es gab überhaupt keine Notwendigkeit, noch irgendetwas über diese Frauen zu erfahren.

Der damalige französische Außenminister Alain Juppé flog nach Buenos Aires und sprach mit der argentinischen Regierung über den Fall. Er empfing die Madres de Plaza de Mayo und erklärte: »Es handelt sich um zwei französische Staatsbürgerinnen, die aufgrund ihrer Meinung gefoltert und ermordet worden sind – Frankreich wird nicht vergessen!«

Die Gruppe der Madres de Plaza de Mayo und der beiden französischen Nonnen war keine mit Waffen ausgestattete Organisation gewesen, nicht einmal eine politische Organisation, sondern ein knappes Dutzend unbewaffneter Menschen, deren einzige Gemeinsamkeit in der Verwandtschaft mit Desaparecidos lag. Als sie überfallen wurden, legten sie keine Bombe, sondern sammelten in einer Kirche Geld, um eine erste Liste mit Namen von Opfern veröffentlichen zu können. Die gegen sie durchgeführte Operation kann nicht als Amtshandlung bezeichnet werden, ohne dass dabei die Funktion der Streitkräfte innerhalb einer halbwegs zivilisierten Gesellschaft in Verruf geriete.

Menems Kommentare lösten nicht weniger Erstaunen aus als die Enthüllungen der redseligen Folterer. »Es gab einen schmutzigen Krieg, und auf der einen Seite gab es jene, die für die Einhaltung der Gesetze gekämpft haben, und auf der anderen jene, die diese Gesetze kontinuierlich verletzt haben. Ich glaube, dass dabei letztlich das Gesetz gesiegt hat, und diesen Sieg müssen wir bewahren.« Pernías hatte gerade erklärt, dass die Folter das einzig gültige Gesetz gewesen war, und nun sagte Menem, das Gesetz habe gesiegt.

Der Block der Senatoren des Partido Justicialista, also der Peronistischen Partei, entschied, den Beförderungen nicht zuzustimmen, aber Menem trieb die verbale Eskalation weiter voran. Vor dem Generalstab des Heeres erklärte er, dass »wir dank der Präsenz der Streitkräfte diesen schmutzigen Krieg gewonnen haben«. Vor der Polizei ehrte er Alberto Villar, den Organisator der Todesschwadronen der Triple A*, die während der kurzen Regierungszeit von Isabelita Perón agiert hatte. Menem behauptete, der Kommissar Alberto Villar sei »einer der größten Kommandeure« gewesen. In einer seiner täglichen Radioansprachen sagte er: »Jenseits von irgendwelchen Fehlern, die begangen worden sind, ist der subversive Apparat verschwunden, und das verdanken wir den Männern der Armee«.

Sein Bekenntnis zu der finsteren Vergangenheit brachte die Streitkräfte aus der Fassung. In der gleichen Woche hatte der Chef des Generalstabs des Heeres, Generalleutnant Martín Balza, gesagt: »Die Vergangenheit können wir nicht mehr ändern. Wir können an der Gegenwart und für die Zukunft arbeiten. Die Vergangenheit müssen wir gründlich analysieren, und zwar selbstkritisch und demütig.« Balza war das erste Oberhaupt der Streitkräfte, das die verhängnisvolle Logik der siebziger Jahre verurteilte. »Die Ethik muss immer Vorrang haben. Der Zweck heiligt nicht die Mittel. Es gibt keine ethische Rechtfertigung der Mittel, wenn die Handlungen unrechtmäßig sind«, erklärte er. Mit dem Antrag auf Beförderung der beiden Kapitäne behinderten die Marineführung und der Präsident den schwierigen und schmerzhaften Übergang der militärischen Institutionen hinaus aus dem Morast des terroristischen Staates hin zu einer modernen Rolle, die mit der demokratischen Ordnung vereinbar war.

Nicht einmal die unüberlegten Interventionen von Menem hatten allerdings den Effekt, den die Geschwätzigkeit von Pernías und Rolón in der Armee auslöste. Nachdem zwei bedeutende Ziegelsteine herausgenommen worden waren, bestand die Gefahr, dass die gesamte Mauer des Schweigens fallen könnte. Scilingo ging zur Post und hinterlegte sein Einschreiben an Molina Pico. Wenn die Marine dieses Mal nicht die Wahrheit sagen würde, dann würde er es tun.

Bei den ersten beiden Treffen hatte Scilingo seine Geschichte erzählt. Beim dritten sollte er Belege liefern. Er kam pünktlich zum vereinbarten Termin. Er hatte es also nicht bereut. Er brachte die angekündigten Fotokopien der Briefe mit.

»Jetzt können Sie sicher sein, dass ich mich nicht mehr zurückziehe«, sagte er zu mir. Jetzt galt es nur noch, seine Aussage auf Band aufzunehmen.

»Warten Sie, nehmen Sie nicht auf«, widersetzte er sich, »heute müssen wir einen Fragebogen erstellen.«

Nein, wir nehmen jetzt auf.

Das Band begann zu laufen. Er streckte die Hand aus, um das Gerät zu stoppen.

Lassen Sie das!

Scilingo zog die Hand zurück. Jetzt musste er antworten. Er begann sein Geständnis, das er 18 Jahre lang hinausgeschoben hatte.

Auf welchem Weg haben Sie die Befehle erhalten, wehrlose Gefangene ins Meer zu werfen?

»Erste Informationen erhielt ich 1976 von Admiral Luis María Mendía, dem Befehlshaber über die Marineeinsätze, und zwar vor dem Regimentsstab aller Einheiten von Puerto Belgrano, die sich im Kino des Marinestützpunktes versammelt hatten. Er legte dar, dass spezielle militärische Operationen geplant waren, die jeweils abhängig von den Gegebenheiten auszuführen seien, um sie an den Kampf gegen einen Feind anzupassen, dem mit Standardoperationen nicht beizukommen war. Er erklärte, dass man seit der Kolonialzeit unterschiedliche Uniformen benutzt habe, um die Kriegsparteien auseinanderhalten zu können. Später habe man sie genutzt, um sich im Gelände zu tarnen. Und jetzt würden wir zivile Kleidung tragen, um uns im alltäglichen Leben zu tarnen. Alle Offiziere des Stützpunktes Puerto Belgrano waren anwesend. Mit Blick auf die Subversiven, die zum Tode verurteilt würden oder die man zu eliminieren gedachte, sagte er, dass sie fliegen würden, und so wie es immer Menschen gibt, die Probleme haben, würden einige nicht an ihrem Ziel ankommen. Und er sagte, man habe mit den kirchlichen Autoritäten Rücksprache gehalten – ich weiß nicht auf welcher Ebene –, um einen Weg zu finden, der christlich und wenig gewaltsam sein würde.«

Von wem und auf welchem Wege wurden sie verurteilt?

»In der ESMA war Admiral Chamorro die Nummer Eins. Ich weiß nicht, ob er sich mit anderen Befehlshabern abgesprochen hat oder ob es seine eigenen Entscheidungen waren. Für mich war das ein Thema, das keiner Diskussion bedurfte. Ich ging davon aus, dass es vollständig durchdacht worden war. Wir waren überzeugt, dass es die humanste Art und Weise war, so wie es uns Mendía gesagt hatte.«

Wurden Mendía Fragen gestellt?

»Ja.«

Was ist er gefragt worden?

»Eine Frage bezog sich auf das Tragen der Uniform. Was er gesagt hatte, war erstaunlich und schockierend.«

Hat Mendía es als etwas verkündet, das bereits beschlossen war?

»Es tauche in den schriftlichen Plänen der Marine auf: spezielle militärische Operationen. So hat er es erklärt, als etwas, das von der Organisation so geplant worden war. Die Einsatzgruppe 3.3., die in der ESMA agierte, war dafür vorgesehen.«

Ein militärischer Befehl muss klar und präzise sein. Nach dem, was Sie berichten, überbrachte Mendía nur ein diffuses Konzept in einem rätselhaften Satz.

»Es war eine allgemeine Beschreibung des Themas. Er stellte einen Handlungsrahmen vor, keine Details, die wurden später in den einzelnen Einheiten erklärt.«

Sie sagen, dass es das schriftlich gab. Aber die Flüge tauchen in den Plänen der Marine, die später, während des Prozesses gegen die Militärjunta 1985, bekannt wurden, nicht auf?

»Nein. Was es schriftlich gab, war der Ausdruck ›spezielle militärische Operationen‹.«

Wie sind die Verlegungen per Flugzeug, die Sie in Ihrem Brief an Videla erwähnen, konkret abgelaufen?

»Die, an denen ich teilgenommen habe?«

Ja. Wie haben Sie die Befehle erhalten?

»Mein direkter Vorgesetzter hat sie mir erteilt. Etwa Mitte 1977, als ich in der ESMA stationiert war, rief mich der Chef der Verteidigung an, Fregattenkapitän Adolfo Maria Arduino. Er war die Nummer Drei und stieg dann zur Nummer Zwei auf, als der Kapitän zur See Salvio Menéndez verletzt wurde. Arduino hat mir gesagt, dass ich einen Flug machen müsse und deshalb in Dorado vorstellig werden sollte. Das war die Zentrale im Gebäude der Offiziere, in der die Befehle erteilt wurden. Es war völlig klar, dass das jeden treffen konnte, wir rotierten ja und die gesamte Marine war involviert. Es war ein Befehl und der wurde befolgt. Es gab keine Zweifel, es war auch nichts Seltsames oder Geheimes daran. Arduino wurde dann Vizeadmiral und Chef der Marineeinsätze.«

Aber innerhalb der operativen Gruppen wurden die Hierarchien nicht respektiert, die Befehlskette wurde unterbrochen.

»Es gab Kommandogruppen. Später wurde das wieder normal, dann kehrte man zu den Hierarchien zurück, wie sie eigentlich waren. Das waren geheime Operationen.«

Und es hat niemanden überrascht, dass eine so schwerwiegende Entscheidung, wie jene, Menschen umzubringen, nicht im Rahmen des normalen Prozederes und durch eine von den Verantwortlichen gegengezeichnete Order kam?

»Nein. Es gibt keine Armee, in der alle Befehle schriftlich festgehalten werden, das wäre unmöglich durchzuhalten. Das System, das entwickelt worden war, um die Subversiven zu eliminieren, war institutionell geplant, es konnte Erschießung bedeuten oder andere Arten der Eliminierung. Sie werden sich vorstellen können, dass nicht irgendeine Bande Flugzeuge in Bewegung setzt, sondern die Streitkräfte. Die Befehle, die wir erhalten haben, waren außergewöhnlich, aber sie waren kohärent in der Funktion des Krieges, in dem wir uns befanden, sowohl mit Blick auf die Festnahmen als auch auf die Eliminierung des Feindes.«

Niemand hat je gefragt, warum es keine schriftlichen Erschießungsbefehle gab und die Erschießungen nicht öffentlich waren?

»Doch, das war eines der Themen, das bei jener Sitzung mit dem Chef der Marineeinsätze, besprochen wurde. Man hat dort nicht gesagt, was mit den Gefangenen passieren würde, damit diese Information nicht herauskommt und dadurch Verunsicherung beim Feind provoziert. Das war zumindest die theoretische Begründung, die man uns damals gegeben hat. Die Zeit hat gezeigt, dass das Motiv ein anderes war. Jahre später, während des Junta-Prozesses, da hat keiner etwas davon gesagt.«

Glauben Sie, dass es schon damals Überlegungen gab, sich der Verantwortung zu entziehen?

»In jenem Moment? Das weiß ich nicht. Aber dass sie sich dann der Verantwortung entzogen haben, darüber gibt es keinen Zweifel. Warum hat man den Bürgern bis heute nicht die Wahrheit gesagt, nach 20 Jahren? Wenn das legale Befehle waren – was hat man dann zu verheimlichen? Warum hat der Kongress nicht alle notwendigen Informationen, um zu entscheiden, ob Rolón und Pernías befördert werden sollen oder vielleicht beim nächsten Mal Astiz?«

Was ist geschehen, als Sie in Dorado vorstellig wurden?

»An einer Wandtafel sind die Befehle angeschlagen. Dort steht, wer in der Kolonne ist, die mit den Gefangenen zum Militärflughafen von Buenos Aires fährt.«

Haben Sie gesagt, ›Kolonne, die zum Flughafen fährt‹?

»Ich kann mich nicht genau an den Ausdruck erinnern, aber ja, es war eben die Kolonne, die zum Flughafen fuhr.«

In den Unterhaltungen untereinander, wie haben Sie darüber gesprochen?

»Der Flug.«

Der Flug?

»Ja, es wurde von einem Flug gesprochen. Es war normal, auch wenn es aus heutiger Sicht wie eine Monstrosität wirkt. Genau so wie Pernías und Rolón den Senatoren erzählt haben, dass die Folter die reguläre Methode war, um Informationen von den Gefangenen zu erhalten, das war das Gleiche. In dem Schema des Krieges, in dem wir uns zu befinden glaubten, war das eine der Methoden.«

Auf der Wandtafel fanden Sie Ihren Namen und die Namen der anderen, die fahren sollten?

»Den Decknamen.«

Kannten Sie auch untereinander nicht ihre richtigen Namen?

»Doch, jeder einzelne kannte die Namen. In der Marine kennen sich alle.«

Welchen Sinn machte es dann, Decknamen zu benutzen?

»Damit der Feind unsere richtigen Namen nicht erführe. In der ESMA gab es Subversive, die mit uns zusammen gearbeitet haben. Wenn jemand in Uniform reinkam, wurden auch grundsätzlich die Rangabzeichen entfernt, damit man ihren Dienstgrad nicht erkennen konnte.«

Erzählen Sie mir, was als Nächstes geschah?

»Ich ging in den Keller, da warteten die, die fliegen würden. Von denen im Keller blieb niemand übrig. Dort informierte man sie, dass sie in den Süden verlegt und deshalb eine Impfung erhalten würden. Man gab ihnen die Impfung … also ich meine, eine Dosis Betäubungsmittel. Dadurch schliefen sie ein.«

Dosis von was?

»Das weiß ich nicht, eine Spritze.«

Wer hat die verabreicht?

»Einer der Ärzte, der dort Dienst tat.«

Ein Arzt der Marine?

»Ja. Dann brachte man sie zu einem Lastwagen der Marine, ein grüner Lastwagen mit einer Plane. Wir fuhren zum Militärflughafen, zum Hintereingang, und dort erfuhren wir, dass der Flug nicht mit einer Electra der Marine, sondern mit einer Skyvan der Küstenwache durchgeführt werden würde. Da dort nicht alle reinpassten, wurden die Gefangenen in zwei Gruppen aufgeteilt. Ich hatte da gar nichts zu sagen. Keine Ahnung, warum sie mich für den ersten Flug auswählten. Wir gingen zu zweit an Bord, ich und mein Vorgesetzter, der Aufseher über die Abteilung Fahrzeuge, Leutnant Vaca, bei dem später herauskam, dass es sich gar nicht um einen Leutnant handelte, sondern um einen zivilen Anwalt, der unter Vertrag stand und ein Cousin von Tigre Acosta, dem Geheimdienstchef der Einsatzgruppe, war. Dann wurden die völlig benommenen Subversiven ins Flugzeug gebracht.«

Halten Sie diese Menschen immer noch für Subversive oder benutzen Sie dieses Wort jetzt, weil wir das hier aufzeichnen?

»Ich beschreibe es Ihnen, wie es in jenem Moment war.«

Deshalb habe ich ja die Zeitform geändert. Halten Sie die Menschen heute immer noch für Subversive?

»Nein.«

Wie würden Sie sie heute nennen?

»So wie die Dinge heute stehen, wo leider immer noch alles verheimlicht wird und niemand die Wahrheit sagt, glaube ich, dass sowohl diejenigen, die da ihr Leben aufs Spiel gesetzt haben und so gestorben sind, als auch wir, die wir dort eingesetzt waren, letztlich zwei Gruppen nützlicher Idioten waren, die nur benutzt worden sind. Wie viele bedeutende Subversive sind denn gestorben? Schauen Sie doch mal, was für Leute dort gestorben sind?«

Was für Leute waren es?

»Ich glaube nicht, dass jemand gestorben ist, der schrecklich wichtig oder gefährlich war ... Natürlich war das Land in einem chaotischen Zustand. Aber das hätte man problemlos auch anders lösen können. Das denke ich heute, es gab überhaupt keine Notwendigkeit, sie alle zu töten. Man hätte sie an irgendeinem Ort des Landes verstecken können. Es waren ja nicht nur die Streitkräfte, die die Verantwortung trugen, die Mehrheit der Gesellschaft war ja mit der Barbarei, die damals verübt wurde, einverstanden.«

Wie äußerte sich dieses Einverständnis?

»Ich glaube nicht, dass die Gesellschaft aus Angst vor dem Terror einverstanden war. Ich glaube, dass sie es von den Streitkräften erwartet hat oder dass sie es zumindest gut hieß. Der eine oder andere Exzess bei dem Vorgehen der Militärs, der wurde nicht verurteilt. Es wurde akzeptiert. Es hat sehr wenige Stimmen der Ablehnung gegeben. Wenn die Mehrheit der Gesellschaft ihre Ablehnung manifestiert hätte, dann wäre die Sache anders gelaufen. Heute sage ich Ihnen, das war eine Barbarei. Damals, in dem Moment, da waren wir völlig überzeugt von dem, was wir taten. So wie wir ausgebildet worden waren, in der Situation, in der das Land war, wäre es eine glatte Lüge, wenn ich behaupten würde, ich täte das Gleiche nicht wieder, wenn ich wieder in genau diese Situation käme. Das wäre heuchlerisch. Als ich all das getan habe, war ich vollkommen überzeugt, dass es sich um Subversive handelte. Dass ich Ihnen das hier jetzt alles erzähle – und im Detail, weil Sie danach fragen –, dann deshalb, weil ich glaube, dass man die Wahrheit erfahren sollte. Aber glauben Sie nicht, dass mich das besonders glücklich macht oder dass es mir besonders gut tut. Jetzt und hier würde ich nicht sagen, dass es Subversive waren. Es waren Menschen. Wir waren total überzeugt, niemand stellte es in Frage, es gab auch keine Option – wie Rolón es im Senat gesagt hat. Die Mehrheit hat einen Flug mitgemacht, es gab ja dieses Rotationsprinzip, es war auch eine Art Kommunion.«

Worin bestand diese Kommunion?

»Es war etwas, dass man getan haben musste. Ich weiß nicht, was Henker empfinden, wenn sie Menschen umbringen müssen, das Messer der Guillotine herunterlassen oder den Knopf für den elektrischen Stuhl drücken. Es hat niemandem gefallen, so etwas zu tun, es war nichts Angenehmes. Aber man hat es getan und man hat geglaubt, dass es die beste Art und Weise war. Es wurde nicht diskutiert. Es war etwas Höheres, das man für das Land getan hat. Ein höherer Akt. Das ist sehr schwierig zu verstehen und zu erklären, erst recht, nachdem so viel Zeit vergangen ist, und jetzt, wo man die Dinge anders sieht.«

Das Wort Kommunion hat einen mystischen, charismatischen Klang?

»Ja. Das war so. Wenn man den Befehl erhalten hatte, dann wurde darüber nicht mehr gesprochen. Man hat ihn automatisch erfüllt.«

Haben alle dabei mitgemacht?

»Das Rotationsprinzip funktionierte im ganzen Land. Vielleicht hat sich der eine oder andere davor retten können, dann aber eher zufällig. Wenn es ein kleines Grüppchen gewesen wäre, aber das war es eben nicht, sicher nicht, es war die ganze Marine. Die ESMA hatte einen ständigen Mitarbeiterstab, den sogenannten *Staff*, die Einsatzgruppe, die permanent dort war, und eine andere Gruppe, die alle drei Monate wechselte. Und unabhängig davon wurden Offiziere aus dem ganzen Land delegiert, für ein Wochenende oder einen Tag. Die Flüge waren immer mittwochs. Der *Staff* ging raus und hat legale Befehle erledigt, sie haben nicht getötet oder gemordet. Sie haben Leute festgenommen und übergeben. Die Gehirnwäsche war total. Die Festgenommenen wurden eine halbe Stunde befragt, mehr Zeit war nicht, und dann hat Chamorro entschieden, wer getötet wurde.«

Was war die Reaktion der Gefangenen, wenn man ihnen die Impfung für die Verlegung ankündigte?

»Sie waren froh.«

Schöpften sie keinen Verdacht, was da vor sich ging?

»Überhaupt nicht.«

Wie lange dauerte es, bis die Betäubung Wirkung zeigte?

»Nicht lange.«

Das heißt während der Reise?

»Nein, bevor sie das Flugzeug bestiegen.«

Der Lastwagen fuhr in einer Kolonne ...

»... mit anderen Wachfahrzeugen. Sie wirkten wie Zombies, waren völlig benommen.«

Aber sie konnten sich bewegen, um in den Wagen zu steigen?

»Diese Fragen hier, die sind ein bisschen makaber, eigentlich sind sie total makaber. Das ist eine reale und konkrete Tatsache. Wenn Sie wollen, dass ich Ihnen davon erzähle, dann erzähle ich davon.«

Das ist unvermeidlich. Sie sprechen in dem Brief an Videla darüber.

»Weil das die Wahrheit ist, das ist geschehen. Oder haben Sie Zweifel daran?«

Überhaupt nicht. Konnten sie trotz der Betäubung selbst in das Flugzeug einsteigen?

»Nein, man musste ihnen helfen.«

Ihnen war nicht klar, was mit ihnen passieren würde?

»Da habe ich gar keinen Zweifel. Niemand ahnte, dass er sterben würde.«

Sie glaubten, sie hätten eine Impfung bekommen. Als sie dann merkten, dass sie zu Zombies wurden, das bedeutete nicht, dass ...

»... nein, nein, überhaupt nicht.«

Das Flugzeug hob ab. Wie ging es weiter?

»Ich mag jetzt nicht mehr weitermachen.«

Dieses Mal gelang es ihm, das Band zu stoppen.

Warum wollen Sie nicht weitermachen?

»Weil ich nicht will. Beim nächsten Mal.«

Als das Gerät ausgeschaltet ist, entspannt er sich und wird wieder munter, als ich sein Lieblingsthema anspreche. Dann willigt er ein, weiter aufzuzeichnen.

Sie sagen, dass für den Fall, dass Pernías, Rolón und Astiz nicht befördert werden, auch all jene mit mehr Dienstjahren nicht hätten befördert werden dürfen.

»Für mein Verständnis hätte niemand, von Admiral Massera bis hin zum Letzten, der dazugekommen ist, ich glaube, das war Astiz, in der Marine bleiben können. Das Rotationssystem umfasste alle. Alle in der Marine wussten davon, und einige, sehr wenige, sind gegangen. Die hielten wir für Verräter. Es war unvermeidlich, es wurde nicht diskutiert, wir waren alle überzeugt, dass es das Beste war, was wir für das Land tun konnten, und außerdem war es ein militärischer Befehl. Jetzt schauen Sie sich das Ergebnis an.«

Ja.

»Ich meine nicht das Ergebnis der Morde, die begangen worden sind, sondern all jene, die nie etwas gesagt haben. Und ich sage jetzt nicht, dass Arduino nicht Vizeadmiral hätte werden sollen, ich bin nicht derjenige, der so etwas zu beurteilen hat. Aber wenn er das werden kann, dann kann Rolón das auch. Warum hat der Chef des Generalstabs Molina Pico denn so viel Angst, dass er es zu verheimlichen versucht. Vielleicht, weil alles, was wir taten, jenseits der Gesetze war. Das würde heißen, dass wir alle Verbrecher sind und alle zurücktreten müssen. Das ist der Punkt. Davon bin ich überzeugt.«

Welche Rolle hat Molina Pico damals gespielt?

»Das weiß ich nicht. Aber irgendetwas hatte er damit zu tun. Zumindest war er Teil der Marine, er lebte ja nicht auf einem anderen Stern.«

Gab es in der ESMA eine Einheit, die nicht rotierte?

»In Dorado existierten eine ständige Gruppe und eine Gruppe, die alle drei Monate rotierte und die aus verschiedenen Teilen der Marine entsandt worden war.«

Diejenigen, die an den Flügen teilnahmen, waren alle aus Dorado?

»Nein, nein, da wurde komplett rotiert. Das war die ganze Marine, nicht irgendeine Bande.«

Auch diejenigen, die nicht ständig in der ESMA waren?

»Ja.«

Auch die, die nur für drei Monate kamen, haben an den Flügen teilgenommen?

»Nicht nur die, die für drei Monate kamen, sondern sogar welche, die an anderen Orten eingesetzt waren und die sie für Flüge extra kommen ließen. Mit anderen Worten, es ging darum, alle in die Sache reinzuziehen. Die gesamte Marine war an dem antisubversiven Kampf beteiligt oder besser an dem, von dem ich heute nicht mehr weiß, was es gewesen sein soll. Denn wenn es ein von den Organisationen geplanter antisubversiver Kampf gewesen wäre, dann wüsste ich nicht, was man da heute verheimlichen sollte.«

Sie wiederholen immer wieder, dass es sich nicht um eine Bande gehandelt habe.

»Wenn Sie glauben, dass ein Grüppchen von zehn Typen über Flugzeuge der Küstenwache und der Marine verfügen konnte, dann liegen Sie da falsch. Da bewegte sich eine ganze Streitkraft. Der große Unterschied zwischen uns ist, dass Sie es eine Bande nennen. Ich sage, dass da die Marine als Marine gehandelt hat – zumindest bis mir erste Zweifel gekommen sind. Warum sagt man nicht die Wahrheit, wenn man als argentinische Marine gehandelt hat, wenn wir doch Befehle ausgeführt haben, die über die Befehlskette der Institution ordnungsgemäß angeordnet worden waren? Die gesamte Marine wusste, was dort geschah.«

Die sizilianische Mafia hat auch die Befehle von Totó Riina ausgeführt. Befehlen zu folgen, qualifiziert aber keine Institution.

»Aber wenn Sie Teil einer bewaffneten Organisation sind, dann erhalten Sie immer Befehle, Sie erfüllen Befehle oder Sie geben Befehle. In der Marine gibt es keine Genossen, es gibt nur niedrigere und höhere Dienstgrade.«

Aber die Befehle müssen sich im Rahmen der Gesetze bewegen.

»Das waren legale Befehle. Es gibt in der Marine keine Befehle, die nicht legal sind. Wenn Sie mich fragen, was ich heute davon halte, dann ist das etwas anderes, aber damals hatte ich keinen Zweifel.«

Was denken Sie heute?

»Wenn es legale Befehle gewesen wären, dann müsste sich heute niemand schämen, der ganzen Welt zu erklären, was geschehen ist und wie man gekämpft hat. Aber trotzdem, diese ungewöhnliche Geheimnistuerei oder Verdunkelung, dieses Mysterium ... Jemand hat von einem Blutpakt gesprochen, aber hier gab es überhaupt keinen Pakt. Mir hat nie irgendjemand gesagt: ›Darüber darf man nicht sprechen.‹ Warum sollte ich akzeptieren, dass mir jemand sagt: ›Darüber darf man nicht sprechen‹? Man kann akzeptieren, über bestimmte Dinge nicht zu reden, wenn es sich um ein Kriegsgeheimnis handelt, für eine gewisse Zeit. Aber wenn der Krieg vorbei ist, dann ist das Geschichte. Ich bin überzeugt, dass es dem Land gut tun würde – nicht nur, wenn man wüsste, was geschehen ist, sondern auch, wenn man die Listen derjenigen, die von dem System erschossen oder auf anderem Wege getötet wurden, veröffentlichen würden, damit ein für alle Mal diese anomale Situation der Desaparecidos aufhört.«

Wer ist im Besitz dieser Listen?

»Ich weiß nicht, wer sie im Moment hat. Aber innerhalb der Organisationsstruktur, nicht auf der Ebene einer Bande, wurde über die Kommandos mitgeteilt, dass der damalige Admiral Massera in einer der letzten Sitzungen der Militärjunta, bevor er ausschied, verkündet hatte, es sei unbedingt erforderlich, die Listen der Desaparecidos bekannt zu machen. Demzufolge, was man uns über die Befehlskette gesagt hat, waren es die anderen Mitglieder der Junta, die dem widersprachen, insbesondere Videla.«

Sie wissen, dass es diese Listen gibt?

»Es muss sie geben, es hat sie ja damals auch gegeben. Ich glaube, dass die Chefs des Generalstabs sie haben. Das wäre logisch. Man kann die Listen der Toten nicht wegwerfen, wenn man denn so gehandelt hat, wie ich immer glaubte. Heute habe ich den Verdacht, dass dort auf außergewöhnliche, merkwürdige und geheimnisvolle Art und Weise gehandelt wurde. Wenn wir jetzt nicht die Wahrheit sagen ... ich weiß nicht ... Vielleicht hat sie irgendeiner der Chefs des Generalstabs auch weggeworfen. Das wäre interessant, wenn es öffentlich zugegeben würde. Ich habe das Thema in einigen meiner Briefe angesprochen, aber ich habe nie eine Antwort erhalten.«

Sie bestehen darauf, dass es keine Bande war. Aber in einem Ihrer Briefe schreiben Sie, dass man Ihnen in der ESMA Befehle erteilt hat, die sich am Rande der Legalität befanden und die Sie in einen Verbrecher verwandelt haben.

»Ja. Sie fragen mich, was wir getan haben. Und ich war völlig überzeugt davon. Als Alfonsín an die Macht kommt, werden die Junta-Mitglieder vor Gericht gestellt. Man sagt, es ist ein politisches Problem. Sie werden für schuldig befunden und verurteilt. Und man insistiert, dass es ein politisches Problem sei. Dann werden sie begnadigt, und das wird ohne Probleme akzeptiert. Was ist also mit all dem, was vorher geschehen ist? Wenn man die Begnadigung akzeptiert, dann bedeutet das doch auch, dass man das Urteil akzeptiert hat, all das, was zuvor geschehen ist, auch den Prozess. Das heißt also, es war wahr und kein politisches Spiel, das heißt doch auch, man hat jenseits der Gesetze agiert.«

Aber Sie brauchten doch den Akt der Begnadigung nicht, um zu wissen, dass man an der Grenze der Legalität gehandelt hatte und dass die Aussagen während des Junta-Prozesses wahrhaftig waren. Die Überlebenden erzählen genau das Gleiche, was Sie erlebt haben. Alle Berichte der Opfer und der Menschenrechtsorganisationen aus dem Junta-Prozess stimmen mit dem überein, was Sie sagen.

»Hat Videla das gesagt?«

Nein.

»Und warum nicht?«

Was glauben Sie, warum nicht?

»Für mich ist das schwer zu akzeptieren. Wenn Sie von mir erwarten, zu definieren, ob wir diesseits oder jenseits der Gesetze agiert haben, dann würde ich heute sagen, wir haben wie gewöhnliche Verbrecher agiert. Das ist sehr schwer zu akzeptieren, aber das Verhalten der anderen zeigt es mir. Admiral Molina Pico spricht nicht darüber, Admiral Ferrer spricht nicht darüber. Ich schreibe ihnen und sie antworten mir nicht. Wenn es Kriegshandlungen und militärische Befehle gewesen sind, warum antworten sie mir dann nicht? Ich verstehe das nicht. Ich zweifle ja nicht um des Zweifelns willen.«

Hat niemand in jenem Moment je an der Rechtmäßigkeit dieser Befehle gezweifelt, Gefangene aus einem Flugzeug über dem Meer einfach abzuwerfen? Die christliche Lehre, die militärische Ausbildung – standen sie nicht im Widerspruch dazu?

»Die wenigen, die aus der Marine ausgeschieden sind, haben sich offenbar genau dem widersetzt. Fast alle haben wir uns – äh, Verzeihung – haben wir sie für Verräter gehalten.«

Wie viele kennen Sie, die ausgeschieden sind?

»Den Fregattenkapitän Jorge Búsico und noch einen, an dessen Namen ich mich nicht erinnere.«

Nur zwei. Das heißt, wir sprechen hier von einem umfassenden Versagen in der Ausbildung.

»Nein, nein, nein. Das glaube ich nicht. Wenn die Streitkräfte so sind, wie sie sein sollen, dann müssen Sie ihrem Vorgesetzten vollstes Vertrauen schenken. Vielleicht sind einige Dinge schwierig zu verstehen, aber es ist logisch, dass Sie nicht an Ihrem Vorgesetzten zweifeln. Wenn man anfängt, jeden Befehl in Frage zu stellen ...«

Das ist aber kein fachliches Problem.

»Fachlich nicht, nein. Aber wir waren alle überzeugt, dass wir uns in einer anderen Art des Krieges befanden, in einem, auf den wir nicht vorbereitet waren, und in dem wir das nutzen mussten, was wir hatten, und in einem, in dem der Feind immer gut informiert war, und wir dafür sorgen mussten, dass er nicht an Informationen kam. Was die Religion betrifft: Wenn man mit Geistlichen sprach, wurde es akzeptiert.«

Die Geistlichen haben diese Methode gut geheißen?

»Ja. Nach dem ersten Flug war es, unabhängig davon, was ich Ihnen gerade sage, für mich persönlich schwer zu akzeptieren. Als ich wiederkam, dachte ich, ohne mit der Wimper zu zucken, es sei schon alles okay, aber innen drin war dem nicht so. Ich glaube, das ist ein menschliches Problem. Ich hätte mich auch so gefühlt, wenn ich jemanden hätte erschießen müssen. Ich glaube nicht, dass es irgendeinem Menschen Freude bereitet, einen anderen zu töten. Am nächsten Tag fühlte ich mich nicht gut und habe mit dem Geistlichen der ESMA gesprochen, der eine christliche Auslegung des Themas gefunden hat. Ich weiß nicht recht, ob es mir neuen Mut gegeben hat, aber danach fühlte ich mich besser.«

Wie lautete diese christliche Auslegung?

»Er sagte, es sei ein christlicher Tod, weil sie nicht leiden mussten, weil es nicht traumatisch war, und dass man sie eliminieren musste, dass der Krieg eben der Krieg sei, und dass auch in der Bibel steht, dass die Spreu vom Weizen getrennt werden muss. Es hat mir in gewisser Weise Halt gegeben.«

Hat es auch andere Kameraden von Ihnen belastet?

»Im Grunde hat es uns alle belastet.«

Aber haben Sie sich untereinander darüber unterhalten?

»Das war tabu.«

Sie sind losgeflogen, haben 30 Menschen lebendig ins Meer geworfen und sind zurückgekommen und haben nicht miteinander darüber gesprochen?

»Nein.«

Sie haben einfach da weitergemacht, wo sie aufgehört hatten, als wäre nichts geschehen?

»Ja. Alle wollen es doch aus ihren Erinnerungen streichen. Ich kann das nicht.«

Ging man davon aus, dass jeder mit seiner Familie zu Hause darüber sprach?

»Das weiß ich nicht.«

Haben Sie mit Ihrer Familie darüber gesprochen?

»Nach und nach. Die einzige Person, mit der ich richtig darüber gesprochen habe – aber nur nach und nach, weil es schwer für mich war –, das war meine Frau. Später, nach einer ganzen Weile, habe ich auch mit zwei zivilen Freunden darüber gesprochen. Ich habe mir schon damals gewünscht, dass einer meiner Vorgesetzten dem Volk sagen würde, was in jener Zeit geschehen ist. Das ist der entscheidende Punkt: Wenn das, was ich Ihnen sage, wahr ist, und wenn wir im Rahmen der militärischen Normen gehandelt haben und Befehle ausführten und es keinen Zweifel gibt, dass das korrekt war, warum wird das Ganze dann jetzt verheimlicht? Aber Sie sagen mir ja, wir haben wie eine Bande agiert.«

Ja, Sie haben wie eine Bande agiert und Dinge getan, die gegen das Kriegsrecht sind, gegen die internationalen Konventionen, gegen die christliche, die jüdische und die islamische Moral.

»Eine Erschießung ist auch unmoralisch. Oder ist das besser? Wer leidet denn mehr, derjenige, der weiß, dass man ihn erschießen wird, oder derjenige, der auf diese Art und Weise gestorben ist?«

Das Recht zu erfahren, dass man sterben wird, darf keinem Menschen vorenthalten werden. Das ist ein elementarer Bestandteil der Achtung der menschlichen Würde, auch in Ausnahmesituationen.

»Darin stimme ich mit Ihnen überein. Hätte ich auf der anderen Seite gestanden, hätte ich es vorgezogen, es zu erfahren. Sie haben Recht. Damals habe ich das nicht so gesehen. Ich glaubte, dass es richtig war, all das ...«

Finden Sie nicht, dass gerade diese Art und Weise es zu tun, unabhängig von allem anderen, eine große Feigheit ist? Dem Blick desjenigen, den man umbringt, auszuweichen, die Menschen glücklich und zufrieden in die Irre zu führen, um dann wiederzukommen und so zu tun, als sei nichts geschehen, um nicht einen Blick, nicht einen Schrei erinnern zu müssen?

»Wenn man das so sieht, kann das sein. Das es nicht normal war, darüber habe ich heute keinen Zweifel. Ich verurteile es und zwar nicht, um mich zu rechtfertigen. Es ist nicht zu rechtfertigen. Aber ich finde auch, dass es durch nichts zu rechtfertigen ist, es weiter zu verheimlichen. Ich habe die Madres de Plaza de Mayo oft kritisiert und sie als meine Feindinnen betrachtet. Aber wenn mir das widerfahren wäre, was diesen Müttern widerfahren ist, dann wäre Hebe Bonafini neben mir ein Waisenkind.«

Das glaube ich nicht. Sie ist sehr viel mutiger als Sie.

»Warum sagen Sie das?«

Wegen des Lebens, das Sie geführt haben, und des Lebens, das Hebe geführt hat.

»Ich habe ja gesagt, wenn ich an ihrer Stelle gewesen wäre.«

Dann wären Sie zu Hause sitzen geblieben.

»Das ist Ihre Meinung.«

Ja.

»Die teile ich nicht. Ich glaube, es gibt für Eltern keine größere Abnormität als ein verschwundenes Kind. Ein Kind lebt oder ist tot, aber verschwunden – das gibt es nicht. Und das ist die Schuld der Streitkräfte.«

Und das ist niemandem in den Sinn gekommen, als sie es damals taten?

»Nein.«

Das heißt abgesehen davon, dass es eine Verbrecherbande war, war sie auch krank. Sie sagen es jetzt ganz klar: eine Abnormität, an der die Streitkräfte die Schuld tragen.

»Die Streitkräfte tragen die Verantwortung für diese Abnormität und jetzt auch die Regierung, die fordern muss, die Listen mit den Namen der Toten herauszugeben. Interpretieren Sie das, was ich über die Madres de Plaza de Mayo gesagt habe, nicht falsch. Ich weiß nicht, ob ich den Mut besessen hätte, den sie hatten.«

Es gibt keinen einzigen Angehörigen des argentinischen Militärs, der den Mut der Madres besessen hätte.

»Das ist Ihre politische Einschätzung, die hier jetzt nichts zu suchen hat. Warum sagen Sie das?«

Wegen des Verhaltens von jedem Einzelnen. Während Sie wehrlose Menschen aus Flugzeugen ins Wasser geworfen haben, sind die Madres unter schwierigsten Bedingungen auf die Straße gegangen, um Gerechtigkeit zu fordern. Das ist sehr viel mutiger.

»Verstehen Sie mich nicht falsch.«

In der ESMA, gab es da Protokolle oder Aufzeichnungen?

»Dort war alles perfekt strukturiert, es war eine militärische Organisation, nicht eine Verbrecherbande, wie Sie denken.«

Es war also eine Verbrecherbande mit schriftlicher Buchführung?

»Es wurde über alles Buch geführt, es war keine Buchführung über die Toten. Das war Teil der militärischen Organisation. Sie halten die ESMA für eine bewaffnete Gruppierung. Wollen Sie die Marine von der ESMA abtrennen oder die ESMA von der Marine?«

Weder noch.

»Sie meinen, die Verbrecherbande war die komplette Marine.«

Ja.

»Darin bin ich mit Ihnen einverstanden. Damals war das nicht so. Wenn Sie sagen, dass die ganze Marine darin verwickelt war, warum können dann einige jetzt befördert werden und andere nicht? Der Senat kann einige befördern und andere nicht? Berücksichtigt er dabei alle Faktoren? Gab es ein, zwei oder drei, die gefoltert und gemordet haben und die anderen nicht?«

Sie sagen mir also gerade, dass alle gefoltert und gemordet haben?

»Nein. Alle waren Teil der Marine, als diese Dinge geschehen sind, und nach dem Rotationsprinzip haben sie jeweils verschiedene Funktionen erfüllt. In einem Krieg putzt einer, einer kocht, andere töten. Aber das bedeutet nicht, dass nicht alle Teil des Krieges gewesen wären oder Teil der Verbrecherbande, wie Sie es nennen und wie man ja annehmen muss, solange die Amtsträger der Marine nicht die Wahrheit sagen.«

Es ist aber nicht das Gleiche zu kochen oder zu töten.

»Wenn Sie im Krieg sind, dann denken Sie nicht. Es geht um den Feind. Wenn nicht, dann erklären Sie mir, warum die Marine so gehandelt hat. Wurden in der Kriegsschule etwa Mörder ausgebildet, um wehrlose Zivilisten zu bekämpfen?«

Sie sagen es in Ihrem Brief: ›Sie haben mich in einen Verbrecher verwandelt‹.

»Weil die Zeit angesichts des Verhaltens der Vorgesetzten, die alles verheimlichen, gezeigt hat, dass auf absonderliche Art und Weise gehandelt wurde. Wenn Sie Befehle ausführen und genügend Zeit vergeht, so dass sie nicht mehr aus operativen Gründen geheim gehalten werden müssen, und man sie dann weiter verheimlicht oder sogar direkt lügt – wie Videla, als er gesagt hat, dass einige Subversive das Land verlassen hätten, einige wohl gestorben und nicht identifiziert worden seien, und dass es einige wenige Exzesse gegeben haben könnte –, dann ist das eine heimtückische Lüge. Deshalb sage ich, sie haben uns in Verbrecher verwandelt. Weil wir alle, die wir in der Organisation der Marine als Untergebene agierten, glaubten, dass es sich um verantwortungsbewusste und kohärente Befehle handelte. Warum verheimlicht man dann die Wahrheit? Warum versteckt man sie? So etwas tut man, wenn irgendetwas nicht stimmt. Warum, glauben Sie, hat mir niemand auf meine Briefe geantwortet?«

Weil sie nicht wissen, was sie sagen sollen. Sie sagen, dem Senat liegen nicht alle Dokumente vor. Es liegen ihm viele vor und es könnten mehr sein, aber Pernías und Rolón sind die ersten Protagonisten, die jetzt anfangen zu erzählen, was geschehen ist. Bisher hatte man das nur von den Opfern, den Menschenrechtsorganisationen und den Gerichten gehört. Aber noch nie hat ein Offizier persönlich gesagt, was Pernías jetzt gesagt hat, dass die Folter das Instrument war, welches man während der Befragungen benutzte.

»Aber es ist nicht die Aufgabe eines Fregattenkapitäns, darüber zu sprechen.«

Alle Admiräle, die diese Befehle gegeben haben, sind vor Gericht aufgetreten und keiner hat es zugegeben.

»Warum nicht?«

Aus Feigheit. Oder haben Sie eine andere Erklärung?

»Keine. Also ist mein Brief zutreffend: Wir haben wie Verbrecher gehandelt.«

Ja, klar. Warum haben Sie entschieden, den ersten Brief zu schreiben?

»Die Erklärung, die Videla abgegeben hat, als er begnadigt aus dem Gefängnis kam, ist für mich inakzeptabel. Ich habe den Brief persönlich zu ihm gebracht und bei einem seiner Wachposten abgegeben, der mir den Erhalt bestätigt hat. Er hat mir nie geantwortet. Dann habe ich Admiral Ferrer informiert. Als ich die Nase voll davon hatte, dass mir keiner meiner Vorgesetzten antwortet, habe ich einen weiteren Brief geschickt, mit Kopien der vorhergehenden, und zwar an den Präsidenten der Nation in seiner Funktion als Oberbefehlshaber der Streitkräfte. Der Direktor der *Casa Militar* des Präsidenten, Brigadegeneral Andrés Antonietti, hat ihn erhalten.«

Und was ist geschehen?

»Sie haben mir nie geantwortet. Nach dem, was ich gehört habe, hat Präsident Menem die Sache gelesen und zu Antonietti gesagt: ›Halten Sie diesen Verrückten auf.‹ Man sieht, dass es ein sehr heikles Thema ist. Ich habe niemanden gefunden, der mich unterstützt hätte. Ich habe mit anderen Offizieren gesprochen, aber es ist ein sehr schwieriges Thema.«

Was haben Sie denen gesagt?

»Dass das alles endlich ans Licht kommen muss, dass man mit dem ganzen Thema abschließen muss, indem man die Wahrheit sagt. Nicht, um sich zu verteidigen oder zu rechtfertigen, sondern weil es die krude Wahrheit ist. Ich bin der Meinung, der Begriff Desaparecido ist nicht hinnehmbar, und außerdem lastet er auch auf meinen Schultern. Aber ich habe niemanden verschwinden lassen, und niemand in der Marine hat das getan. Man hat in einem Krieg den Feind eliminiert, man hätte das auch durch Erschießungen machen können. Wer hat denn diese Leute in Desaparecidos verwandelt? Jene, die in der Führungsspitze der Marine und der Regierung die Verantwortung tragen. Das Thema taucht mit der Frage der Nicht-Beförderung der Kapitäne Pernías und Rolón wieder auf, eine Entscheidung, die ich für die größte Ungerechtigkeit halte. Und ich versichere Ihnen, dass ich mit beiden seit ewigen Zeiten keinen persönlichen Kontakt mehr habe. Ich habe auch keine Ahnung, was sie über meine Briefe denken. Als Astiz erfuhr, dass ich mich darum bemühte, in der französischen Botschaft vorzusprechen und auszusagen, dass man meines Erachtens dabei war, eine Ungerechtigkeit zu begehen, hat er mich wissen lassen, ich solle besser keinen Ärger machen. Man habe ihm versprochen, dass seine Angelegenheit auf diskrete Art und Weise geregelt werden würde. Ich hätte niemals gedacht, dass das Schweigen so weit gehen würde, dass die Kommission des Senats wegen fehlender Informationen eine solche Ungerechtigkeit beschließen würde, weil es doch ein Thema der gesamten Marine war. Von Admiral Massera bis hin zum letzten Korvettenleutnant, der beteiligt war, hätte kein Einziger je befördert werden dürfen, wenn Pernías und Rolón nicht befördert werden.«

Sie sagen, alle Offiziere der Marine waren an Entführungen, Folterungen und heimlichen Exekutionen beteiligt?

»Keiner der Offiziere der Marine war an Entführungen, Folterungen und heimlichen Exekutionen beteiligt. Die gesamte Marine war an Festnahmen, Befragungen und der Eliminierung von Subversiven beteiligt, die auf verschiedene Art und Weise durchgeführt wurden. Sie wissen, dass es Unsinn gewesen wäre, Hausdurchsuchungen mit richterlicher Anordnung durchzuführen, mit einer ganz normalen Befragung hätte man überhaupt keine Informationen erhalten, und es wäre das Gleiche gewesen, wenn man sie durch Erschießung eliminiert hätte, wenn das denn über die Befehlskette so entschieden worden wäre. Es geht hier nicht darum, dass ich mich oder diejenigen, die es getan haben, rechtfertigen will.«

Waren Sie an Folterungen beteiligt?

»Nein. Aber ich bin Teil der ganzen Sache, ich hatte keinerlei Zweifel daran, dass sie existieren. Ich habe eine Befragung gesehen.«

Also waren Sie beteiligt?

»Nein, nein, nein. Ich habe sie beobachtet.«

Was bedeutet das, eine Befragung beobachtet zu haben? Sie waren Teil des Geschehens.

»Nein, nein, nein, weil ich niemanden befragt habe. Ich war dabei, ich habe da vorbeigeschaut, wegen einer Sache, die ich Ihnen im gegebenen Moment erklären werde.«

Sie mussten mit jemandem sprechen, der dabei war?

»Nein. Es waren bestimmte Umstände, die dazu geführt haben, dass ich dort hineingegangen bin, wo gerade jemand befragt wurde.«

Sie wollten der Befragung beiwohnen, weil die Person Sie interessierte?

»Nein. Mir persönlich war ein Zweifel gekommen, den ich Ihnen vielleicht später erläutern werde.«

Sie sagen also, Sie haben nicht an Folterungen teilgenommen?

»Was glauben Sie denn? Dass ich nicht wusste, dass bei den Befragungen Folter angewandt wurde? Oder glauben Sie vielleicht, dass irgendjemand in der Marine es nicht wusste?«

Das eine ist, es zu wissen, das andere ist es, daran beteiligt zu sein.

»Was ist denn der Unterschied? Das sind keine verschiedenen Dinge. Wenn Sie wissen, dass das nicht richtig ist, auch wenn Sie nicht daran beteiligt sind, dann müssen Sie gehen oder sich durch eine schriftliche Eingabe beschweren.«

Aber es ist nicht das Gleiche, zu wissen, dass etwas geschieht, oder es selbst auszuführen.

»Es war die gängige Methode, und wir haben sie alle mitgetragen, deshalb ist es unweigerlich die Verantwortung aller. Es ist etwas anderes, wenn Sie das von außen betrachten und Ihnen das Ganze völlig fremd ist, dann haben Sie nichts damit zu tun und können Anzeige erstatten. Aber wenn Sie Teil des Ganzen sind und es akzeptieren, dann sind Sie auch Komplize. Alle, auf die eine oder andere Art, waren beteiligt. Man kann die Verantwortung derjenigen, die nicht direkt beteiligt waren, nicht einfach streichen.«

Wie viele waren prozentual direkt beteiligt?

»Das weiß ich nicht. Diejenigen, die Befragungen durchführten, waren sehr wenige. Wissen Sie, dass die Typen, die folterten, von der Küstenwache und der Polizei waren?«[4]

Unter dem strengen Blick und den Befehlen der Herren von der Marine, die sich die Hände nicht dreckig machten.

»Diejenigen, die an Operationen beteiligt waren, also an Entführungen – wie Sie es nennen –, die allerdings Festnahmen waren, das waren viele, weil es dieses System der Rotation gab. Auch am Wochenende, da kamen abgesehen von den normalen Rotationen auch Offiziere aus anderen Orten, um verschiedene Funktionen wahrzunehmen. Was die Flüge betrifft, weiß ich nicht, welche Prozentzahl geflogen ist und welche nicht.«

Die Folter war eine Spezialität von wenigen?

»Von jenen, die die Befragungen durchführten. Ich glaube nicht, dass es besonders einfach ist zu foltern.«

Sie meinen, auf der Ebene der Fertigkeiten?

»Ja. Ich kenne zwei Personen, die Befragungen durchgeführt haben. Es gab Menschen, die gewisse Informationen brauchten, und die wollten sie von jenen erhalten, die die Befragungen durchführten. Aber Sie sprechen von der Folter, als wäre es allein die Verantwortung derjenigen, die sie anwandten. Das stimmt überhaupt nicht. Wir waren alle für das Gleiche verantwortlich. Was wollen Sie? Diejenigen rechtfertigen, die damals in der Marine waren?«

4 Diese Behauptung Scilingos stimmt nicht mit den Aussagen von ehemaligen Gefangenen überein. Die handelnden Personen in der ESMA waren ihnen zufolge die Offiziere der Marine. Siehe *Quellen*, Seite 155. (Anm. von H. V.)

Nein. Ich würde gern ganz genau wissen, was geschehen ist, all das hören, was Sie wissen. Haben an den Flügen alle teilgenommen oder war das auch eine Spezialität von einigen wenigen?

»Es wurde rotiert. Ich weiß nicht, ob hundert Prozent beteiligt waren, aber jedes Mal, wenn es einen Flug gab, waren andere Leute dabei. Es gibt hohe Offiziere, die bei Flügen dabei waren und die befördert worden sind. Warum nicht Rolón? Man muss alle Fakten zusammen betrachten und sie öffentlich machen, weil das Land wissen muss, was geschehen ist. Das ist die wahre Geschichte. Es gibt die Überlebenden, und es gibt diejenigen, die leiden, und ich bestehe auf das Thema der Desaparecidos, das ist abscheulich. Das Land hat sehr wenig getan.«

Abgesehen von den Flügen, welche Funktion hatten Sie?

»Ich war draußen, auf der Straße, ich war der Chef der Abteilung Fahrzeuge in der ESMA, verantwortlich für 202 Wagen. Rund 50 davon waren von der Marine, die anderen tauchten auf ...«

Auf der Straße gestohlen ...

»Das sagen Sie. Sie wurden angeschafft.«

Der Umstand, dass diese Autos auftauchten, war das auch eine Entscheidung der militärischen Organisation?

»Selbstverständlich. Das ging so: Wenn man einen Panzer brauchte, dann wurde ein Panzer beschafft, wenn man einen Ford Falcon brauchte, dann wurde ein Ford Falcon beschafft. Das Ziel war es, den Feind zu zerstören, mit welchen Mitteln und mit welchen notwendigen Gegenständen auch immer. Es gab ein System, das dafür sorgte, dass alle dazu erforderlichen Fahrzeuge vorhanden waren.«

Auf welchem Weg wurden sie beschafft? Haben die Offiziere auf der Straße Autos aufgebrochen, Kurzschlüsse produziert und sind dann weggefahren?

»Nein! Es sind keine Offiziere rausgegangen.«

Die Unteroffiziere also?

»Ich weiß es nicht.«

Wie? Der Chef der Fahrzeuge weiß das nicht?

»Mir hat man die Fahrzeuge gebracht. Natürlich war da etwas faul. ›Diesen Wagen hier muss man verändern, der braucht eine andere Farbe, lackieren Sie ihn grün.‹ Solche Befehle hat mir Leutnant Vaca, also der sogenannte Leutnant Vaca, gegeben. Und dann haben wir das getan.«

Und auch die Kennzeichen verändert?

»Nein. Um die Kennzeichen hat sich nicht die Abteilung Fahrzeuge gekümmert. Die wurden auf dem Parkplatz ausgetauscht, das war eine Aufgabe von Vaca. Da war viel los mit Fahrzeugen und Ersatzteilen und entsprechend war da viel Geld im Spiel. Um das Geld kümmerte sich die Buchhaltung, aber da war auch nicht alles unter Kontrolle. An einem bestimmten Punkt musste ich einen neuen Leiter für die Werkstatt suchen und es wurde ein Unteroffizier des Heeres. Er hieß Don Juan und war brillant. Er wollte die Sache so perfekt machen, dass sie fast außer Kontrolle geriet. Ein Problem war, dass wir mithilfe der Kennzeichen nicht die Kontrolle über die Fahrzeuge behalten konnten, weil sie so oft gewechselt wurden. Es war ein recht spezielles Jahr, was soll ich Ihnen sagen. Die Abteilung Fuhrpark war wie eine Werkstatt organisiert, nicht militärisch, eher zivil. Wir hatten sogar Gebrauchsanleitungen von Ford, weil wir so viele Wagen hatten. Es wurden Verträge mit zivilem Personal geschlossen, das überhaupt nichts mit der Marine zu tun hatte. Das hat auch einige Probleme mit sich gebracht, weil manchmal Autos reinkamen, die voller Blut waren, und die Zivilen waren das nicht gewöhnt. Eigentlich war es eine ganz normale Autowerkstatt.«

Was war der Lieferwagen F-100 Swat, in dem während der Fahrt gefoltert wurde, für ein Auto?

»Das war nicht ausgestattet, um während der Fahrt zu foltern, das ist völlig falsch.«

Mit einer eingebauten Liege?

»Das war wichtig zum Auskundschaften. Es war fast immer eine oder ein Subversiver mit im Auto, um Menschen, die gesucht wurden, zu identifizieren, und man musste oft Stunden warten, zusammengekauert wie in einem Versteck, um auf die entsprechende Person zu warten. Es war eine Art Campingwagen. Ich kann das genau sagen, denn der Wagen war oft in der Werkstatt, er hatte eine Klimaanlage und andere Dinge, die wichtig waren, wenn man damit für lange Zeit unentdeckt agieren wollte. Aber es gab keine Vorrichtung zum Foltern. Auskundschaften ist kein Foltern, sondern Informationen vom Feind erhalten.«

Wie lautete Ihr Deckname?

»Ich erinnere mich nicht.«

Das glaube ich Ihnen nicht.

»Ich meine, es war Puma oder so etwas Ähnliches. Aber ich bin nicht sicher. Die meiste Zeit war ich in Uniform in der Abteilung

Fahrzeuge, ich musste ja ansprechbar sein. Ich habe an einigen Operationen teilgenommen, aber an wenigen. Ich war da nicht den ganzen Tag in Zivil. Vielleicht bin ich in einigen Belangen so überkritisch gewesen, weil ich so oft in Uniform gearbeitet habe.«

Waren Sie an Entführungen beteiligt?

»Ein Mal. Ich hatte ganz klar logistische Aufgaben, aber ein Mal war ich dabei. Sie sagen Entführung, aber das waren Festnahmen von Personen.«

Wie ist das abgelaufen?

»Es war der Lieferwagen, von dem Sie gesprochen haben, mit Leuten, die andere erkennen sollten. Es sollte ein Treffen geben, und da hat man die Person identifiziert, die festgenommen werden sollte, und dann hat man den Mann verhaftet.«

Wie wurde er verhaftet?

»Als ihm klar wurde, was geschah, eröffnete er das Feuer. Er widersetzte sich, man musste auf ihn schießen und er wurde verletzt. Eine Kugel ging in seine Hüfte. Ich musste ihn in einem Notarztwagen ins Marinekrankenhaus bringen, wo er operiert wurde, um die Kugel aus der Hüfte zu entfernen.«

Was ist dann mit dieser Person geschehen?

»Ich weiß nicht, was geschehen ist. Er wird befragt worden sein mit allem, was dazu gehörte.«

Sie wissen nicht, wer es war?

»Ich glaube, es war der Anführer der Operation, die versucht hatte, das Präsidentenflugzeug in die Luft zu sprengen. Wir haben im Notarztwagen miteinander gesprochen. Es war eine Unterhaltung zwischen zwei überzeugten Feinden. Ich weiß nicht, wer von uns überzeugter von dem war, was er tat. Er war sehr standhaft, sehr ernst. Das hat mir Respekt eingeflößt. Den habe ich immer in Erinnerung behalten. Ich glaube, er war Taucher und in dem Gespräch sagte er, er habe in Puerto Madryn trainiert, im extremen Süden von Argentinien.«

Wie alt war der Mann?

»Mitte dreißig würde ich sagen.«

Nach Ihrer Beschreibung könnte es Alfredo Nicoletti sein, der 1994 mit der sogenannten Superbande festgenommen worden ist, nachdem sie ein gepanzertes Fahrzeug geklaut haben.

Er schaut auf das Tonbandgerät. Er kontrolliert, ob es noch läuft, und macht dann nur eine Geste, mit dem Daumen gen Himmel und schüttelt dabei den Kopf. Er zögert, bevor er das Folgende auf Band spricht.

»Ich glaube nicht, dass er es sein kann, denn ich meine mich zu erinnern, dass derjenige dann verschwunden ist«, nimmt er das Gespräch wieder auf. »Die Schuld hat man immer Astiz gegeben, aber die Gruppe hat ihn dort abgegeben und wusste nicht, was dann geschah.«

Sie wussten, was geschah. Sie wussten, dass sie unter Folter befragt und dann aus den Flugzeugen geworfen wurden.

»Ja, aber was ich sagen wollte, ist, dass Astiz ... Was wird ihm vorgeworfen? Entführt, gefoltert und gemordet zu haben. Aber ist Ihnen eigentlich klar, dass es die argentinische Marine war, die dort festgenommen, befragt und eliminiert hat? Man gibt den Gefangenen in Dorado ab, und ab dem Moment agieren die Leute vom Geheimdienst, um sie zu befragen und so weiter.«

Hätte die Marine die Senatskommission über alles in Kenntnis gesetzt, was glauben Sie, was passiert wäre? Hätte sie dann gesagt: ›Ah, wenn das so ist, dann müssen wir Pernías oder Astiz befördern‹?

»Sie könnten sich auch dagegen entscheiden, aber dann müssen sie ihn und die anderen auch jeweils überprüfen. Sie dürfen nicht mit zweierlei Maß messen.«

Welches Maß müssten sie denn Ihres Erachtens anlegen?

»Das weiß ich nicht. Das muss die Senatskommission entscheiden. Entweder alle gehen oder es werden alle befördert – eigentlich ist es so einfach.«

Und was glauben Sie: Gehen alle oder werden alle befördert?

»Es ist nicht schlüssig, dass alle gehen.«

Also müssten alle befördert werden?

»All jene, die die normalen Überprüfungen durchlaufen, aber nicht aus politischen Erwägungen.«

Aber das hier ist keine politische Erwägung. Sollen alle, die beteiligt waren, befördert werden?

»Was ist der Unterschied zwischen einem Kapitän X und Kapitän Rolón?«

Sie wissen es.

»Es gibt keinen. In irgendeinem Moment kam der Name Rolón auf, aber es gibt andere, die vielleicht viel schlimmere Dinge getan haben, aus menschlicher Sicht meine ich jetzt. Rolón war im Stab des Geheimdienstes. Ich habe meine Zweifel, ob er je einen Flug mitgemacht hat. Wer misst das? Die Senatskommission könnte das, wenn sie alle Faktoren berücksichtigen würde. Sie haben selbst bemerkt, dass die beiden alleine kamen, um ihre Aussage zu machen. Da bin ich stutzig geworden. Das wird doch irgendwer entschieden haben. Ich könnte mir keinen ähnlichen Fall in der Armee vorstellen, ein Oberstleutnant, der alleine und nicht in Uniform vor der Senatskommission erscheint und seine Aussage macht, ohne einen Vorgesetzten an seiner Seite, der ihn berät. Das gibt Ihnen einen Grund mehr zu glauben, es wären irgendwelche Verbrecher. Das sind Dinge, die in mir so viele Zweifel hervorrufen, dass ich nicht mehr weiß, wer Recht hat, Sie oder ich.«

Um das mit der Verbrecherbande abzuschließen: Bei welchem Dienstgrad war die Trennlinie?

»Fregattenkapitän.«

Vom Fregattenkapitän aufwärts waren alle involviert?

»Ja.«

Welche Konsequenzen hätte es, sie alle in den Ruhestand zu versetzen?

»Eine Streitkraft auf solch traumatische Art und Weise zu enthaupten, wäre meines Erachtens nicht gerade angemessen.«

Glauben Sie, dass man feststellen muss, dass alle involviert waren und folglich dann niemand sanktioniert werden darf?

»Ich kann eine solche Entscheidung überhaupt nicht beurteilen. Das geht weit über das hinaus, was ich sagen kann. Das sollte auf höchster politischer Ebene geklärt werden.«

Aber welche Motivation haben Sie? In einem Ihrer Briefe bieten Sie sich an, in der französischen Botschaft zu Gunsten von Astiz auszusagen.

»Astiz war Leutnant zur See, er hat Befehle ausgeführt. Es kann nicht sein, dass ein Leutnant zur See, Verbrecherbande hin oder her, Entscheidungen eines Ausmaßes trifft, die jetzt Astiz angelastet werden. Er hat Befehle ausgeführt, wir können ihn nicht einfach einen Verbrecher nennen. Niemand hat der französischen Justiz die Wahrheit erzählt.«

Auch Astiz nicht.

»Man hätte ihn dort festgenommen.«

Er hätte es auch hier sagen können.

»Astiz kann sich nicht öffentlich äußern, er ist weiterhin im Dienst. Er muss dafür eine Erlaubnis einholen.«

Aber ihm wurde in Argentinien der Prozess gemacht, und er hat ausgesagt.

»Man wird ihm Befehle gegeben haben bezüglich dessen, was er zu sagen hatte. Denn die Bande, wie Sie sagen, die für mich keine Bande ist, wurde so geführt, mit Genehmigungen und mit der Erfüllung von Befehlen. Sie werden sehen, dass auch ich um Genehmigung bitte.«

Und niemand antwortet Ihnen.

»Wissen Sie, warum man Astiz nicht verzeiht? Weil er sich bei den Madres de Plaza de Mayo eingeschleust hat. Aber um das zu tun, da brauchte es verdammt viel Mut.«

Um ein Dutzend alte Frauen und Nonnen auszuliefern, braucht es überhaupt keinen Mut, das ist Feigheit.

»Aber Sie ahnen, was mit ihm passiert wäre, wenn er aufgeflogen wäre?«

Man hätte ihn ausgeschlossen. Aber welchen Mutes bedurfte es, sie auszuliefern?

»Aber waren da etwa nur diese Madres? Wenn Sie den Befehl erhalten, sich an einem Ort einzuschleusen, um bestimmte Dinge herauszufinden ... Ist Ihrer Meinung nach damals denn nichts geschehen in diesem Land?«

Aber welches Risiko ging Herr Astiz denn ein, indem er sich bei den Familienmitgliedern von Desaparecidos einschleuste, die Geld sammelten, um Weihnachten einen Aufruf veröffentlichen zu können, und die versuchten, eine Liste von Desaparecidos zu erstellen und das mit all den Schwierigkeiten, die man hatte, wenn man nicht die Macht besaß, die die Marine hatte. Es ging ja um genau die Liste der Desaparecidos, von der Sie selbst sagen, die Bande hätte sie veröffentlichen müssen.

»Nicht die Bande, die Marine. Das sage ich heute, aber in jenem Moment war es vielleicht nicht angebracht, sie zu veröffentlichen. Denn wenn man so viele Maßnahmen angewandt hat, die nicht konventionell waren, dann weil es eben kein konventioneller Krieg war. Es ging darum, dem Feind Informationen vorzuenthalten, ihn zu verunsichern, was den Verbleib der Festgenommenen, die Sie Entführte nennen, betraf. Das Logische wäre gewesen, die Bürger darüber zu informieren, was geschehen war und wer die Toten sind, bevor Präsident Alfonsín das Amt angetreten hat. Mit einer solchen Auskunft wird ja nichts beendet, sie gibt auch denen, die gestorben sind, ihr Leben nicht zurück, weder auf der einen noch auf der anderen Seite. Außerdem wird es immer Wunden geben, und wer weiß, wie lange es braucht, bis diese verheilen. Wie viele Amnestiegesetze auch immer man erlässt, das Thema lässt sich ja nicht per Dekret oder per Erklärung aus der Welt schaffen. Aber stellen Sie sich mal vor, man hätte die Wahrheit gewusst, man hätte die Desaparecidos in Tote verwandelt. Erinnern Sie sich, wer gesagt hat, es gäbe keine Desaparecidos? Ricardo Balbín, der Ex-Präsident der Unión Cívica Radical, der Radikalen Partei. Balbín hat gesagt: ›Was für Desaparecidos? Die sind alle tot.‹ Trotzdem gelten sie weiterhin als verschwunden.«

Hätte man Astiz in der Kirche Santa Cruz enttarnt, was glauben Sie, was mit ihm passiert wäre?

»Sie hätten ihn umbringen können.«

Wer?

»Wie wer?«

Die Nonnen?

»Nein, nein, aber glauben Sie, die waren da ganz alleine?«

Und was glauben Sie?

»Ich glaube, dass die subversiven Gruppen sie unterstützt haben.«

In welchem Sinne unterstützt? Glauben Sie, das war eine militärische Organisation wie die Ihrige? Ich habe den Eindruck, Sie haben eine sehr verzerrte Wahrnehmung der Tatsachen. Es sind viele Jahre vergangen, und es hat nicht eine einzige Episode persönlicher Rache gegen irgendjemand gegeben.

»Aber damals wurden Angehörige des Militärs entführt.«

Wie viele?

»Das weiß ich nicht.«

Zwei, drei Fälle. General Pita, Oberstleutnant Del Valle Larrabure, Admiral Aleman, wer sonst?

»Zu unserem nächsten Treffen werde ich Unterlagen dazu mitbringen. Die habe ich zu Hause.«

Welche Fehler haben Sie in Ihrem Verhalten und auf geschäftlicher Ebene begangen. Jene, von denen Sie sagten, Sie haben sie aus Überheblichkeit begangen, nachdem Sie aus der Marine ausgeschieden sind?

»Ich habe mich mit Leuten zusammengetan, die ... Aber ich bin vor Hunger gestorben.«

Sind Sie verurteilt worden?

»Ja. Wegen Betrugs.«

Was ist da geschehen?

»Als ich in den Ruhestand gegangen bin, habe ich mich mit dem ersten großen Videoclub in Bahía Blanca selbständig gemacht. Dann habe ich mit ein paar Verwandten zusammen das erste Kabelfernseh-

System auf die Beine gestellt. Die wirtschaftliche Entwicklung war immens und dazu sehr schnell. Und so schnell ich aufgestiegen war, so schnell stürzte ich auch ab. Ich habe mich ruiniert und hatte noch einige Schwierigkeiten, bis ich mich irgendwann wieder gefangen habe.«

Wie verlief der Prozess wegen Betrugs?

»Als ich in Buenos Aires war, habe ich einen zivilen Freund einer Produktionsfirma von Videokassetten vorgestellt. Er bezahlte sieben Videokassetten mit einem auf 30 Tage datierten Scheck. Dann wurde festgestellt, dass sein Konto gesperrt war. Ich wurde als Komplize angeklagt. Ich habe die sieben Kassetten bezahlt, aber der Prozess wurde fortgesetzt. Mein Verteidiger hat in Bahía Blanca die Papiere angefordert, die belegten, dass ich Besitzer eines Videoclubs war, aber die Handelsregister der gesamten Provinz liegen in La Plata, und der Richter hat mich verurteilt und gesagt, ich hätte nie beweisen können, dass ich Besitzer des Videoclubs war. Aber mittlerweile habe ich die komplette Dokumentation aus La Plata erhalten, und ich werde sie erneut vorlegen, um eine Wiederaufnahme zu beantragen.«

Ist Ihnen eigentlich klar, dass, wenn das hier veröffentlicht wird, Ihre kühnen Kollegen der Marine Sie wegen Ihrer Überzeugung diskreditieren werden?

»Ja. Das ist einer der Gründe, warum ich gezweifelt habe, ob ich darüber sprechen soll. Aber in der Abwägung fühle ich mich besser, wenn ich es tue.«

Er bedeckt das Mikrofon mit der Hand. Es fiel ihm schwerer, über den Betrugsfall zu sprechen als über die Flüge. Er zog es vor, weiter über die ESMA zu sprechen.

Gab es andere Methoden der Eliminierung von Gefangenen?

»Man sagte, dass der Sportplatz mit Leichen von Guerillakämpfern übersät war, und das ist nicht zutreffend. Es konnte vorkommen, dass man eventuell die Leiche von einem Verletzten, der es nicht überstanden hatte und gestorben war, dort eingeäschert hat.«

Auf welche Art und Weise?

»Sie wurden verbrannt. Das war ein anderes Thema, über das damals diskutiert wurde. Ich hatte deswegen Schwierigkeiten mit dem zivilen Personal, für das ich verantwortlich war, weil es bemerkte, dass da etwas Seltsames vor sich ging, weil die Leute von Dorado kamen und nach alten Reifen fragten, um die Körper damit zusammen zu verbrennen. Das war eine andere Methode, aber das waren wenige.«

Wie viele?

»Sehr wenige.«

Das heißt, alle Gefangenen, die noch laufen konnten, bestiegen die Flugzeuge?

»Sie konnten immer laufen. Die Verletzten wurden versorgt.«

Aber die Fälle, von denen Sie gerade sprachen, Sie sagten, es seien Verletzte gewesen, die nicht ...

»Nein, nicht Verletzte, Tote. Sie waren verletzt angekommen, hatten bei der Gefangennahme Widerstand geleistet und manchmal haben sie nicht überlebt, so wie es das in jedem Krieg gibt.«

Gab es für diese Menschen einen speziellen Ort?

»Nein, nein. Hinten halt. Aber es waren sehr wenige Fälle.«

Gab es da spezielle Anlagen?

»Nein, es gab da nichts Besonderes. Außerdem wurde ja der Sportplatz immer benutzt, er war nie geschlossen.«

Man verbrannte auf dem Sportplatz Körper und dann spielte man darauf wieder Fußball?

»Neeein! Dieser Sportplatz ist sehr groß, ein riesiges Gelände, das teilweise zuvor Flussgebiet gewesen war. Der hinterste Teil ist praktisch unzugänglich, er wird nicht benutzt. Das geschah da ganz hinten, quasi am Fluss.«

Die Aufzeichnung ist zu Ende. Aber Scilingo steht nicht auf. Er bittet, die nächste Kassette einzulegen. Er will noch etwas sagen.

Schattenreich

Scilingo hatte sich einige Male gewunden und letztlich dafür entschieden, nicht ganz und gar in die tiefsten Abgründe seiner Erinnerung hinabzusteigen. Aber er war nahe daran und wollte nicht mehr zurück, fast als würde sein Geständnis ihm auf grausame Art Erleichterung verschaffen. Er kam spontan auf das Thema zurück, während wir uns über etwas anderes unterhielten:

»Sie hatten mich gefragt, was in den Flugzeugen geschah. Wenn das Flugzeug einmal in der Luft war, hat der Arzt, der mit an Bord gegangen war, ihnen eine zweite Dosis von einem sehr starken Beruhigungsmittel gegeben. Sie schliefen ganz und gar ein.«

Als die Gefangenen schliefen, was haben Sie dann getan?

»Das ist jetzt sehr morbide.«

Morbide ist das, was Sie getan haben.

»Es wäre mir nicht recht, wenn jemand denken würde, dass ich Gefallen daran finde, das hier zu erzählen.«

Es ist schon klar geworden, dass Sie über Rolón und Astiz reden möchten. Ich bin es, der Sie nach den Details des Fluges fragt, damit das nicht abstrakt bleibt.

»Es gibt vier Dinge, derentwegen es mir schlecht geht. Die zwei Flüge, die ich mitgemacht habe, die Person, die ich während der Folter gesehen habe, und die Erinnerung an das Geräusch der Ketten und Fußfesseln, die sie den Gefangenen anlegten. Ich habe das nur wenige Male gesehen, aber ich kann das Geräusch nicht vergessen. Ich will darüber nicht sprechen. Lassen Sie mich gehen.«

Das ist hier nicht die ESMA. Sie sind aus freiem Willen hier und Sie können gehen, wann immer Sie wollen.

»Ja, ich weiß. Das wollte ich nicht sagen. Es gibt Details, die wichtig sind, aber es fällt mir schwer, über sie zu sprechen. Ich denke daran, und das macht mich wahnsinnig. Man zog sie aus, als sie bewusstlos waren, und wenn der Kapitän – je nachdem, wo sich das Flugzeug befand – den Befehl dazu gab, dann wurde die Luke geöffnet und einer nach dem anderen nackt hinausgeworfen. Das ist die Geschichte. Eine schauderhafte, aber wahre Geschichte, die niemand leugnen kann. Ich werde das Bild der nackten Körper nicht mehr los, aufeinander gestapelt im Gang des Flugzeugs wie in einem Film über den Nationalsozialismus. Man hat es mit Skyvans der Küstenwache und mit Electras der Marine gemacht. Im Skyvan über die Heckklappe, die man nach unten hinten öffnet. Es ist eine große Heckklappe ohne Zwischenpositionen. Das heißt sie ist entweder auf oder sie ist zu, also blieb sie auf. Der Unteroffizier trat auf die Klappe, sie hatte eine Art Kippmechanismus, so dass dann 40 Zentimeter ins Nichts offen waren. Dann haben wir begonnen, die Subversiven dort hinauszuschieben. Ich war ziemlich nervös in der Situation und bin fast selber rausgefallen.«

Wie?

»Ich bin ausgerutscht, und sie haben mich festgehalten.«

Sie haben von zwei Flügen im gleichen Monat gesprochen.

»Ja, es war im Juni oder Juli 1977. Der zweite Flug war an einem Samstag. Meine Familie lebte in Bahía Blanca, und ich fuhr alle 14 Tage zu ihnen, an jenem Wochenende hatte ich Samstag und Sonntag Dienst und war in der ESMA. Sie haben mir den Befehl gegeben. Sie haben mich als Leiter des Konvois bestimmt, wir haben das gleiche Vorgehen wiederholt wie beim ersten Flug, dieses Mal war es eine Electra. Die Schritte waren genau die gleichen, aber die Ladetüre ist auf der Heckseite, also hinten, steuerbord, sprich auf der rechten Seite.

Man nahm die Türe raus, und derjenige, der die Operation durchführte, wurde an einem Seil festgebunden. Bei diesem zweiten Flug gab es, gemäß der damaligen Doktrin der Marine, spezielle Gäste.«

Was bedeutet ›spezielle Gäste‹?

»Offiziere der Marine höherer Dienstgrade, die nicht direkt beteiligt waren, aber die mitgeflogen sind, um uns zu unterstützen, zum Beispiel Kapitäne zur See oder höhere Offiziere aus anderen Städten.«

Was haben die getan?

»Nichts. Es war eine Form der moralischen Unterstützung für dic Aufgabe, die wir erledigten.«

Und die saßen mit den Gefangenen gemeinsam da?

»Nein, nein. Es gab praktisch keine Sitzplätze. Es gab nur wenige Sitze im vorderen Bereich, ansonsten war das Flugzeug komplett leer.«

Wo hielten sich die höheren Offiziere auf?

»Sie saßen dort vorne, und während der Operation standen sie auf und schauten zu.«

Sie schauten zu?

»Ja, ja, sie schauten zu.«

Aber sie waren nicht beteiligt.

»Naja, dass sie nicht beteiligt gewesen wären ...«

Natürlich waren sie Teil der Operation, das war ja das Motiv für ihre Anwesenheit.

»Ja.«

Warum haben sie nicht aktiv mitgemacht, mit ihren eigenen Händen?

»Weil das nicht notwendig war.«

Wie haben Sie die bewusstlosen Personen bis zu der Türe gebracht?

»Zu zweit.«

Sie haben sie über den Boden geschleift?

»Wir haben sie hochgehoben und bis zur Tür getragen.«

Sie blieben bewusstlos?

»Absolut, sie waren komplett im Tiefschlaf. Niemand hat irgendetwas gespürt.«

Und da gab es nie eine Ausnahme?

Die Frage scheint ihn mehr umzutreiben als andere. Er denkt lange nach, bevor er antwortet.

»Nicht, dass ich es mit Sicherheit sagen könnte.«

Sie haben nie miterlebt, dass eine Person wach geworden wäre?

»Dass sie ...?«

Dass jemand wach geworden wäre?

»Nein, das habe ich nie erlebt.«

Dass sich eine Person widersetzt hätte?

»Nein, nein, nein.«

Und Ihr Fehltritt, wie kam der zustande?

»Ich bin ausgerutscht, der Boden des Flugzeugs war aus Metall, es war glatt und da bin ich fast hinausgefallen, während ich versuchte, die Körper der Subversiven zu bewegen.«

Hat man irgendwelche Untersuchungen darüber angestellt, an welchem Ort ...?

»Das müssen sie getan haben, davon gehe ich aus. Im offenen Meer.«

Was glauben Sie, wie viele Menschen sind so umgebracht worden?

»Zwischen 15 und 20, jeden Mittwoch.«

Über welchen Zeitraum?

»Über zwei Jahre.«

Zwei Jahre, das macht rund 100 Mittwoche, also 1500 bis 2000 Menschen.

»Ja. Wenn man *Aeroparque*, also den Flughafen, verließ, gab es einen Flugplan in Richtung des Luftwaffenstützpunkts der Marine namens Punta Indio. Einmal in Punta Indio steuerte man dann Richtung offenes Meer. Jemand hat einmal gesagt, dass die Flugpläne aus jener Zeit verschwunden seien, eine andere Sache, die ich für eine Barbarei halte. Damals mag das so gewesen sein, aber jetzt, ich weiß nicht.«

Welches Personal der Marine war jeweils an Bord?

»Im Cockpit war die normale Flugzeugbesatzung.«

Und zusammen mit den Gefangenen?

»Zwei Offiziere und ein Unteroffizier, ein Korporal und der Arzt. Bei meinem ersten Flug wusste der Korporal der Küstenwache überhaupt nicht, um was es da ging. Als er dann an Bord des Flugzeugs begriffen hat, was er zu tun hatte, sind ihm die Nerven durchgegangen. Er hat angefangen zu weinen. Er hat überhaupt nichts verstanden und war völlig durch den Wind. Das hat mich dann auch nervös gemacht. Ich habe versucht, es ihm zu erklären, und dann habe ich dem Unteroffizier gesagt, er möge mit den Piloten reden, weil die Situation war wirklich ... Ich hatte keine Ahnung, was ich mit einer Person der Küstenwache in einer solch kritischen Situation tun sollte. Zum Schluss haben sie ihn ins Cockpit geschickt. Die Skyvan ist wie eine große Kiste, nur das Cockpit ist abgetrennt. Wir haben die Subversiven dann fertig ausgezogen ...«

Sie, Leutnant Vaca und der Arzt ...

»Nein, nein. Der Arzt gab ihnen die zweite Spritze, nichts weiter. Danach ging er ins Cockpit. Das war auch bei meinem zweiten Flug so.«

Warum?

»Uns haben sie gesagt wegen des hippokratischen Eids. Ich glaube, das war bei allen Flügen so. Man hat das als Motiv genannt, und in gewisser Weise wurde das rational auch so akzeptiert. Wenn wir jetzt einmal ganz genau sind: Der Flugkapitän eines solchen Flugzeugs flog, der Pilot und der Kopilot, sie flogen. Wenn ich jetzt Ihre Terminologie übernehme: Sie haben nicht entführt, gefoltert und nicht getötet?«

Wie, sie haben nicht?

»Nach dem, was Sie sagen, ist nur der schuldig, der dabei ist, bei der Sache, derjenige, der foltert. Welchen Unterschied gibt es denn zwischen dem Piloten des Flugzeugs und Rolón oder Pernías?«

Keinen.

»Ahh! Also gilt: alle oder keiner. Wenn wir jetzt die normalen Maßstäbe an die Laufbahn in der Marine anlegen, wenn man die einmal erfüllt hat, dann müssten alle befördert werden oder keiner. Sind Sie da jetzt mit mir einverstanden oder nicht? Vielleicht sagen Sie jetzt, dann eben keiner. Von mir aus, es geht um das Prinzip: alle oder keiner.«

Alle, die daran beteiligt waren. Derjenige, der das Flugzeug steuerte, mit dem man diese Menschen umgebracht hat, war daran beteiligt. Der Koch war nicht daran beteiligt.

»Der Koch ist ein schlechtes Beispiel.«

Dieses Beispiel haben Sie gebracht.

»Reden wir nicht über den Koch, wir reden von den Chefs und Offizieren im Dienst in jener Zeit.«

Was Sie mir jetzt sagen, ist, dass diese Leute entweder an Entführungen oder an Folterungen oder an geheimen Exekutionen beteiligt waren. Es gab also niemanden, der nicht bei einer dieser drei Sachen mitgemacht hätte?

»Vielleicht hat irgendeiner nicht mitgemacht, aber das war dann Zufall. Das Rotationsprinzip galt für alle. Vielleicht gibt es einen, der sagt, ›Ich war nie dabei‹. Aber er wusste davon, und wenn er nie direkt beteiligt war, dann nicht, weil er es verweigert hätte, sondern weil er nie dafür eingeteilt worden war. Das darf man nicht verwechseln.«

Was Sie sagen, ist, dass man die Beweislast umkehren sollte, also davon ausgehen, dass alle beteiligt waren, und dann in jedem einzelnen Fall untersuchen, wer beweisen kann, das dem nicht so war?

»Wenn derjenige das belegen kann, dann soll er das tun. So könnte es gehen. Das haben Sie jetzt so formuliert, aber dann muss man sehen, ob das jemand belegen will. Vielleicht gibt es da irgendjemanden.«

Wenn es eine politische Entscheidung wäre, so damit umzugehen, würden dann viele versuchen, sich zu rechtfertigen?

»Das könnte eine Lösung sein, ja, vielleicht. Aber so wie die Dinge stehen, wäre es ungerecht.«

Ungerecht für wen?

»Es ist ungerecht, weil Menschen, die wirklich aktiv beteiligt waren, schon durch die Senatskommission bestätigt worden sind. Was ist der Unterschied zwischen Admiral Arduino, der mir damals den Befehl gegeben hat, und Kapitän Rolón? Und Arduino ist Chef der Marineeinsätze geworden, unter einer verfassungsgemäßen Regierung, mit Zustimmung der Senatskommission. Man darf da nicht heuchlerisch sein, man muss die Wahrheit sagen. Darum geht es. Und von der Wahrheit ausgehend müssen die Entscheidungen getroffen werden. Sie fragen mich, was ich tun würde? Ich würde nichts tun. Erstens bin ich nicht mehr im Dienst und zweitens bin ich kein Politiker. Was ich sage ist: So nicht, meine Herren, basta! Sagen wir die Wahrheit und dann sollen andere entscheiden, was zu entscheiden ist. Aber weiter Verstecken spielen, und plötzlich taucht da jemand auf, der nicht befördert wird, weil er angeblich ein Folterer war, das ist eine Lüge. Er wird nicht befördert, weil niemand die Wahrheit sagt. Wer wird denn dadurch gedeckt, dass man nicht die Wahrheit sagt?«

Sie sagen, Sie wollen nicht zu denen gehören, die etwas vertuschen oder verheimlichen. Was denn verschweigen?

»Das Verheimlichen, das Verweigern von Informationen, nicht nur der Senatskommission gegenüber. Es werden der Gesellschaft Informationen über die Desaparecidos verweigert.«

Wenn alle mitgemacht haben, dann sind es nicht diese Leute, die etwas vertuschen, sondern sie sind die Akteure. Akteure von Morden, nicht Vertuscher derselben.

»Wer vertuscht denn dann etwas?«

Sie sagen doch, es wird vertuscht.

»Wer hätte die Informationen denn geben müssen? Oder halten Sie es für normal, dass ein Fregattenkapitän sich vor der Senatskommission zu verteidigen versucht und er dabei die Methoden erklärt? Das war doch extrem auffällig. Haben Sie die Titel der Zeitungen gesehen? Sie haben versucht, sich für etwas zu verteidigen, von dem sie im Grunde wissen, dass es eine Ungerechtigkeit ist. Und was haben sie gesagt? Haben die zwei, die vor der Kommission gesprochen haben, die Wahrheit gesagt oder haben sie gelogen?«

Sie haben einen Teil der Wahrheit gesagt.

»Es wurde ja nicht nach der ganzen Wahrheit gefragt. Sind sie es, die die Aufgabe haben, das zu erzählen?«

Hätte man sie nach den geheimen Exekutionen gefragt, hätten sie dann darüber berichtet?

»Das weiß ich nicht. Sie sind nicht danach gefragt worden. Aber muss es zu einer solchen Situation kommen oder muss nicht ein für alle Male die Wahrheit gesagt werden? Finden Sie nicht, dass es Zeit ist, dass das alles endgültig und ohne Umschweife ans Licht kommt? Was ich weiß, ist doch nur ein Bruchteil. Oder glauben Sie, dass ich sie zurückgehalten hätte, wenn ich im Besitz der Namenslisten der Desaparecidos wäre? Aber ich habe sie nicht.«

Als Sie diese Flüge gemacht haben, wussten Sie da, wer die Personen waren?

»Ich hatte keine Ahnung.«

Sie haben sie vorher nicht gekannt, Sie hatten sie nie in der ESMA gesehen?

»Nein, nein. Es hat mich auch nicht interessiert. Ich habe den Entscheidungen, die meine Vorgesetzten getroffen hatten, völlig vertraut.«

Aber hatten Sie nicht aufgrund Ihrer Aufgabe dort Kontakt ...?

»Nein, nein, ich hatte nur ganz selten Kontakt mit Gefangenen.«

Welche Art von Kontakt?

»Gesprochen habe ich nicht mit ihnen, ich habe sie halt manchmal gesehen. Es gab keinen direkten Kontakt. Ein Gerücht besagte damals, dass der ehemalige Marineangehörige Jorge Devoto bei Bewusstsein rausgeworfen wurde, aber ich habe nie erfahren, ob das stimmt.«

Sie wussten nicht, wer die Gefangenen waren?

»Nein, aber ich habe mich auch nicht darum bemüht. Ich habe das, was dort geschehen ist, damals nie angezweifelt. Wenn Sie von mir hören wollen: ›Schauen Sie, ich habe aber nicht ...‹ – dann wäre das eine glatte Lüge.«

Ich will das nicht von Ihnen hören.

»Ich hatte nicht den geringsten Zweifel, dass wir dort in völlig legaler Form agierten, so wie es sein musste. Ich war 28 Jahre alt und seit zehn Jahren in der Marine. Das ist weder viel noch wenig. Ich war Kapitänleutnant und war ausreichend gut vorbereitet und alt genug, um nicht an meinen Vorgesetzten zu zweifeln. Ich war völlig im Reinen mit meiner Karriere.«

Die Frage ist nicht, an seinem Vorgesetzten zu zweifeln. Aber in der Ausbildung, die Sie erhalten hatten ...

»... da gab es so etwas nicht. Aber was es gab, war das Töten des Gegners.«

Wie tötet man den Gegner?

»Im Krieg. Aber das war ein schmutziger Krieg, auf den wir nicht vorbereitet waren.«

Sind sie da sicher, dass sie alle darauf nicht vorbereitet waren, oder ist das eine Ausrede?

»Darauf waren wir nicht vorbereitet.«

Seit 1958 hatte der Geheimdienst der Marine an dieser Idee gearbeitet, es gab Ausbildungskurse, es wurden Artikel, Broschüren und Bücher veröffentlicht, Personen spezialisiert...

»Alles, was Sie wollen, aber das hatte nichts mit der tatsächlichen Vorbereitung der Menschen in der Marine auf einen antisubversiven Kampf zu tun. Oder glauben Sie, wir hätten Kurse im Straßenkampf gemacht? Später haben sie damit angefangen, als die Auseinandersetzungen begonnen hatten, aber vorher nicht. Wenn Rolón Infanterist wäre, aber er ist Offizier des Marinekommandos.«

Pernías?

»Pernías ist Infanterist. Es gab auch Piloten der Marine. Gibt es irgendeinen Piloten, der auf den antisubversiven Straßenkampf vorbereitet ist?«

Vielleicht gab es keine Spezialeinheit, aber die Marine als Institution bereitete sich seit 20 Jahren darauf vor.

»Das eine ist die ideologische Vorbereitung, aber was hat das miteinander zu tun? Was es gab, das waren Versuche, der Ausbreitung der linken Ideologie etwas entgegen zu setzen. Wenn Sie mich fragen, was in den höheren Kreisen der Marine in dieser Hinsicht gelaufen ist, das weiß ich nicht. Ah, Sie wollen sagen, dass wir als Folge davon überzeugt waren?«

Ich meine: vorbereitet. Ich habe Aussagen eines Offiziers, dem man Unterweisungen in die Folter gegeben hatte.

»In der Marine?«

Ja. Ein Offizier der ESMA. Während einer antisubversiven Übung haben sie sich gegenseitig gefoltert. Das Gleiche haben die Kommandos des Heeres getan.

»Das habe ich noch nie gehört. Vielleicht in der Infanterie der Marine.«

Ich glaube, es ist genau anders herum als Sie glauben. Man hat sie vorbereitet, damit sie genau das tun. Deshalb hat niemand gezweifelt. Jedes Mal, wenn ein Gedanke ihn überrascht, schweigt er. Er weigert sich, eine andere Perspektive einzunehmen, aber er ist nicht kategorisch. ›In Ihrer Analyse‹, ›Das sagen Sie‹, ›Das kann sein‹, ›Vielleicht haben Sie Recht‹, sagt er immer, um dann den Dialog wieder aufzunehmen, mit einer ungewöhnlichen Flexibilität für eine Persönlichkeit, die so sehr mit einer Institution verwachsen ist.

»Das ist eine Analyse, die Sie so machen können. Ich weiß es nicht. Wenn der Befehl gelautet hätte, rauszugehen, um Chilenen oder Subversive zu töten, wäre er genauso akzeptiert worden. Befehle von oben werden nicht in Frage gestellt. Wenn Sie anfangen zu zweifeln ... Ich kann in dem Moment anfangen, an meinen Vorgesetzten zu zweifeln, in dem sie mir nicht auf Briefe antworten, die sehr klar sind. Warum antworten sie mir nicht? Sie sind überzeugt, dass die Marine wie eine Verbrecherbande gehandelt hat, und ich will das nicht glauben. Aber solche Vorgänge lassen mich zweifeln. Admiral Ferrer antwortet mir nicht, Admiral Molina Pico antwortet mir nicht. Nur Schweigen. Ich weiß nicht. Ich habe mich auch in der Marine umgehört und niemand weiß, was geschehen ist. Ich will nicht so scheinheilig sein, zu sagen, dass ich mich jetzt für den Guten halte, weil ich das hier erzähle. Nein. Damit jemand am nächsten Tag sagt ›Scilingo, der Reuevolle‹. So ist das nicht. Scilingo hätte unter den gleichen Bedingungen wieder genau das Gleiche getan. Aber es hat sich alles verändert, und anstatt es weiter als einen Sieg zu beschreiben, erzähle ich es Ihnen in einer Situation, die ich kaum in Worte fassen kann. Das habe ich meinen Vorgesetzten zu verdanken ... Und letztlich habe ich es mir selbst zu verdanken. Weil ich vollständig an das glaubte, was ich getan habe, ich habe alle Befehle mit totaler Überzeugung ausgeführt. Das ist der schmutzige Krieg, den wir gewonnen haben.«

Im Zimmer beginnt es dunkel zu werden. Die Zeit schien stehengeblieben zu sein. Als ich das Licht anmache, schaut Scilingo auf die Uhr. Er ist schweigsam geworden. Es fällt ihm schwer, wieder aus dem Schattenreich seiner Erinnerungen herauszukommen. Er verabschiedet sich ohne eine weitere Verabredung.

Wie die Wirklichkeit

Die Stimme von Scilingo ist tatsächlich auf dem Band, die Dokumente tragen weiterhin seine Unterschrift. In seinem Haus nimmt jemand das Telefon ab und gibt den Hörer an ihn weiter, und die gleiche Stimme, die auf dem Band ist, antwortet mir. Es ist also passiert, es ist kein Traum. Aber wird es sich nicht in Luft auflösen, als wäre es einer gewesen?

In dem Moment, in dem ihm ein Geheimnis, das er fast 20 Jahre mit sich herumgetragen hatte, unerträglich geworden war, hat er die schlimmsten Dinge jemandem erzählt, der rein zufällig nicht eines seiner Opfer gewesen war. Er hatte alle Fragen beantwortet, sich in eine Rolle gefügt, die er sich zuvor niemals hätte vorstellen können. Wie würde er jetzt reagieren, wenn er nach der eingetretenen Erleichterung seinen vollzogenen Schritt und dessen Konsequenzen abwägen würde? Würde er sich in die alten institutionellen Sicherheiten zurückziehen, jeden Kontakt abbrechen, versuchen, die Veröffentlichung zu verhindern?

Nichts dergleichen. Zehn Tage später war er einverstanden, erneut mit mir zu reden.

»Wenn Sie entscheiden, das zu veröffentlichen, bitte ich Sie, mich mit mindestens 24 Stunden Vorlauf zu informieren. Ich weiß, dass ich mich damit in große Schwierigkeiten bringe, und ich muss einige Vorkehrungen treffen.«

Wegen der Marine?

»Nein. Wegen der Leute von Videla. Es sind die Einzigen, die immer noch organisiert sind. Es ist eine Gruppe von fanatischen Katholiken.«

Er wirkte trotzdem nicht besorgt.

»Auch wenn Sie es nicht glauben mögen, es hat mir gut getan zu reden. Ich habe mich besser gefühlt. Aber Sie sind sehr wortkarg. Sie sagen mir nicht, was Sie denken.«

Sie sagten, Sie haben außer mit Ihrer Frau auch mit zwei zivilen Freunden gesprochen. Wann war das?

»Sechs Jahre später.«

Warum haben Sie es ihnen erzählt?

»Aus dem gleichen Bedürfnis heraus, das mich nun zu Ihnen führt. In jenem Moment wollte ich wissen, was jemand denkt, der damals von dem, was wir erlebt haben, weit weg war. In gewisser Weise glaube ich, dass sie davon gewusst haben, wie so viele Leute davon wissen, aber nie darüber reden. Das Thema ist immer noch ein Tabu. Ich glaube, die Zeit ist gekommen, die Wahrheit zu sagen. Es sind ja Momente im Leben von jedem einzelnen. Ich weiß nicht, wie die anderen reagieren werden und ob viele damit einverstanden sein werden, dass ich darüber spreche.«

Wie haben Ihre Freunde reagiert?

»Mit Schweigen. Sie haben begriffen, was ich getan hatte. Es war kein Gespräch, um um Verzeihung zu bitten oder lange Erklärungen abzugeben. Ich habe auch mit meiner Mutter gesprochen, bevor sie gestorben ist.«

Und wie war die Unterhaltung?

»Sie hat Fragen gestellt. Ich glaube, dass sie das Thema meines Ausscheidens aus der Marine damit in Zusammenhang brachte. Ich habe das nie direkt so erklärt, aber ich glaube, dass sie es vermutete. Also versuchte sie, das Problem zu verstehen und mich als Mutter in gewisser Weise zu unterstützen. Ich bin ihr gegenüber aggressiv geworden, weil ich nicht weiter über das Thema sprechen wollte. In bestimmten Stressmomenten kommen mir automatisch die Erinnerungen an die Flüge in den Kopf. Ich hatte Phasen, in denen ich Schlafmittel nehmen musste, Phasen, in denen ich zu viel getrunken habe. Ich glaube, die Marine hat keinen Schaden genommen, aber meine Familie schon. Und ich habe enormen Schaden genommen. Die Marine akzeptiert nicht, dass ich derartige Probleme habe.«

Wissen Ihre Kinder davon?

»Meine Frau hat es ihnen erzählt. Und in letzter Zeit habe ich mit ihnen gesprochen. Meine 15-jährige Tochter hat eine Lehrerin in Gemeinschaftskunde, die das Thema behandelt hat; gut, in ausgeglichener Art und Weise. Sie hat gesagt, dass die Subversion Bomben gelegt hat und dass die Streitkräfte, um das zu stoppen, auch Barbarisches getan haben. Um mit meiner Tochter zu sprechen, habe ich in meiner Bibliothek einige Dinge gesucht, die ich besitze. Ich habe mir die Broschüre der Streitkräfte über den Kampf gegen die Subversion nochmal angeschaut und ich habe mich geschämt. Es gab sehr wenige Entführungen von Militärs, da hatten Sie Recht. Ich habe ihr auch die Zeitschrift gezeigt, in der [der Ex-Anführer der Guerilla Mario] Firmenich erzählt, wie sie [1970 den Ex-Militär-Präsidenten Pedro Eugenio] Aramburu töteten. Meine Tochter weiß genau, was geschehen ist, sie vergisst die Bomben nicht und auch sonst nichts. Aber wenn sie ein Fazit ziehen muss, dann sagt sie, dass die Streitkräfte schlimmere Dinge getan haben. Wenn Sie von der Verbrecherbande sprechen, dann bin ich nicht einverstanden, aber mit diesem Begriff führen Sie mich in eine Sackgasse, weil ich an den Punkt komme, an dem ich keine Erklärung mehr habe. Ich weiß eben nicht, ob die Marine als eine Verbrecherbande oder als eine Streitkraft gehandelt hat. Oder haben wir in dem Glauben gehandelt, dass wir eine Streitkraft wären, aber in Wahrheit wurden wir wie eine Verbrecherbande geführt? Und dieses Schweigen jetzt, das gibt Ihnen in gewisser Weise Recht. Bis zum Zeitpunkt der Begnadigungen war ich überzeugt, dass ich Befehle ausgeführt hatte und dass die Bestrafung meiner Vorgesetzten politisch motiviert gewesen war. Aber für mich ist alles zusammengebrochen, als sie die Begnadigung in aller Seelenruhe akzeptierten und einfach nach Hause gingen und Videla dann angefangen hat, Ungeheuerlichkeiten von sich zu geben. Das hat mich schrecklich mitgenommen. Da habe ich begriffen, dass irgendetwas falsch lief. Was ich getan hatte, war es richtig oder war es falsch?«

Bis zu diesem Moment hatten Sie sich selbst nicht in Frage gestellt?

»Nicht, dass ich mich nicht als Mensch in Frage gestellt hätte. Ich hatte mich militärisch nicht in Frage gestellt.«

Worin besteht der Unterschied?

»Als Mensch, von Angesicht zu Angesicht mit dem Feind, wenn Sie töten, dann müssen Sie sich in Frage stellen. Ich habe Ihnen erzählt, dass es mir nach dem ersten Flug schlecht ging. Schlecht. Ich habe mich nicht gut gefühlt, aber militärisch betrachtet hatte ich keinen Zweifel, dass ich einen Befehl ausgeführt hatte, von dessen Richtigkeit ich völlig überzeugt war. Aber was passiert, wenn Sie erfahren, dass Ihre Vorgesetzten in aller Ruhe nach Hause gehen und das hinnehmen, nach dem Motto: ›Gut, alles gut, sie haben mich verurteilt und jetzt begnadigen sie mich‹? Heißt das, sie wurden zu Recht verurteilt? Wenn sie die Begnadigung zurückgewiesen hätten, dann hätte ich von militärischer Warte her gedacht, das politische Spiel geht weiter, aber immerhin verhalten sich diese Herren, wie es sich gehört. Aber einfach nach Hause zu gehen, wie sie es getan haben, das kann ich nicht akzeptieren. Nicht nur, dass ich es nicht akzeptiere; jedes Mal, wenn ich daran denke, geht es mir schlecht, weil es mich alles in Frage stellen lässt, was ich in der ESMA getan habe. Wenn die ehemaligen Oberbefehlshaber noch im Gefängnis wären, weil die Begnadigung abgelehnt worden wäre, dann würden Sie das Ganze vielleicht genau so sehen wie jetzt. Ich nicht.«

Die einzige Person, die die Begnadigung nicht akzeptiert hat, war Graciela Daleo, eine ehemalige Gefangene der ESMA.

»Sehen Sie! Ob falsch oder nicht, aber sie war überzeugt und bleibt es. Und Videla? Ist er überzeugt von dem, was er getan hat oder ist er einfach nach Hause gegangen? Die hatten ihr persönliches Problem gelöst und haben uns alle vergessen, die wir ihre Befehle ausgeführt haben.«

Haben Sie sich entschieden, über die Folter zu sprechen, bei der Sie anwesend waren?

»An einem Tag befand ich mich im Offiziersraum der ESMA, in der Nähe der Bar. Der falsche Leutnant Vaca kam herein und sagte mir, er habe im Rahmen von Nachforschungen, die er selber durchgeführt habe, eine Anwältin festnehmen lassen. Er sagte, dass sie in diesem Moment befragt würde und ob ich nicht hingehen wolle. Ich ging hin, weil ich wissen wollte, was für Nachforschungen Leutnant Vaca wohl angestellt haben könnte, denn ich hatte meine großen Zweifel. Sie wurde befragt, unter Anwendung der Methoden, wie sie im Kongress beschrieben wurden, jene, die man eben angewandt hat ... Mit einem Wort, sie wurde mit Elektroschocks gefoltert. Ich war nur sehr kurz dabei, erstens, weil ich ... ich weiß nicht, ob ich ... etwas zaghaft bin bei diesem Thema ... Es war eine Frau. Nach dem, was ich von den Personen gehört habe, die sie befragten, hatte sie überhaupt nichts mit irgendetwas zu tun. Ich bin wieder gegangen. Ich habe nach einer Weile nach ihr gefragt, aber sie war verschwunden.«

Was heißt ›sie war verschwunden‹?

»Naja, dass sie verschwunden war. Dann ...«

Sie haben die Frau verschwinden lassen.

»Man hat sie ... ja, sie war verschwunden. Ich habe Vaca gefragt: ›Aber wenn sie doch überhaupt nichts damit zu tun hatte?‹ Nein, nein, sagte er, man habe später festgestellt, dass sie in ganz brisante Sachen verwickelt war. Mir ist da immer ein Zweifel geblieben. Ich weiß nichts weiter darüber. Aber mir ist immer ein Zweifel geblieben. Es fällt mir schwer, mit Ihnen darüber zu sprechen. Das ist die Wahrheit, so ist das, genau so. Aber in den Diskussionen, die wir haben, wenn Sie von der Verbrecherbande sprechen und ich das komplett verweigere, dann sind es diese Dinge, die mich zweifeln lassen, ob es nicht doch das Gebaren einer Bande gewesen ist.«

Angefangen beim Oberbefehlshaber, der mit dem Ehemann seiner Geliebten Segeln ging und alleine zurückkam.

»Wie bitte?«

Der Oberbefehlshaber der Marine ist eines Nachmittags mit dem Ehemann seiner Geliebten Segeln gegangen und dann alleine zurückgekommen.

»Was heißt, er ist alleine zurückgekommen?«

Er hat ihn ins Meer geworfen.

»Ahhh, ins ...«

Den Unternehmer Fernando Branca, den Ehemann seiner Geliebten.

Scilingo antwortet nicht. Als würden ihn Themen wie die mangelnde Kontrolle über die Finanzen des Fuhrparks, das Ausräumen des Lagerraums, der Wohlstand von Tigre Acosta oder der Hinweis darauf, dass Massera sogar während der Diktatur verhaftet worden war – auf Anordnung eines Richters, den die Militärregierung bestellt hatte –, mehr beunruhigen als die Erinnerung an die Flüge.

Das war der oberste Chef der Marine.

»Wissen Sie, dass ich blind an Admiral ... an den damaligen Admiral Massera geglaubt habe. Mehr noch, ich habe Admiral Massera total und uneingeschränkt bewundert. Nach meiner Zeit in der ESMA haben sie mich auf die Fregatte *Libertad* versetzt und, bevor sie ausgelaufen ist, gab es ein Abendessen, und da saß ich zufällig neben Admiral Massera. Sie glauben gar nicht, wie stolz ich war! Wirklich. Dann war er kein Admiral mehr, akzeptierte, dass man ihn begnadigte und hielt den Mund, und uns, die wir unter ihm gestanden haben, hat er alle vergessen. Tja, was soll man da noch sagen.«

Waren Sie noch länger in psychologischer Behandlung?

»Ich war einige Male beim Psychologen des Marinekrankenhauses, der mir ein Beruhigungsmittel gegeben hat. Aber der Psychologe war ein Ziviler und er wollte sich mit dem Thema auch nicht näher befassen. Später wollte er mich überweisen, damit ich eine Therapie auf der Couch mit einer sehr jungen Frau mache, die dort arbeitete.

Ich habe ihm gesagt, das helfe überhaupt nichts, und bin nicht mehr hingegangen.«

Haben Sie den Bericht ›Nunca más!‹, ›Nie wieder!‹, von der Conadep gelesen?*

»Ich habe das nicht unbefangen gelesen, sondern als eine parteiische Publikation, die der Feind erstellt hat. Vielleicht sollte ich ihn jetzt noch einmal lesen.«

Dort wird genau das beschrieben, was Sie erlebt haben.

»Ich habe immer geglaubt, dass der Prozess gegen die Militärjunta ein politischer Prozess gewesen ist. Weil ich von allem, was geschehen war, überzeugt gewesen bin. Zu jener Zeit dachte ich, dass [der Kommissionsvorsitzende, der Schriftsteller Ernesto] Sábato ein Subversiver war und jetzt beginne ich zu begreifen, was für eine Dummheit das war. Sábato!«

Und was denken Sie jetzt über ›Nunca más!‹ und den Prozess gegen die Militärjunta?

»Sie erscheinen mir unbedeutend angesichts der Tatsache, Befehle von Menschen ausgeführt zu haben, die mich betrogen haben.«

Sie sind immer noch überheblich. Das Einzige, was Ihnen wichtig ist, wäre, dass Ihre Vorgesetzten die Verantwortung übernehmen. Der Mut der Überlebenden, die das Erlebte erzählt haben, der Mitglieder der Conadep oder der Richter, die die Wahrheit rekonstruiert haben ...*

»Welcher Mut, wenn wir doch bereits eine demokratische Regierung hatten?«

Die Streitkräfte waren weiterhin eine Bedrohung, weil sie sich den Verfahren widersetzten.

»Die Streitkräfte waren keine Bedrohung. Der Beweis dafür ist, dass es den Prozess gegeben hat.«

Alles, was die Zivilen tun, ist Ihnen egal, es interessiert Sie überhaupt nicht.

»Ihnen scheint es wenig, dass die höchsten Militärs nicht die Verantwortung für das übernehmen, was wir getan haben?«

Nein, das scheint mir viel. Außerdem geht es nicht nur um die höchsten Militärs. Niemand, auf welchem Niveau auch immer, hat je Verantwortung für irgendetwas übernommen. Aber ich verstehe nicht, warum alles, was nicht direkt damit zu tun hat, für Sie so unbedeutend ist.

»Zu schildern, was geschehen ist, das ist unwesentlich, weil das die Wirklichkeit ist. Der Prozess wurde über konkrete Fakten gemacht.«

Warum haben Sie dann geglaubt, dass es ein politischer Prozess sei?

»Weil ich in dem Moment davon überzeugt war.«

Das Thema der Flüge wird auf Seite 235 im ›Nunca más!‹-Bericht verhandelt und es tauchte in den Zeugenaussagen des Verfahrens auf. Was haben Sie gedacht, als Sie das erfahren haben?

»Dass es ein Tatsachenbericht war, erzählt von Personen, deren Ideen ich nicht teilte. Was da steht, ist wahr, wie die Wirklichkeit. Was mir abwegig erscheint, ist, dass meine Vorgesetzten es nicht sagen. Ich bin immer noch schockiert über diese Haltung. Das andere, das sehe ich als geringere Sache.«

Es gibt nicht mehr viel zu sagen. Er ist beunruhigt und zugleich euphorisch. Eine Sorge hat er allerdings.

»Werden Sie mich zerstören mit dem, was Sie schreiben?«, fragt er mich.

Ich werde so wenig als möglich urteilen.

DIE LEUGNUNG

Die institutionalisierte Lüge

Das Schweigen, das Pernías und Rolón im Senat gebrochen hatten, war das Ergebnis einer wohlüberlegten Konstruktion. Doch es war das Geständnis von Scilingo, das nach fast zwei Jahrzehnten ins Mark traf. Von der anfänglich kompletten Leugnung hin zu einem teilweisen Eingeständnis und vielen Beschönigungen lohnt es sich, den Weg nachzuzeichnen, der von der institutionalisierten Lüge der Marine hin zur Wahrheit eines einzelnen Mannes führt, dem niemand zuhören wollte.

Kurz nach dem Militärputsch hatte der Oberbefehlshaber der Marine, Admiral Massera, den Sinn des Kampfes definiert: »Diejenigen, die für den Tod sind, und wir, die wir für das Leben sind«. Zu Beginn seiner Rede sagte er: »Wir werden nicht zulassen, dass der Tod sich in Argentinien Raum verschafft«, und schloss mit den Worten: »Wir werden nicht bis zum Tod kämpfen, sondern bis zum Sieg, ganz gleich, ob dieser diesseits oder jenseits des Todes liegt.« Im Mittelteil beschrieb er den Kampf gegen die »politische Subversion« als einen asymmetrischen, primitiven und grausamen Krieg, in dem »eine Horrormaschinerie ihre Straflosigkeit über Ahnungslose und Unschuldige entfesselt« habe. Die Rede war eine inhaltsleere Abstraktion, voller elliptischer Auslassungen und obskurer Eitelkeiten.

1977, als bereits mehr als die Hälfte aller Entführungen und Morde der gesamten Diktaturzeit geschehen waren, sprach Präsident Videla zum ersten Mal von den Desaparecidos, die bis dahin als ein Propagandathema von perversen und mächtigen Feinden des Landes abgetan und geleugnet worden waren. In einem Gespräch mit ausländischen Journalisten beschrieb er vier Typen von Desaparecidos: diejenigen, die in den Untergrund gegangen waren, die von der Guerilla eliminierten Verräter, die nach Bränden oder Explosionen bei Unruhen nicht mehr Identifizierbaren und, zuallerletzt, diejenigen, die durch »Exzesse« seitens der militärischen Repression gestorben waren.

Er weigerte sich, die Größe der vier Gruppen zu quantifizieren, und wollte über keinen konkreten Fall sprechen.

Einige Tage später erklärte General Roberto Viola, Chef des Generalstabs des Heeres, gegenüber der Versammlung des Verbandes der Großgrundbesitzer und Viehzüchter, dass 7000 oder 8000 Subversive im Kampf getötet oder festgenommen worden seien, eine erstaunliche Ungenauigkeit, ging es doch darum, ob 1000 Menschen tot oder lebendig waren. Viola spielte mit Zahlen, Massera mit Worten. Jeder verspottete seine Gesprächspartner auf eigene Weise. Ein Journalist fragte Massera: »Im Ausland gibt es Informationen, denen zufolge die Menschenrechte in Argentinien nicht ausreichend respektiert werden, bis hin zu Hinweisen, dass es Personen gibt, denen zu Unrecht die Freiheit entzogen wurde oder die umgebracht wurden.«

»Wie kommen Sie darauf, dass die Menschenrechte in Argentinien nicht respektiert werden, dass Personen zu Unrecht die Freiheit entzogen wird oder dass hier Morde begangen werden? Was soll das heißen angesichts der langen, der immensen Liste von Mitgliedern der Streitkräfte, von Unternehmern, lokalen Funktionären und von Menschen, die mit Politik nichts zu tun haben, Frauen und Kinder, die unbarmherzig ermordet worden sind, oder monatelang in den sogenannten Gefängnissen des Volkes festgehalten wurden, unter Bedingungen, die noch die abscheulichsten Tiere beleidigen würden?«, antwortete Massera. Der Journalist wagte gar nicht erst zu fragen, welche Tiere der Admiral wohl abscheulich fand.

Für Viola war es schlimmer, den Krieg zu verlieren als das Leben. Die einzige Erklärung, welche die Armee der Bevölkerung liefern würde, war, dass man seinen Auftrag erfüllt habe. In einem hinterlistigen Satz bezog er sich auf die Verluste, die Toten, die Verletzten, die Gefangenen und jene, die er »die für immer Abwesenden« nannte. Damit niemand insistierte, wiederholte er, dass man nicht nach Erklärungen fragen müsse, weil es keine gäbe.

1979 besuchte die Interamerikanische Menschenrechtskommission der OEA* einige Gefängnisse, sie interviewte Politiker, Militärs, Gewerkschafter, Unternehmer, Direktoren von Medienunternehmen, sie empfing Familienangehörige von Desaparecidos, sammelte Beweise und Zeugenaussagen. Der damalige Innenminister, General Albano Harguindeguy, prahlte mit einer Überheblichkeit, die ihresgleichen suchte: Argentinien würde nur Gott gegenüber Beichte ablegen, siegreichen Armeen würde weder der Prozess gemacht noch nach Kriegsende Rechenschaft von ihnen verlangt.

Als sich Viola vor den Reihen der Armee verabschiedete, um seine Präsidentschaftskandidatur vorzubereiten, sagte er, der Übergang zur Demokratie würde unter einer grundlegenden Bedingung stattfinden: Die Streitkräfte würden niemals eine Überprüfung ihrer Taten zulassen, denn ihrem ethischen Konzept folgend käme es einem Verrat und einer Beleidigung gleich, würde man jene, die ehrenhaft und aufopferungsvoll gekämpft hatten, einer Untersuchung unterziehen. Während eines Besuchs in den USA, bei dem er Präsident Ronald Reagan traf, legte Viola seine Überzeugung dar, dass der militärische Sieg von jeder Verantwortung enthebe, und behauptete, dass für den Fall, dass Deutschland den Zweiten Weltkrieg gewonnen hätte, die Nürnberger Prozesse in Virginia stattgefunden hätten, und zog damit unwillentlich einen Vergleich der Diktatur mit dem Nationalsozialismus.

Sein Nachfolger beim Heer, General Leopoldo Galtieri, behauptete, die Militärs hätten die Integrität der Nation geschützt und das rechtfertige die eingesetzten Mittel. »Fragen Sie uns nicht nach Erklärungen, denn Sie werden keine bekommen, so wie auch unsere Gegner sie nicht geben würden, wenn sie gewonnen hätten«, polterte er. Videla erklärte, dass die Beteiligung der politischen Parteien an dem von der Regierung einberufenen Dialog eine formale Legitimation der Machtübernahme sei und dass die Gesprächspartner eingewilligt hätten, öffentlich ihre Billigung aller im Kampf gegen die Subversion vollzogenen Handlungen zu erklären. Die Vorwürfe wurden zu diesem Zeitpunkt schon nicht mehr geleugnet, und es wurden keine aberwitzigen Erklärungen mehr für die Desaparecidos erfunden. Sie rechtfertigten sie und machten die Anerkennung derselben zu einem *sine qua non* für die Politiker, die an ihrem noblen Tisch Platz nehmen wollten. Gleichwohl sprachen sie von der Praxis des Verschwindenlassens weiterhin mit beschämenden Euphemismen.

Der 1980 veröffentlichte Bericht der OEA* sprach von Tausenden durch offizielle Einsatzkräfte getöteten Gefangenen und Desaparecidos und bestätigte den alarmierenden und systematischen Einsatz von Folter. In der offiziellen Antwort nahm eine neue Position der Militärs Gestalt an. Die Regierung deklamierte, dass die Gefahr eines Zerfalls der nationalen Einheit einen Notstand hervorgerufen habe, dem gegenüber der Staat seine Befugnisse auf Selbstverteidigung mit »den angemessenen Mitteln« durchgesetzt habe. Dies nicht zu tun, hätte bedeutet, sich selbst zu Machtlosigkeit zu verurteilen und eine Art Selbstmord zu begehen. Doch es gab weiterhin keine Erklärung dazu, um welche Mittel es sich gehandelt hatte. Sie blieben das absolut Unaussprechliche.

Das Problem, das die vier vorhergehenden Juntas auf dem Höhepunkt ihrer Macht unterschätzt hatten, zeigte sich nach dem Kollaps im Krieg gegen Großbritannien um die Malwinen bzw. Falklandinseln mit einer Schärfe, die kein Militär je für möglich gehalten hätte. Der letzte Diktator, General Benito Bignone, hatte die Aufgabe, den Rückzug der Militärs zu organisieren. Bevor er 1982 das Amt antrat, traf er sich mit Vertretern aller politischen Parteien, und nur Francisco Manrique, ein konservativer ehemaliger Kapitän zur See, wagte vorzuschlagen, dass er die Veröffentlichung einer Liste der Desaparecidos für angebracht halte. Bignone antwortete, dass es eine solche Liste nicht geben würde, und niemand insistierte.

Aus Sorge vor möglichen sozialen Unruhen im Zuge der Auflösung des Regimes schlug die Kirche einen Gottesdienst der Versöhnung vor, damit die Parteien mit der Regierung die Übergangsbedingungen und eine Amnestie aushandelten. Interne Fraktionen des Militärs widersetzten sich der Idee, Straffreiheit zu erhalten und dafür im Gegenzug einem günstigen Wahltermin zuzustimmen. Aber als die Militärs einmal einem Wahltermin zugestimmt hatten, der es den Parteien ermöglichte, ihre eingerosteten Apparate wieder zu aktivieren, zeigten die Politiker kein großes Interesse daran, irgendwelche Vereinbarungen mit dem Regime zu treffen, das bereits in der Auflösung begriffen war.

Ohne dass es zu einer ausgehandelten Übereinkunft gekommen war, veröffentlichte die Militärregierung unilateral einen Erlass mit Bedingungen. Die wichtigsten waren, dass der Krieg und die schmutzigen Geschäfte der Militärs nicht untersucht würden, die Übernahme der während der Diktatur ernannten Richter und die Beteiligung der Streitkräfte an der zukünftigen Regierung.

Im April 1983 unterzeichnete die Heilige Dreifaltigkeit, bestehend aus den Oberbefehlshabern der drei Streitkräfte, das *Schlussdokument der Militärjunta über den Krieg gegen die Subversion und den Terrorismus*. Die Streitkräfte behaupteten darin, dass sie im schmutzigen Krieg aufgrund der in Zellen strukturierten Organisation des Feindes gezwungen waren, ungewöhnliche Methoden anzuwenden. Da die Militärs ihre jeweiligen Lageeinschätzungen inmitten des Kampfes vornehmen mussten, mit der Leidenschaft, die der Krieg und die Verteidigung des eigenen Lebens fordert, »wurden in dieser nahezu apokalyptischen Situation Fehler begangen, die manchmal – wie es in jeder bewaffneten Auseinandersetzung der Fall ist – die Grenzen des Respekts vor den fundamentalen Menschenrechten überschritten haben mögen«. Diese Fehler würden dem Urteil Gottes und dem Verständnis der Menschen anheim gestellt bleiben. Sie seien im Rahmen geplanter Operationen und unter Einhaltung der vorgegebenen Dienstwege bei der Ausführung von militärisch notwendigen Befehlen begangen worden, hieß es.

Mit Blick auf die Desaparecidos erklärte die Junta die pure Annahme für zutreffend, dass diese gewaltsam im Kampf gegen legale Kräfte gefallen und ohne Identifizierung beerdigt worden seien.

Ein weiteres Dokument, feierlich als *Institutionelle Akte* bezeichnet, wiederholte, dass alle Operationen in Übereinstimmung mit den von den Oberbefehlshabern genehmigten und überwachten Konzeptionen durchgeführt worden seien. Auch in einem klassischen Krieg, in dem verschiedene Nationen gegeneinander kämpften, in Uniformen, welche die Gegner unterscheidbar machten, und mit klar definierten getrennten Kampflinien, gäbe es viele Verschwundene. In einem Krieg mit so außergewöhnlichen Merkmalen wie den erlebten, in dem der Feind keine Uniform trägt und gefälschte Papiere benutzt, würde die Anzahl der nicht identifizierbaren Toten signifikant ansteigen, log das Papier.

Dies war eine willentliche Umkehrung der Tatsachen, denn die Angehörigen forderten Informationen über das Schicksal von klar identifizierbaren Personen, die bei lebendigem Leibe festgenommen worden waren, und die Junta sprach über nicht identifizierbare Tote. Diese Aussage leitete den zentralen Abschnitt des Papiers der Militärs ein: Darin wurde die Existenz von geheimen Gefängnissen geleugnet, und die Desaparecidos, die nicht im Exil oder im Untergrund waren, wurden für tot erklärt, »auch wenn momentan das Motiv und die Umstände des eventuellen Todes sowie der Ort ihrer Begräbnisse nicht präzisiert werden können«. Wie es in der militärischen Prosa jener Zeit üblich war, folgte der Wunsch, den toten Feinden möge von Gott vergeben werden.

Das Entscheidende verriet das Dokument nicht, was nämlich in dem Zeitraum von der Verhaftung einer lebenden Person, mit Namen und Nachnamen, den die Militärs unter Folter aus ihr herauspressten, bis zu ihrer Verwandlung in einen anonymen Toten, dessen Leiche irgendwo verschwand, geschehen war. 80 Prozent der Desaparecidos waren aus ihren Wohnungen heraus, auf der Straße oder von ihren Arbeitsorten, oft vor Zeugen, verschleppt worden. Es war ein Krieg ohne Gefechte gewesen.

Das Dokument schloss mit der Feststellung, dass letztlich allein das historische Urteil entscheiden könne, wer die Verantwortung für ungerechtfertigte Methoden oder unschuldige Tote trage, dass die Streitkräfte den authentischen Schmerz des Christen verspürten und dass sie die »Fehler, die eventuell begangen worden sind« während der von ihnen erfüllten Mission anerkennen. Da war sie wieder, die Idee einer noblen, erfüllten Mission, bei der man höchstens hypothetische Fehler zugesteht, die niemals benannt oder Gegenstand einer Untersuchung werden würden, wenn nicht jener durch den Herrgott oder die Geschichte.

Einen Monat vor den Präsidentschaftswahlen 1983 unterzeichnete die letzte Militärregierung das Gesetz über die eigene Amnestie. In der Rechtsausführung hieß es, dass die terroristische Subversion den Kampf auf barbarische und hinterlistige Art und Weise gelenkt habe, was »dazu führen konnte«, dass sich im Laufe des Kampfes Handlungen ergeben hätten, die sich nicht im Einklang mit den Absichten der Streitkräfte befanden, die grundsätzlich für die Würde des Menschen kämpften.

Der Ablass galt für die Militärs und die zivilen Mitarbeiter, die – wie immer konjunktivisch formuliert – »Vorgehensweisen angewandt haben könnten, welche den legalen Rahmen überschritten«, natürlich nicht mit Absicht, sondern angesichts der hinlänglich bekannten »Zumutung von völlig neuen und extremen Bedingungen, unter denen sie stattfanden«.

Scilingo war zu diesem Zeitpunkt Assistent des Chefs der *Casa Militar* der Präsidentschaft, Konteradmiral Ramón Arosa, der unter Alfonsín die Leitung des Generalstabs der Marine übernehmen würde.

»Ich glaube, man muss der Öffentlichkeit die Liste der Desaparecidos geben«, sagte Scilingo ihm kurz nach der Veröffentlichung des *Schlussdokuments der Militärjunta.*

Arosa sagte weder ja noch nein.

Die Streitkräfte stahlen sich am 10. Dezember 1983 aus der Regierungsverantwortung, ohne dass sie die Abscheulichkeiten, die auf Befehl ihrer Oberkommandierenden begangen worden waren, je zugegeben hätten.

Bumerang

Von Beginn an hatte es während der Diktatur Informationen über das Schicksal der Desaparecidos gegeben, trotz der rigiden Pressezensur und des Militärgeheimnisses bezüglich der Operationen. Obschon mit einigen Ungenauigkeiten, so gab es doch Kenntnisse über den Flug, den Scilingo so viel später detailliert beschreiben würde.

Am 20. August 1976 besagte eine Meldung der von dem Schriftsteller, Journalisten und Militanten der Montoneros, Rodolfo J. Walsh, begründeten ANCLA*, dass die Regierung keine Listen der Verhafteten veröffentlichen würde, weil »viele der Registrierten als im Kampf Gefallene aufgeführt waren, und zwar mit Daten, die lange vor ihrer Festnahme lagen«. Er erwähnte die Situation in der ESMA, »in der in den Registern 160 Gefangene auftauchen, von denen nur 45 tatsächlich dort sind. Keiner der Übrigen ist an einen anderen Ort verlegt worden, weshalb man glaubt, dass sie eliminiert und in den Río de la Plata geworfen worden sind«.

Kurz darauf schrieb ich einen langen Artikel über die ESMA mit dem Titel ›Geschichte des schmutzigen Krieges in Argentinien‹, der von derselben Nachrichtenagentur innerhalb und außerhalb des Landes verbreitet wurde.

Es war die erste systematische Zusammenstellung der verstreuten Informationen über das geheime Konzentrationslager. Er begann folgendermaßen:

> Am 6. September 1976 jährte sich die erste Militärdiktatur des 20. Jahrhunderts in Argentinien zum 46. Mal. An diesem Tag spülte der Río de la Plata drei Leichen von jungen Männern an die Küsten Uruguays, an Händen gefesselt und entstellt.
>
> Dieses makabre Schauspiel hat sich seit dem 24. März 1976 dutzende Male wiederholt, jenem Tag also, an dem das argentinische Militär erneut die Macht ergriffen und eine Militärjunta unter Führung von Generalleutnant Jorge Rafael Videla errichtet hat, dem elften Mann, der innerhalb des letzten halben Jahrhunderts die Räume der Casa Rosada bezog.
>
> Im November 1975, als der General noch der Präsidentin María Estela Martínez Folgsamkeit gelobte, nahm Videla an der *XI. Konferenz Amerikanischer Streitkräfte* teil, die auf Initiative des US-amerikanischen Pentagons veranstaltet wurde. Dort erklärte er, dass »in Argentinien so viele Menschen sterben werden als nötig ist, damit wieder Frieden herrscht«. Die Konferenz fand in Mon-

tevideo, der Hauptstadt Uruguays, statt, wo die Militärs seit fünf Jahren unter zivilem Anstrich regierten. Vier Monate später, als Videla diese Taktik für sein Land ausgeschlossen und die Dame Martínez ersetzt hatte, begann man in Uruguay das Ergebnis jener Worte wahrzunehmen.

> Der erste Leichnam wurde einige Tage nach der Einsetzung der argentinischen Militärregierung gefunden. Er war entstellt, die Identifizierung erwies sich als schwierig. Offiziell teilte Uruguay mit, der Mann könne aufgrund seiner Gesichtszüge japanische oder koreanische Wurzeln haben. Die argentinische Presse erfand daraufhin eine phantastische Geschichte einer asiatischen Orgie auf hoher See, die ein tragisches Ende gefunden habe.
>
> Diese These nahm mit dem Fund von zwei weiteren toten Körpern Form an, doch sie hielt dem Vergleich mit den Tatsachen nicht stand: weder gab es ein ans Ufer gespültes Boot noch irgendeine Vermisstenanzeige.
>
> Der Fluss brachte weiter seine rätselhafte Fracht an die atlantischen Strände Uruguays, mit ihrem feinen Sand und dem lauen Klima, das Touristen aus ganz Südamerika anzieht. Einige Leichname hatten Schnittwunden, anderen fehlten Extremitäten, der Mehrheit fehlten die Nägel an Fingern und Füßen.
>
> Exilierte Staatsbürger Uruguays in Paris brachten zur Anzeige, dass sich unter den Toten vier von der Regierung festgenommene Freunde befanden. Sofort organisierten die militärischen Autoritäten eine Pressekonferenz in Montevideo und führten den Korrespondenten die angeblichen Opfer vor.
>
> Es waren weder Koreaner noch Japaner noch Uruguayer. Die argentinische Regierung reagierte überhaupt nicht. In jenem Moment war ihre größte Sorge, die verschiedenen Tendenzen innerhalb der Regierung zu versöhnen.

Weiter hinten beschrieb der Artikel das Vorgehen der Militärs:

> Kleine operative Gruppen, ohne Uniform und in nicht identifizierbaren Fahrzeugen, locken ihre Feinde diskret in Hinterhalte und bringen sie dann in ihre Quartiere oder Kasernen, ohne offiziell über die Festnahme zu informieren. Der Text ›Verfügung über die Operationen im Kampf gegen die Subversion‹, der im November 1975 vom Oberbefehlshaber des Heeres herausgegeben worden war, besagte, dass »spezielle Verhörmethoden« angewandt werden würden, um eine nachhaltige Geheimdienstarbeit

zu gewährleisten. Soll heißen: Folter, um an Informationen zu gelangen, die dann Ausgangspunkt für weitere geheime Aktionen werden.

Das Kapitel, das der ESMA gewidmet war, besagte, dass ihre offensive Einheit »in der sogenannten Einsatzgruppe 3.3.« angesiedelt war, und beschrieb die als spezielle Operationen bezeichneten Vorgehensweisen, »einige davon in Uniform, andere in Zivil, in nicht identifizierbaren Fahrzeugen und mit Unterstützung der Sektionen 30 und 45 der Bundespolizei«. Die Patrouillen in Uniform fuhren zwei bis drei Mal am Tag in grünen Mannschaftswagen ihre Runde, mit einem Streifenwagen vorneweg. »Im Gegensatz dazu agieren die zivilen Patrouillen unregelmäßig, je nach zuvor erhaltenen Geheimdienstinformationen. Daran nehmen keine Rekruten teil, und sie unterstehen Offizieren, Unteroffizieren und Korporalen.« Der Artikel benannte das Modell, die Farbe und die Kennzeichen von zehn dieser nicht identifizierbaren Fahrzeuge, die bei den Entführungen benutzt wurden.

Im Unterkapitel ›Die Grausamkeiten‹ wurden die Zeugenaussagen eines drei Wochen in der ESMA Festgehaltenen wiedergegeben:

›Als ich mit einer Kapuze über dem Kopf an dem Ort angekommen war, an dem ich festgehalten wurde, hörte ich die Geräusche von Flugzeugen. Um in den Flügel des Gebäudes zu gelangen, in dem sie mich unterbrachten, durchquerten wir eine sehr große Halle, in der laute moderne Musik zu hören war. Ich habe sie Tage später wiedererkannt, als sie mich dorthin brachten, um mich zu foltern. Von dieser Halle aus gibt es einen Aufzug, von dem sie mich eine Treppe mit neun Stufen hinaufführten. Ich wurde in einen Raum gebracht, mit anderen Menschen, die ich nicht kannte, zwischen 20 und 30 an der Zahl. Alle waren mit Ketten an den Füßen gefesselt, die durch Metallringe, die um die Knöchel lagen, zusammengehalten wurden. Die Mehrheit war an Säulen oder an schweren Eisenstücken festgemacht. Ich blieb die drei Wochen, die ich dort war, unter der Kapuze und mit auf dem Rücken durch Handschellen zusammengebundenen Händen. Sie zogen mir die Kapuze nicht mal zum Essen aus, sie wechselten nur die Handschellen nach vorne, damit ich selbst essen konnte. Die Männer, die auf uns aufpassten, schienen vom Alter her keine Rekruten zu sein. Wir konnten unter der Kapuze nur ihre Schnürstiefel sehen. Wenn wir versuchten, miteinander zu reden, schlugen sie uns. An einem Tag brachten sie mich in den großen Saal mit der modernen Musik und dann in einen kleineren Raum. Dort haben sie die *Picana eléctrica* angewandt.‹

Die Picana ist ein Gerät, bei dem ein metallener Punkt mit zwei elektrischen Polen verbunden wird und Strom aussendet, wenn er auf die Haut trifft. Sie ist eine argentinische Erfindung. Rudimentäre Picanas benutzte man lange Zeit in den Schlachthäusern, wo die Reiter damit die Herde in Richtung der Schlachtung trieben. Ähnliche Geräte mit kleinen Batterien benutzen Jockeys heutzutage, damit ihre Pferde schneller werden, ohne ein nachweisbares Doping mit Substanzen zu riskieren.

Die Polizei begann in den dreißiger Jahren, während der ersten argentinischen Militärdiktatur des 20. Jahrhunderts, die Picana zu nutzen, um Geständnisse von vermeintlichen Verbrechern zu erzwingen.

Die Picana ist ein nützliches Folterinstrument, um Beweise und Strafen zu vermeiden, die Folterer in einem freien Regierungssystem treffen könnten, in dem Richter, Abgeordnete und Journalisten kontrollieren, ob skandalöse Exzesse stattgefunden haben, denn mit Sachverstand angewandt hinterlässt sie schon nach wenigen Tagen keine Spuren auf der Haut mehr.

Aber im heutigen Argentinien haben die Militärs aufgehört, sich Sorgen um Spuren auf der Haut, um Richter, Abgeordnete oder Journalisten zu machen. Sie fühlen sich niemandem gegenüber verpflichtet, Rechenschaft über das abzulegen, was sie tun, und darüber hinaus erlauben sie es sich, in knappen Mitteilungen den Tod eines Gefangenen durch Herzstillstand zu kommunizieren, ohne weitere Details zu nennen. Die wenigen Gefangenen, die es geschafft haben, die ESMA lebendig wieder zu verlassen, weil sie nachweislich nichts mit den Dingen zu tun hatten, derentwegen sie festgenommen worden waren, oder – wie in einem Fall – fliehen konnten, erlauben eine annähernde Rekonstruktion der Grausamkeiten, die dort angewandt wurden: Vergewaltigungen von Frauen, das Einführen von lebenden Mäusen in die Vagina, Verstümmelung der Genitalien mit Rasiermessern, operative Eingriffe ohne Betäubung, Amputationen von Gliedmaßen, Herausreißen der Nägel an Händen und Füßen. Die Folter führt zum Tod der Gefangenen, die in den Río de la Plata geworfen oder, falls möglich, mit einem Schiff der Marine ins offene Meer gebracht werden. Einer der Toten, die an der Küste Uruguays gefunden wurden, hatte in seinen Hosentaschen noch Zigaretten, Streichhölzer und argentinisches Kleingeld.

Der Bericht identifizierte anderthalb Dutzend Opfer und über 30 Peiniger, darunter die Marineoffiziere Adolfo M. Arduino, Jorge Acosta und Antonio Pernías, dessen Nachname ohne das ›s‹ geschrieben wurde. Außerdem wurde der Offene Brief des ehemaligen Vizeministers für Erziehung, Emilio Fermín Mignone, abgedruckt, dessen Tochter Mónica gemeinsam mit zwei Priestern und einem Dutzend Katechisten im Mai 1976 entführt worden war. Trotz der gegenteiligen Aussagen der Oberen der Marine war Mignone überzeugt, dass Mónica in der ESMA wäre:

> Wurde etwa nicht – allen Belegen zum Trotz – geleugnet, dass die Jesuitenpriester Yorio und Jalics, von denen es drei Monate lang keinerlei Nachricht gab, obwohl nichts gegen sie vorlag, gefangen genommen worden sind? Genauso wie die 15 Katechisten, die nach zwölf Stunden Hunger und Kälte mit verbundenen Augen und gefesselt ausgesetzt worden sind. Die Einsatzkräfte, die an jenem Sonntag, dem 23. Mai, um 12 Uhr mittags im Stadtteil Bajo Flores agierten, gaben vor, vom Heer zu sein, und erbaten Unterstützung im Kommissariat des Stadtteils. Admiral Montes, Leiter der Marineoperationen, der leugnet, dass meine Tochter von seiner Streitkraft gefangen gehalten wird (eine Behauptung, die ich zu bezweifeln wage), hat mir mitgeteilt, dass die Operation von der Infanterie der Marine durchgeführt und die Entführten in die ESMA gebracht worden seien. Aber all das wurde zwei Monate lang abgestritten, bis es durch die heimliche Weitergabe von Informationen durch die Gattin eines Offiziers bekannt wurde.

Gemeinsam mit Mónica Mignone wurde auch ihre Freundin, die kurz zuvor ausgeschlossene Nonne Mónica Quinteiro, entführt, die Tochter eines Kapitäns zur See. Eine Cousine von Mónica Quinteiro war die Frau des Geheimdienstchefs des Konzentrationslagers ESMA, Fregattenkapitän Jorge Eduardo Acosta, und eine Schwester von ihr war mit jenem Mann verheiratet, der 18 Jahre später den Vorsitz des Generalstabs der Marine innehaben sollte, dem späteren Admiral Molina Pico. Es ist wahrscheinlich, dass die Cousine oder die Schwester die Quelle waren, auf die Mignone sich bezieht.

Der Bericht gab große Teile des Briefes von Mignone wieder, der die zentrale Frage mit einer für einen Zeitgenossen seltenen Pointiertheit aussprach, noch dazu für einen direkt Betroffenen der Geschehnisse:

> Entweder diese Tausenden, von Männern der Streitkräfte Gefangengenommenen unterstehen deren Gerichtsbarkeit – und das würde bedeuten, dass die gesamte Militärhierarchie lügt und eine riesige Farce konstruiert, wenn sie uns lächelnd und freundlich empfängt – oder die Kommandos, die auf diese Weise agieren, unterstehen nicht ihrer Befehlsgewalt, und dann ist die Situation äußerst besorgniserregend.
>
> Bedenken Sie die Konsequenzen und die historische Verantwortung derjenigen, die die Regierung mit einem Anspruch auf das gesamte staatliche Machtmonopol übernommen haben und jetzt, nach nur wenigen Monaten, nicht einmal mehr einen Unteroffizier im Griff haben. Das ist ein enormes Dilemma, und wenn sie lügen, dann ist das ebenso schwerwiegend, denn ein Staat kann nicht auf der Lüge basieren. All das habe ich gegenüber allen Stellen der Streitkräfte ausgeführt, die ich aufgrund des Verschwindens meiner guten armen Tochter aufzusuchen gezwungen war, ohne je eine befriedigende Antwort zu erhalten.

Nach Mignone praktizierte das Militär

> einen schmutzigen Krieg, ohne zuzugeben, dass dieser selbstmörderisch ist, und unmoralisch sowieso. Ist ihnen etwa nicht bewusst, dass sie innerhalb der kommenden zwei Jahre, die 20 bis 30.000 Menschen, die sie gefangen genommen haben oder hoffen, gefangen zu nehmen, entweder getötet haben werden oder sie nach Monaten des Versteckens, unter Kapuzen Gefangenhaltens und Folterns freilassen werden und dass die Literatur darüber das Land überfluten und so ein nicht zu beherrschender Bumerang für die Streitkräfte selbst sein wird?

Der Artikel ging weiter:

> Ein anderer hoher Funktionär aus vorhergehenden Militärregierungen, der Brigadegeneral der Luftwaffe Jorge Landaburu, erlitt seit dem Verschwinden seiner 23-jährigen Tochter, die bei der Juventud Universitaria Peronista, der Universitären Peronistischen Jugend, aktiv war, die gleichen Qualen wie Mignone.
>
> Als sie von einem Kommando der ESMA gefangen genommen wurde, trug die junge Frau den Bericht einer anderen Gefangenen bei sich, der es wenige Tage zuvor gelungen war, aus der ESMA zu fliehen, und die darin über die erlittenen Misshandlungen be-

richtete. Fast ein halbes Jahr lang verhandelte der General auf hoher politischer und militärischer Ebene, aber die Marine stritt ab, dass das Mädchen in ihren Händen sei. Gleichwohl brachten Ende September Offiziere der ESMA dem General den Leichnam seiner Tochter; sie war dort nach fünf Monaten der Folter erschossen worden.

Schätzungen über die Anzahl der Opfer sind schwierig, aber man weiß, dass sich in einem Keller, der nahe der Pisten des Flughafens von Buenos Aires lag – fast alle Berichte sprechen übereinstimmend von intensiven Geräuschen von Flugzeugmotoren –, und einem Zwischengeschoss im Haus der Offiziere der ESMA permanent rund 60 Gefangene aufhalten, die kontinuierlich durch neue ersetzt werden. Einige kommen an, während andere ins Wasser geworfen werden. In Uruguay sind bereits 25 Leichname angespült worden, aber man schätzt, dass das nur eine sehr geringe Prozentzahl der Toten ist, die der Kontrolle der ESMA entwischt und somit öffentlich geworden ist.

In einer Sonderausgabe zum ersten Jahrestag der Diktatur veröffentlichte die ANCLA* Informationen über die Lage der Menschenrechte. Einer der Absätze berichtete über das Auftauchen von Leichnamen im Atlantischen Ozean: »Ein Minister des Kabinetts prahlte während einer Zusammenkunft im Nightclub Mau-Mau, dass ›die Sache jetzt gut läuft, weil wir alle Subversiven in Tüten stecken, sie auf Boote bringen und dann ins Meer werfen. Das hätte man von Anfang an so machen sollen‹. Verlässliche Quellen deuten darauf hin, dass hunderte Menschen auf diese Art und Weise getötet worden sind.«

Am 24. März 1977 schrieb Rodolfo J. Walsh in seinem *Offenen Brief eines Schriftstellers an die Militärjunta*, den Gabriel García Márquez ein universelles Meisterwerk des Journalismus nannte:

Weitere 1500 bis 3000 Personen wurden heimlich massakriert, nachdem Sie verboten haben, über Leichenfunde zu berichten, weil in einigen Fällen Informationen über die an Völkermord grenzenden Ausmaße ins Ausland durchgesickert sind oder wegen des Entsetzens, das sich in Ihren eigenen Reihen breitgemacht hat. 25 von Kugeln durchlöcherte Körper sind zwischen März und Oktober 1976 an den Küsten Uruguays angespült worden, was wohl nur ein kleiner Teil der Fracht von zu Tode Gefolterten aus der ESMA ist.

Das »Märchen rechter Banden, angebliche Erben der Triple A* des Ex-Ministers von Isabelita, José López Vega«, wies Walsh zurück:

> Denn wie sollten diese ohne das Wissen von General Videla, Admiral Massera und Brigadegeneral Agosti in Militärfahrzeugen die größte Garnison des Landes passieren, den Grund des Río de la Plata mit Toten bedecken oder Gefangene aus Transportmaschinen der Ersten Luftwaffenflotte ins Meer werfen können? Die Triple A*, die drei A, das sind heute die drei Teilstreitkräfte, und die Militärjunta, der Sie vorstehen, ist weder das Zünglein an der Waage zwischen ›Gewalttaten verschiedener Gruppen‹ noch der gerechte Schiedsrichter zwischen ›zwei Terrorismen‹, sondern selbst der Ursprung des Terrors, der jede Orientierung verloren hat und nur noch die Sprache des Todes spricht.

Am folgenden Tag wurde Walsh von einem Kommando der ESMA bei einer Zusammenkunft, die ein Mitstreiter unter Folter preisgegeben hatte, in einen Hinterhalt gelockt. Astiz hatte die Aufgabe, ihn lebend in die Folterräume zu bringen. Walsh vereitelte den Plan, indem er zu seiner kleinen Pistole griff, Typ Walther PPK Kaliber 22, die er geschickt am Körper versteckt hatte. Sie war nutzlos, um sich gegen die von allen Seiten kommenden Schüsse zu schützen, bezeugt aber seinen Willen, sich auf keinen Fall anfassen zu lassen. Bevor er starb, verletzte er einen Polizisten am Fuß, der später für sein Hinken ausgezeichnet wurde. Fünf Gefangene wussten um die Vorbereitung dieser Operation. Einer sah den von Kugeln durchsiebten Leichnam Walshs in der ESMA. Er glaubt, dass man ihn auf dem Sportplatz verbrannt hat, wie es Scilingo berichtet, nahe bei jenem Fluss, um den es in Walshs letzter Erzählung ging.

Die Desinfektion

Pernías gab im Senat zu, dass die Marine an der Entführung, der Folter und dem Verschwindenlassen von Alice Domon und Léonie Duquet beteiligt war, verneinte aber, selber dabei gewesen zu sein. Er sagte, bei den ersten 1979 und 1980 in Frankreich formulierten Anklagen »wurde ich überhaupt nicht belastet«. Erst Jahre später, »hat man angefangen, mich in der Sache der Nonnen zu beschuldigen, aber sehr vage«.

Die Zeugenaussagen, welche die Überlebenden Sara Solarz de Osatinsky, Ana María Martí und María Alicia Milia de Pirles am 12. Oktober 1979 in der Französischen Nationalversammlung machten, widersprechen Pernías. Sie besagen, dass folgende Offiziere an der Operation gegen die Nonnen beteiligt waren: die Fregattenleutnante Alfredo Aztis (sic) und Alfredo González Menotti, die Kapitänleutnante Schelling und Antonio Pernía (sic), der Fregattenkapitän Radizzi (sic) und der Präfekt Favre. Die Fehler in der Schreibweise der Namen entsprechen dem damaligen Wissen. »Sie wurden grausam gefoltert. Das Verhalten der beiden war bewundernswert. Noch in den schlimmsten Momenten des Schmerzes fragte Schwester Alice, die in Capucha[5] war, nach dem Schicksal ihrer Leidensgenossen. Ironie des Schicksals: Sie fragte insbesondere nach dem ›kleinen blonden Kerl‹, der kein Geringerer war als der infiltrierte Marineoffizier, Fregattenleutnant Astiz.« Die Gefangenen in der ESMA hörten, wie die Offiziere die beiden als die fliegenden Nonnen bezeichneten. Eine spanische Zeitschrift druckte Teile der Erklärung 1979 ab, illustriert mit Fotos von Pernías und Rolón.

Noch zuvor, im April 1978, hatte die Argentinische Menschenrechtskommission, die Zeugenaussagen von Überlebenden zusammentrug, die Aussage von Domingo Maggio, einem aus der ESMA geflohenen Gewerkschafter, verbreitet. Maggio berichtete über seine Begegnungen mit den Nonnen im Konzentrationslager. »Sie trugen zivile Kleidung, waren arg misshandelt worden und sehr schwach, so schwach, dass Schwester Alice nur mit Hilfe von zwei Wachen zum Bad gehen konnte, weil sie sich nicht alleine auf den Beinen halten konnte.« Sie hatte ihm erzählt, dass man sie völlig nackt auf einem Bett festgebunden und ihren Körper mit der Picana bearbeitet hatte. »Sie waren ungefähr zehn Tage in der ESMA, davon wurde sie die meiste Zeit befragt und gefoltert. Danach wurden sie zusammen mit elf anderen Personen verlegt, ich weiß nicht, wohin.« In einer Zeitschrift, die uruguayische Exilanten in Schweden herausgaben, identifizierte Maggio Pernías als einen der Folterer der Nonnen. Es gibt keine Zweifel hinsichtlich der Chronologie, denn Maggio wurde einige Monate später ermordet.

Ein Detail, das die Überlebenden immer noch verfolgt, war, dass Astiz diejenigen, die mitgenommen werden sollten, geküsst hatte, um sie für die Entführer, die das Ganze aus einiger Distanz beobachteten, erkennbar zu machen. Die Liste, an der die Gruppe gearbeitet hatte,

5 *Capucha* und *Capuchita* wurden die beiden Räume genannt, in denen die Gefangenen in der ESMA untergebracht waren.

wurde Weihnachten 1977 veröffentlicht, und eine der Unterschriften war die von Gustavo Niño – der Name, mit dem Astiz vorgegeben hatte, der Bruder eines Desaparecido zu sein. Während des Junta-Prozesses präsentierte die Staatsanwaltschaft als Zeugen den echten Gustavo Niño, ein dunkelhaariger, schmächtiger Typ, der dem blonden, rundlichen Astiz in Nichts ähnelte.

Sara Solarz de Osatinsky, Ana María Martí und María Alicia Milia de Pirles wurden von der Einsatzgruppe 3.3. freigelassen, da man sie – so der Jargon der ESMA – als ›zurückgewonnen‹ betrachtete. Auch sie berichteten über die Art und Weise der Eliminierung von Gefangenen, über die man dadurch mehr wusste als nach den ersten Anzeigen von 1976 und 1977. Ihre Schilderung lässt nachempfinden, welche Gefühle die von Scilingo beschriebenen Flüge auf Seiten der Opfer hervorgerufen haben:

> An den Mittwochen, ausnahmsweise auch an Donnerstagen, wurden die Verlegungen durchgeführt. Am Anfang sagte man uns, die Entführten würden an andere Orte gebracht oder in die Arbeitslager, die es angeblich in der Nähe des Gefängnisses von Rawson in Patagonien gab. Es ist uns schwer gefallen zu akzeptieren, dass die Verlegung in Wahrheit zum Tod führte. An den Tagen der Verlegung herrschte ein sehr angespanntes Klima. Wir Gefangenen wussten nicht, ob wir an diesem Tag dabei waren oder nicht. Die Wachen waren sehr viel strenger als gewöhnlich. Wir durften nicht auf die Toilette. Jeder von uns musste rigoros an seinem Platz bleiben, mit der Kapuze über dem Kopf und den Fußfesseln, ohne irgendeine Bewegung, die uns erlaubt hätte, zu sehen, was geschah. Das Ganze ereignete sich in Capucha und in Capuchita. Der Keller wurde gegen 15h30 komplett geleert. Falls dort noch irgendein Gefangener gefoltert wurde, brachte man ihn in den dritten Stock. Ungefähr um 17h begann man in Capucha, die Nummern der Gefangenen zu verlesen. Sie bildeten eine Reihe im Gänsemarsch, wobei jeder die Schulter seines Vordermanns anfasste, weil sie ja die Kapuzen und die Fußfesseln anhatten. Einer nach dem anderen wurde nach unten geführt. Wir hörten die Geräusche, die die Fußfesseln machten, wenn sie sich der Türe näherten, die sich kurz öffnete und sofort wieder schloss. Jeder hatte nur das bei sich, was er am Leibe trug.
>
> Sie wurden in das Krankenzimmer im Keller geführt, dort wartete der Krankenpfleger, der ihnen eine Spritze gab, die sie einschlafen

ließ, aber nicht tötete. So, also lebend, wurden sie aus der Seitentüre des Kellers geführt und in einen Lastwagen verfrachtet. Ziemlich benommen wurden sie zum Militärflughafen gefahren und in ein Flugzeug gesetzt, das Richtung Süden, also Richtung offenes Meer flog, wo man sie lebend rauswarf. Während der Verlegung hörte man oft die Geräusche von Hubschraubern in der Gegend. Daher glaubten wir, dass sie die Verlegungen manchmal mit Hubschraubern durchführten. Diese Erklärungen basieren auf dem, was wir in den zwei Jahren, die wir im Kasino der ESMA gefangen gehalten wurden, erlebt haben.

Von den Tausenden von Gefangenen, die bei diesen kollektiven Verlegungen verschwanden, haben wir nie wieder etwas gehört. Oft fanden wir die Kleidung, die die Mitgefangenen am Tag der Verlegung getragen hatten, in einem kleinen Zimmer, der Vorratskammer, dort, wo man die Sachen der Gefangenen hinbrachte.

Während eine Verlegung vorbereitet wurde, gingen auch die Wachen nicht in den Keller, einige Male mussten sie es ausnahmsweise tun, und wenn sie in den dritten Stock zurückkamen, waren sie sichtbar verstört. Es war offensichtlich, dass sie keine klare Vorstellung von dem hatten, was dort vor sich ging. Sie kommentierten ohne Zurückhaltung, dass sich im Keller schreckliche Dinge abspielen würden, dass die zu Verlegenden durch eine Injektion getötet oder betäubt worden waren. Während der Operation der Verlegung betraten nur der Krankenhelfer, zwei Wachen, der diensthabende Offizier und sein Assistent den Keller. Der Krankenhelfer ging Stunden vor der Verlegung hinunter, mit einer Kiste voller Fläschchen und Spritzen.

Eine der Wachen, der ›Bolita‹ genannt wurde, war bei fast allen Verlegungen dabei, selbst an jenen Tagen, an denen er eigentlich frei hatte. Ein anderer, der immer dabei war, wurde ›El Brujo‹, ›der Hexer‹, genannt. Ein Mal wurde er gesehen, als er nach einer Verlegung in einem Lieferwagen der Marine zurückkam; unter einer grünen Plane auf dem hinteren Teil holte er eine große Metallkiste hervor, die voller Fußfesseln war, und brachte sie in den Keller.

Auch von den Offizieren erhielten wir einige Informationen über die Verlegungen. In schwachen Momenten rutschten ihnen Dinge heraus. Der Beamte der Küstenwache Gonzalo Sánchez, alias Chispa, sagte, dass die Körper im Süden ins Meer geworfen würden, in der Nähe von Stützpunkten der Marine.

Fregattenkapitän Acosta verbot am Anfang jegliche Bezugnahme auf das Thema der Verlegungen. In hysterischen Momenten sagte er Dinge wie: ›Wer sich hier daneben benimmt, der bekommt ein Penthonaval und geht dann nach oben‹. Der Zusatz -naval bei der Nennung des Medikaments war eine gebräuchliche Formulierung der Marine. Der Ausdruck ›nach oben gehen‹ bedeutete getötet werden. Acosta sagte auch, dass von allen Gefangenen, die dort waren, nur diejenigen überleben würden, die die Marine irgendwann später freilassen würde. Alle anderen würden sterben. Die Hand Gottes würde, so seine Worte, bei der Auswahl zugegen sein.

Ende Februar 1977 gab es einen Fall einer irrtümlichen Verlegung, bei der Compañero Tincho wieder nach Capucho zurückgebracht wurde. Tincho war körperlich sehr stark und Mitglied der peronistischen Montoneros. Man hatte ihn im Januar gefangen genommen. Er war selbst Marineunteroffizier der Artillerie gewesen. Ende Februar riefen die Wachen ihn für eine Verlegung auf. Sie bringen ihn in den Keller und erklären ihm, man würde ihn an einen anderen Ort bringen, an dem die Bedingungen besser sein würden, aber zuvor würden sie ihm eine Impfung verabreichen, um Ansteckungen zu vermeiden. Der Krankenhelfer gibt ihm eine Spritze in den Arm, die allerdings nicht sofort wirkt. Nach einigen Minuten fühlt sich Tincho, als würden Arme und Beine ihm nicht mehr gehorchen und er sich wie in Zeitlupe bewegen. Er ist sehr schwach, aber er schläft nicht ein. Bei den anderen Gefangenen wird das Gleiche getan wie bei ihm. Einige erbrechen, während sie auf den Bänken im Gang des Kellers sitzen. Bei manchen Verlegungen sind einige ohnmächtig über den Boden geschleift geworden.

Sie führen Tincho aus der Kellertüre und setzen ihn in einen Lieferwagen, der ihn zum Militärflughafen bringt. Sie bringen ihn in ein Flugzeug, eine Fokker. Als er drinnen ist, fragt Bolita nach seinem Namen. Als er antwortet, er sei Tincho, sagt Bolita zu ihm: »Du hast Dich gerettet, Junge!« und bringt ihn zurück in die ESMA und wieder nach Capucha. Tincho schläft die ganze Nacht und den ganzen folgenden Tag. Sie haben ihn dann in einer Sonderverlegung einige Tage später weggebracht. Wir haben später erfahren, dass er Mitte 1977 in einem Gefangenenlager war,

das vom Heer geführt wurde. Wir wissen nicht, was weiter mit ihm geschah.
Ein ähnlicher Vorfall ereignete sich Ende August 1977. An einem Tag, der nicht üblich war für Verlegungen, leerten sie den Keller und brachten drei männliche Gefangene hinunter, die in Capuchita saßen. In der gleichen Nacht kommen sie wieder, noch ganz benommen und die Kleidung voll Erbrochenem. Bolita und einige andere Wächter, von denen einer ›El Abuelo‹, ›der Großvater‹, genannt wurde, bringen sie hoch. Zwei gefangene Frauen, die aus der Toilette kamen, sahen zwei der Gefangenen, die auf einer groben beigefarbenen Plane vor der Eingangstüre von Capuchita lagen. Den dritten brachten Bolita und die Wachen gerade die Treppe hoch und sie schimpften, weil irgendetwas bei der Verlegung schief gegangen war. Zwei oder drei Tage später brachten sie diese Gefangenen wieder weg, die dann nie wieder dort auftauchten. Den Keller durfte man bis zum Tag nach der Verlegung nicht mehr betreten, selbst wenn diese früh beendet worden war. Am nächsten Tag schien der Keller dann sauberer als gewöhnlich und es roch nach Desinfektionsmittel. Manchmal sagte man uns an den Tagen einer Verlegung, dass wir den Keller verlassen müssten, weil er desinfiziert würde. In mehreren Situationen sprachen sie von einer Verlegung als ›Desinfektion‹. Obwohl diese gründliche Sauberkeit ganz klar das Motiv hatte, mögliche Beweise des Geschehens zu vernichten, konnte man an vielen Tagen, an denen schlampig geputzt worden war, noch Spuren der Körper sehen, die sie vom Krankenzimmer bis zur Seitentür des Kellers geschleppt hatten. Die Spuren, die man am deutlichsten erkennen konnte, waren jene von Gummisohlen oder von Turnschuhen.
In den Stunden nach einer Verlegung wuchs bei uns die Angst. Auf der einen Seite blieb uns noch eine Woche des Lebens, aber auf der anderen würden wir anhand der leer bleibenden Matratzen begreifen, wen von uns sie weggeschafft hatten. Und dann weinten wir um sie, aus Schmerz, aus Ohnmacht und vor Wut.
Nach dem, was wir erfahren haben, war die ESMA zu Beginn als ein Ort gedacht, an dem die Gefangenen gesammelt werden, also ein Ort, an den sie alle gebracht werden sollten, bevor man sie dann verlegte.
Das folgende Schaubild wurde von einem Gefangenen in einer Dienststelle der Marine gesehen:

Chupaderos[6]
Chupaderos Sammelstelle für Gefangene Krankenhaus
Chupaderos

Aus diesem Ablaufschema wurde klar, dass der letzte vorgesehene Ort von ihnen als Krankenhaus bezeichnet wurde.

Eine Aussage, die das bestätigt, war jene von Lila Pastoriza, die 1977 von der Marine gefangen genommen und 1978 wieder freigelassen wurde:

> In den Phasen größerer repressiver Aktionen fanden die kollektiven Verlegungen wöchentlich statt, das sagten die Gefangenen und die Wachen. Die Anzahl der Verlegten variierte je nach Umständen, manchmal waren es bis zu 40 oder 50 Gefangene. Individuelle Verlegungen fanden zu allen möglichen Tagen und Uhrzeiten statt. In der Regel rief der gerade diensthabende Wachmann die Gefangenen auf und brachte sie weg. Dabei gab es weder die Unerbittlichkeit noch die Restriktionen wie bei den Massenverlegungen.
>
> Die erste Verlegung, die ich erlebt habe, war am 16. oder 17. Juni 1977. Ich war im Keller und wurde mit verbundenen Augen nach Capucha gebracht. Dort hörte ich, wie ungefähr 50 Nummern aufgerufen wurden, die jeweils einem Gefangenen zugeordnet waren. Später habe ich erfahren, dass es eine der letzten so zahlreichen Verlegungen gewesen ist.
>
> Während ich in Capuchita war, glaubte ich – wenn auch nicht besonders überzeugt – die Versionen, welche die Angehörigen der repressiven Gruppen uns gaben: Die Gefangenen würden an andere Orte gebracht (Farmen, Gefangenenlager im Süden, sagte man), entweder bis entschieden sei, was mit ihnen geschehen würde, oder als Strafe, die man ihnen auferlegt habe. Das einzige Indiz, das für diese Version sprach, war, dass manch ein Gefangener (einzeln) an anderen Orten wiedergesehen worden ist. Von dem Rest habe ich nie wieder etwas erfahren. Aufgrund der Unterhaltungen mit den Offizieren war ich irgendwann sicher, dass das Ziel der repressiven Aktionen die physische Vernichtung der

6 *Chupar*, wörtlich: saugen, absaugen, hier: die Aktionen des Entführens und Verschleppens.

> Gefangenen war. Ich hatte zwar nie einen direkten Anhaltspunkt für das, was bei den Verlegungen geschah, aber andere Gefangene schon. Die Annahme, dass eines der Schicksale der Gefangenen darin bestand, dass sie aus Flugzeugen ins Meer geworfen wurden, entstand auf der Grundlage von Beobachtungen, von fragmentarischen Unterhaltungen mit Offizieren, von Erzählungen der Wachen und durch einen Gefangenen, der irrtümlicherweise mitgenommen und dann vom Flughafen *Aeroparque* wieder zurückgebracht worden war. Aber das Ganze war immer ein Tabu, und jeglicher Versuch, diese Annahme zu bestätigen, war untersagt. Unter uns wussten wir, dass über die Liste derjenigen, die verlegt würden, in einer Versammlung der Geheimdienstoffiziere (im Fall der ESMA) entschieden wurde, die jeweils am Tag zuvor stattfand. Andererseits legte man für jeden Entführten eine eigene Karteikarte an, die in den Geheimdienstarchiven aufbewahrt wurde. Mindestens seit dem Datum meiner Festnahme wurden alle, die in der ESMA ankamen, fotografiert, ihnen wurde eine Nummer zugewiesen und eine solche Identifizierungskarte angelegt (die manchmal Informationen über die politischen Aktivitäten enthielt), die nach Aussagen der Offiziere der Marine dem Ersten Heereskorps übergeben wurde.

Es schien unmöglich, das Geschehene weiterhin abzustreiten. Und doch sollten noch elf Jahre vergehen, bis Scilingo die Wahrheit sagte.

Ein Humanist in Uniform

1983 beantragte der neu gewählte Präsident Raúl Alfonsín im Kongress die Aufhebung der Autoamnestie und bei der Justiz, den ersten drei Militärjuntas wegen Mordes, unrechtmäßiger Freiheitsberaubung und Folter an Gefangenen den Prozess zu machen. Er reformierte das Gesetzbuch der Militärgerichtsbarkeit, damit das Versagen der Militärtribunale vor der zivilen Gerichtsbarkeit angeklagt werden konnte. Es sollten jene bestraft werden, die den repressiven Apparat ersonnen, organisiert und realisiert hatten – wohl wissend, dass dieser schwerste Verletzungen der Menschenwürde mit sich bringen würde – sowie jene, die aus persönlichem Profitstreben, Grausamkeit oder Böswilligkeit daraus Kapital geschlagen hatten. Aber es war »zwingend, jenen Angehörigen der Streitkräfte und der Sicherheitskräfte, die nicht auf eigene Initiative bei menschenrechtsverletzenden Operationen mitgewirkt hatten, die Möglichkeit anzubieten, loyal der konstitutionellen Demokratie zu dienen«.

In diesen Worten steckte bereits Alfonsíns erster Entwurf des Gesetzes über den pflichtgemäßen Gehorsam. Doch der Kongress setzte fest, dass es keine Rechtfertigung für »grausame und abartige Taten« geben würde, wie zum Beispiel Gefangene zu foltern oder sie lebend aus Flugzeugen ins Meer zu werfen.

Die Militärjustiz ordnete strenge Untersuchungshaft für Massera und Videla an. Massera war bereits in Haft, wegen des Verschwindens des Unternehmers Fernando Branca, dem Gatten einer Geliebten, der von einem gemeinsamen Segelausflug mit der Dienstyacht des Marineoberbefehlshabers nicht zurückgekommen war. Das Vermögen Brancas war in den folgenden Monaten verscherbelt worden, und zwar mithilfe angeblich selbst autorisierter Dokumente, die der argentinische Konsul in Miami beglaubigt hatte. Er verstarb kurz nach Erledigung dieses Auftrags. Auch der Notar, der andere Verkäufe von Branca beurkundete, und der Vorarbeiter eines Feldes von Branca starben plötzlich an Herzversagen. Ein Telegramm, in dem Branca vorgeblich seinen Verwalter über eine bevorstehende Reise informiert haben sollte, entpuppte sich in Wahrheit als ein Hochzeitsgruß, der an einen Verwandten von Massera gesandt worden war. Der Korrespondent der spanischen Tageszeitung *El País*, José Luis Martín Prieto, beschrieb das Geschehene folgendermaßen: »Die Ermittlungsakte trieft von Blut, Sperma und Tränen, Ehebrüchen, Prostitution hochrangiger Kader, Leidenschaften, Morden, Urkundenfälschungen, Betrügereien, Entführungen, Korruption und Arroganz. Und – könnte man jetzt fragen – was bedeutet schon der ganze Schmutz dieses Falls angesichts des Dramas der Militärintervention auf den Falklandinseln und des ganzen Horrors in der ESMA? Es bedeutet etwas und zwar viel: Bis zum Fall Branca konnten die Militärs, die 1976 mit der Zerstörung ihres Landes begonnen haben, rückwirkend wie vom Wege abgekommene Gentlemen wirken, die nur den Fehler begangen hatten, zu glauben, dass der Zweck, ein guter Zweck, die Mittel heilige. Seit dem Fall Branca erscheinen Admiral Massera und seine Kameraden in einem anderen, sehr charakteristischen Licht: dem Licht derjenigen, die im Namen der christlichen Zivilisation und der heiligen Maxime des Vaterlandes mit der Frau des eigenen Kompagnons ins Bett gingen, diesen dann umbrachten und sich sein Vermögen untereinander aufteilten, während die linken Revolutionäre in den Gefängnissen unter der Folter aufjaulten.«

In seiner Aussage vor den Militärrichtern sagte Massera, dass die Marine während des schmutzigen Krieges nur die Gerichtsbarkeit über das Meer, die Flüsse und ihre Ufer und die Hafenzonen innehatte. Als der Brigadegeneral, der dem Tribunal vorsaß, ihn fragte, ob er je irgendwelche Informationen über Entführungen, geheime Gefangenenlager, Folter, Morde, Attentate, Enteignungen oder Handlungen gegen die sexuelle Freiheit erhalten habe, antwortete Massera ohne Zögern: »In keinem Moment«.

Er fügte hinzu, dass er jeden Monat jede Einheit besucht habe, und die Kommandos angemahnt habe, »mit Vorsicht vorzugehen, weil innerhalb von zwei oder drei oder fünf oder sechs oder sieben Jahren, wie es jetzt geschieht, die Helden von gestern zu den Feinden von morgen werden würden. Falls es Exzesse irgendwelcher Art gegeben habe, dann sind das punktuelle Exzesse gewesen, die untersucht werden müssen«. Massera wälzte die Verantwortung auf seine Untergebenen ab: »Es ist nicht so, dass Operationen ausgeführt werden, weil der Admiral den Befehl gibt, sondern weil die Untergebenen sie ausführen wollen.« Der Brigadegeneral insistierte:

»Haben Sie Kenntnis von Exzessen, die darin bestanden, Exekutionen von Gefangenen durchzuführen, ohne dass es irgendeine Form des Prozesses gegeben hätte?«

»Nein, Herr Präsident«, antwortete Massera.

Er stritt sogar die Existenz der geheimen Konzentrationslager ab. Eines der Mitglieder des Tribunals wollte wissen, ob es Gefangene an Orten gegeben habe, die nicht die dazu bestimmten Kommissariate und Gefängnisse waren.

»Nach den Informationen, über die ich verfüge, nein. In keiner Dienststelle der Marine wurde irgendeine Person festgehalten«, sagte Massera.

Er wurde auch gefragt, welche Bedeutung er dem Begriff ›Vernichten‹ zuschreibe.

»Eine konzeptionelle, denn die Marine hat kein operatives Wörterbuch, in dem der Begriff ›Vernichten‹ definiert wäre«, antwortete Massera.

»Rechtfertigte das Ziel der Vernichtung der Subversion die Anwendung extremer Maßnahmen wie Folter, illegale Freiheitsberaubung und Tötungen?«, wurde er gefragt.

»Natürlich nicht. Keines der Ziele des ›Prozesses der Nationalen Reorganisation‹[7] kann rechtfertigen, was der Herr Präsident hier aufzählt. Im Gegenteil, das allgemeine Handlungskonzept des Prozesses war abendländisch, humanistisch und christlich geprägt. Ich habe einige Male darauf hingewiesen, dass der Mensch der Gegenstand der Politik sein sollte und nicht das Ziel. Mit anderen Worten, das wichtigste ist der Mensch. Im Krieg gegen die Subversion können Fehler begangen worden sein. Aber wenn Sie mich bitten, welche zu benennen, dann könnte ich das konkret nicht, denn ich bestreite, dass es Exzesse gegeben hat, oder wenn es Exzesse innerhalb der Marine gegeben hat, über die Informationen vorlagen, dann hat es auch eine Untersuchung gegeben. Leider hat die Boulevardpresse eine diffamierende Kampagne gestartet und auf irgendeine Art das Volk glauben gemacht, es hätte ein unethisches Verhalten der Streitkräfte gegeben, was ich hier und jetzt zurückweise«, sagte der Oberkommandierende, der selbst die Befehle zum Foltern der Gefangenen bei Vernehmungen erteilt hatte.

»Welches waren die definierten Grenzen der Aktionsfreiheit, die den verschiedenen operativen Einheiten gewährt wurde?«, wollte der Präsident des Gerichtes wissen.

»Die Grenzen der rechtmäßigen Grundsätze der Kriegsführung durften nicht verletzt werden.«

»Hatten Sie Kenntnisse von angeblichen Unregelmäßigkeiten im Verantwortungsbereich der Marine?«

»Nein, Herr Präsident. Die Informationen waren sehr ungenau. Die formulierten Vorwürfe sind von vorbereiteten Zeugen erfunden, die den Streitkräften dafür Verantwortung zuzuschreiben versuchen. Damals gab es keine Kenntnisse irgendeiner Anschuldigung bezüglich dieser angeblichen Unregelmäßigkeiten, von denen heute die Rede ist«, behauptete Massera.

Danach wurde er zu der heranwachsenden 17-jährigen Schwedin Dagmar Hagelin und zu den französischen Nonnen befragt, die von operativen Kommandos der ESMA entführt worden waren, zwei Fälle, die aufgrund der Nationalität der Opfer und der Umstände ihres Todes international großes Aufsehen erregt hatten. »Ich kann mich nicht daran erinnern, dass Schweden oder Frankreich je als Thema un-

7 Die Militärjunta selbst bezeichnete ihre Politik als den ›Proceso de Reorganización Nacional‹.

terbreitet worden wären. Ich erinnere mich an den Sachverhalt, weil er in meine Zeit fiel und selbstverständlich im Rahmen der Möglichkeiten der Marine untersucht wurde, allerdings ohne ein positives Ergebnis«, antwortete er. Er bestritt die Existenz eines Operationsplans, »der auf eindeutig illegalen Methoden und Vorgehensweisen basierte«, und wies »mit Nachdruck« von sich, dass »Tausende von Menschen unrechtmäßig ihrer Freiheit beraubt, gefoltert und getötet worden waren«. Und er sagte, dass man die ESMA »als besonderes Ziel der Diskreditierung auserkoren habe. Es sind phantastische und verleumderische Anschuldigungen aufgekommen, die, das wiederhole ich, nicht bewiesen werden können, da sie nicht wahr sind«. Er fügte hinzu, dass es »in der Marine weder heute noch damals öffentliche oder geheime Richtlinien gegeben habe, die Vorgehensweisen gegen die ethischen Prinzipien verteidigten«.

Der Nachfolger von Massera in der Marine, Admiral Armando Lambruschini, wurde ebenfalls von der Militärjustiz vernommen. »Wir leben in einem Moment großer Verwirrung, in dem hohe ethische Prinzipien durcheinander geraten sind. Wenn wir einmal annehmen, dass ein Krebs gewachsen ist, die Subversion, welche die argentinische Lebensweise zerstören will, und Operationen durchgeführt werden, um ihn zu entfernen. Mit der Zeit zeigt sich, dass der Krebs gutartig war und die operative Entfernung schlecht«, sagte er. An Details der Operationen konnte er sich nicht erinnern.

Einige Tage später übergab die Conadep* ihren Abschlussbericht. Darin stand, dass die Streitkräfte auf die Taten der Terroristen mit einem viel schlimmeren Terrorismus geantwortet hätten, der die größte Tragödie in unserer Geschichte sei. Die Grausamkeit der Vergehen gehöre in die Kategorie von Verbrechen gegen die Menschlichkeit. Mit der Technik des Verschwindenlassens und ihren Folgen seien alle ethischen Prinzipien, welche die großen Religionen und die am höchsten entwickelten Philosophien über Jahrhunderte des Leidens und der Katastrophen formuliert haben, mit den Füßen getreten und auf barbarische Art und Weise ignoriert worden.

Diese Worte riefen im Land Mitgefühl und in den Kasernen Erstaunen hervor. Zu diesem Zeitpunkt begannen die Regierung und ein guter Teil der Gesellschaft gerade das ganze Ausmaß des Grauens zu begreifen, das über viele Jahre allein seine Opfer und die Menschenrechtsorganisationen beklagt hatten.

Die gewaltige Menge an Dokumenten, welche die Conadep* zusammengetragen hatte, zeigte, dass die Menschenrechte institutionell und staatlich organisiert verletzt worden waren, mit ähnlich verlaufenden Entführungen und identischen Folterungen auf dem gesamten Staatsgebiet. Die Doktrin der wenigen Exzesse wurde damit ad absurdum geführt. Mit besonderem Nachdruck nahm die Kommission Stellung zur Situation der Desaparecidos: Ab dem Moment der Entführung verlor das Opfer alle Rechte, jegliche Kommunikation mit der Außenwelt wurde unterbunden, es wurde an geheimen Orten festgehalten, infernalischen Folterungen ausgesetzt, ahnungslos, was sein kurz- und langfristiges Schicksal betraf; es konnte mit Zementblöcken an den Füßen in den Fluss oder das Meer geworfen oder verbrannt werden. Und doch waren es Wesen und keine Dinge, die sich Eigenschaften menschlicher Kreaturen bewahrten: die Furcht vor der Folter, die Erinnerung an die eigene Mutter, das eigene Kind oder die eigene Frau, die Scham über die öffentliche Vergewaltigung. Wesen, die besessen waren von der unendlichen Furcht und dem größten Schrecken, die sich aber in einem Winkel ihrer Seele irgendeine Art wahnwitziger Hoffnung bewahrten. Der Bericht besagte, dass es circa 9000 solcher Fälle gegeben hat, und erklärte auch, dass es zahlreiche Hinweise dafür gäbe, eine weitaus höhere Zahl anzunehmen, weil viele Familien aus Angst vor Repressalien keine Anzeige erstattet hätten.

Eine Zusammenfassung des Berichts der Conadep* wurde unter dem Titel ›Nunca Más!‹ veröffentlicht. Auf Seite 235 dieses Berichts steht unter dem Untertitel ›Abwürfe von Gefangenen ins Meer‹: »Es fällt schwer, das zu glauben. Aber es gibt zahlreiche Aussagen, die darauf Bezug nehmen. Einige, weil sie davon gehört haben, andere, weil ihre Peiniger direkt darüber gesprochen haben. Außerdem gibt es die Körper, die durch die Strömung des Meeres ans Ufer gespült worden sind. Es fällt schwer, das zu glauben, aber im generellen Zusammenhang der barbarischen Repression kann man davon ausgehen, dass es für die Handelnden nichts anderes war als eine weitere unter den vielen angewandten Methoden, die allesamt das gleiche Ziel hatten.«

Die Kommission verband die Aussagen der Überlebenden mit einem Zeitungsartikel aus dem Jahr 1983, in dem von insgesamt 37 Leichnamen die Rede ist, die an verschiedenen Stränden gefunden worden waren. »Das Meer, das in der Gegend des Golfs sehr unregelmäßige Strömungen aufweist, spülte sie komplett entstellt ans Ufer. An einigen Körpern fanden sich eindeutige Anzeichen von Gewalteinwirkung, das Salzwasser und die Gefräßigkeit der Fische hatten fast alle Körper verstümmelt. Alle kamen vom offenen Meer her. Sie können aus irgendeinem Schiff gefallen sein oder sie wurden aus Flugzeugen geworfen, urteilte ein Experte« – ein Jahrzehnt vor dem Geständnis Scilingos.

Am Tag nach der Einreichung des Abschlussberichts der Conadep* ließ das Militärtribunal die zivilen Richter wissen, dass es fristgerecht keine Urteile werde sprechen können, und versicherte, dass »gegen die Dekrete, Richtlinien, Operationsbefehle etc., die das militärische Handeln gegen die terroristische Subversion konkretisierten, in Inhalt und Form nichts einzuwenden ist«.

Außerdem behauptete das Gericht, die Freiheitsberaubung von Personen sei nicht illegal, wenn diese gegen das Gesetz verstoßen hätten, und erklärte, die Anklage gründe auf Anschuldigungen involvierter Personen oder ihrer Verwandten, deren Objektivität und Glaubwürdigkeit zweifelhaft seien. Da gegen die erteilten Befehle nichts einzuwenden sei, sah der Militärrat keinerlei Verantwortung der ehemaligen Oberbefehlshaber, wenn nicht den Mangel an Kontrolle über Ungesetzlichkeiten, die ihre Untergebenen eventuell begangen haben könnten. Ein Mal mehr lag die Schuld bei den niederen Rängen.

Die zivile Justiz übernahm die Ermittlungsverfahren, welche das Militärgericht nicht voranzutreiben gedachte, und im April 1985 begannen die öffentlichen Anhörungen des Prozesses gegen neun ehemalige Oberbefehlshaber der Streitkräfte, darunter drei Ex-Präsidenten.

Das Urteil der Menschen

Die Mitglieder der Militärjunta, die noch wenige Jahre zuvor die Gesellschaft hatten zittern lassen, standen auf Anordnung des jungen Sekretärs immer respektvoll auf, wenn die Mitglieder des Bundesgerichts, die über sie Recht sprechen würden, den Sitzungssaal betraten. Doch die neun Männer stritten ab, menschenunwürdige Methoden befohlen zu haben. Sie erkannten die Fakten nicht an und beschuldigten die Überlebenden der Konzentrationslager, sich ihre Aussagen über den Abstieg in die Hölle ausgedacht zu haben. Außerdem deuteten sie an, dass auch die Richter Teil einer sinistren Verschwörung gegen die tugendhaften Wächter des nationalen Wesens seien. Falls irgendwelche Fehler begangen worden seien, dann läge das in der Verantwortung der Untergebenen.

Überlebende und Mörder erzählten ihre Sicht der Geschichte im Rahmen der öffentlichen Anhörungen des Prozesses, die sich über das ganze Jahr hinzogen.

Der Vizeadmiral Luis María Mendía war Befehlshaber über die Marineeinsätze gewesen und somit verantwortlich für die Erarbeitung, Formulierung und Ausführung der Pläne zur Umsetzung der Regierungsdekrete, welche die Vernichtung der subversiven Elemente befohlen hatten.

Er sagte aus, dass ›vernichten‹ dem Wörterbuch gemäß ›zerstören‹, ›auf nichts reduzieren‹ bedeute und erklärte: »Die Streitkräfte sind gewalttätig, zerstörerisch, sie kennen keinen mittleren Weg. Wir benutzen kein Tränengas. Wenn Gas benutzt wird, dann ist es tödliches Gas.« Er zitierte den Satz von Clausewitz' über Krieg und Politik und behauptete, dass gemäß den Dekreten der Regierung, die vor der Absetzung von Isabel Perón unterzeichnet worden waren, die Politik ihre Mittel bereits ausgeschöpft hatte, ohne den zerstörerischen Effekt des Terrorismus besiegt zu haben. »Wir standen vor einem Krieg.«

Mendía beharrte darauf, dass die Marine weder in segmentierten Fraktionen noch in paramilitärischer Form agiert habe, sondern als Institution, gemäß ihrer permanenten operativen Struktur. Außerdem stritt er ab, dass es geheime oder illegale Gefangenenlager gegeben habe. Er sagte, dass die Verdächtigen in Dienststellen der Marine formlos von Offizieren des Geheimdienstes befragt worden seien. Falls nachgewiesen wurde, dass sie mit den subversiven Organisationen nichts zu tun hatten, seien sie freigelassen worden. Im gegenteiligen Fall hielt man sie »die notwendige, angemessene Zeit« fest, und überstellte sie dann den »dem Verfahren entsprechenden Autoritäten«. Wurde ihre Verwicklung festgestellt, »begann das entsprechende Verfahren«, wobei man »den vorgeschriebenen Verfahrensweg« eingehalten habe.

»Wurde die Vorgabe eingehalten, derzufolge die Verhaftung für eine Vernehmung nicht länger als 48 Stunden andauern durfte?«, wollte das Gericht wissen.

»So weit dies möglich war, ja. Man folgte der Maßgabe der notwendigen Zeit. Manchmal reichten 48 Stunden nicht aus.«

»Wie befragte das Personal der Geheimdienste?«

»Es wurden die vorschriftsmäßigen Richtlinien für Vernehmungen eingehalten.«

»Erinnern Sie sich an diese Richtlinien?«

»Auf natürliche Art und Weise, nicht unter Zwang, mit Ruhe, ohne die befragte Person unter Druck zu setzen.«

Danach schwor der Vizeadmiral Pedro Santamaría, ehemaliger Befehlshaber der Küstenwache, die Wahrheit zu sagen. Sie fragten ihn, ob er sich an das Auftauchen von Leichnamen an der Küste erinnerte.

»Nichts, was nicht normal gewesen wäre«, antwortete der Verantwortliche für die Flugbewegungen der Flugzeuge des Typs Skyvan.

Außerdem sagte der französische Admiral Antoine Sanguinetti aus, der 1977 Teil einer internationalen Delegation gewesen war, die das Verschwinden der Nonnen und 16 weiterer französischer Staatsbürger untersuchte. Massera hatte der Delegation gesagt: »Ich gebe zu, dass es im Heer unkontrollierbare Gruppen gibt. Man könnte sagen, dass es Faschisten sind, wenn der Begriff nicht so unangenehm wäre. Ich missbillige diese Situation, aber ich bin nicht für sie verantwortlich. Die Marine und die Luftwaffe tragen keinerlei Verantwortung.« Er lud die Delegation ein, einen Stützpunkt der Marine zu besuchen, um sich davon zu überzeugen, dass es keine Desaparecidos gäbe.

Der Verleger und Journalist Jacobo Timerman erzählte den Richtern von einem seltsamen Mittagessen mit einem der engsten Mitarbeiter von Massera, dem Kapitän zur See Carlos Bonino, das kurz nach dem Putsch im luxuriösesten Hotel von Buenos Aires stattgefunden hatte:

> Er erklärte mir die These der Repression in einem liebenswürdigen und leidenschaftslosen Ton. Er sagte, sie müsse irreversibel sein, denn das sei der einzige Weg, um die Subversion auf immer und ewig loszuwerden. Jeder, der irgendwie mit der Subversion zu tun habe, ganz gleich ob Söhne, Väter oder Verwandte, müsse verschwinden. Es sei ein Opfer, das Argentinien bringen müsse, und es würde sich auszahlen.
>
> ›Es wäre besser, den Ausnahmezustand zu verhängen und die Todesstrafe anzuwenden, aber mit der Möglichkeit einer Verteidigung vor einem Gericht‹, argumentierte ich.
>
> ›Wir haben es sehr eilig. Wir haben keine Zeit. In dem Fall würde der Papst intervenieren und gegen den Druck des Papstes ist es sehr schwierig, zu erschießen‹, antwortete er.
>
> ›Aber Franco hat auch trotz der Opposition des Papstes erschießen lassen‹, insistierte ich.
>
> ›Dafür haben wir nicht die Bedingungen‹, gab er zurück.

Timerman fügte hinzu, dass bei jenem Mittagessen ein Vertreter des italienischen multinationalen Unternehmens Olivetti nach dem Verantwortlichen fragte, der versucht hatte, das Essen von Marineoffizieren zu vergiften. Bonino habe ihm geantwortet, ohne dass sich seine Stimme verändert hätte: »Den haben wir ins Wasser geworfen.«

In den Monaten, die zwischen dem Putsch im März 1976 und seiner eigenen Entführung im April 1977 vergingen, traf sich der Herausgeber der Tageszeitung *La Opinión* auch mit Massera. »Ich versuchte, ihn von der Notwendigkeit zu überzeugen, die Repression innerhalb einer legalen Struktur zu organisieren. ›Machen Sie sich keine Sorgen. Machen Sie Urlaub, das wird sich schon regeln. Die Welt ist gerade nicht so, dass wir sagen können, was wir tun, aber das wird bald ein Ende haben‹, sagte er zu mir.«

Der Staatsanwalt Julio Strassera bat Timerman zu berichten, was Massera über den internationalen Druck gesagt habe, der verhindere, im Rahmen legaler Strukturen zu agieren. Timerman antwortete: »Er sagte das, was alle von der Marine sagten, dass man gegen den Papst nicht schießen kann. Er hat mir auch gesagt, dass die internationalen Kredite, die das Wirtschaftsministerium erhielt, darunter leiden könnten.«

Marta Bettini de Devoto berichtete, dass sie von ihrem Mann, Fregattenleutnant Jorge Devoto, nie wieder etwas gehört habe, seitdem er den Amtssitz des Oberbefehlshabers der Marine betreten hatte, um sich nach einem Desaparecido zu erkundigen.

»Hat Ihr Mann Kommentare von anderen Kameraden darüber gehört, wie die Repression vonstatten ging?«, fragte man sie.

»Sehr viele. Ich selbst habe sie sagen hören, dass sie Menschen aus Flugzeugen der Marine ins Meer warfen und dass einige von ihnen Probleme mit ihrem Gewissen hatten.«

Die katholischen Priester Orlando Yorio und Francisco Jalics wurden im Mai 1976 entführt und in die ESMA gebracht, wo man sie nach ihrer Freundin, der ehemaligen Nonne Mónica Quinteiro ausfragte. Nach fünf Monaten in Gefangenschaft »gaben sie uns eine Spritze. Sie sagten, es sei eine Impfung. Ganz benommen brachten sie uns zu einem Laster. Er blieb irgendwann stehen, sie gaben uns noch eine Spritze und brachten uns zu einem anderen Fahrzeug, dessen Fußboden Rillen hatte. In diesem Fahrzeug gaben sie uns eine dritte Spritze, und dann verlor ich das Bewusstsein«, berichtete Yorio.

Aber die Priester waren am Leben geblieben und konnten aussagen. »Als ich wieder zu mir kam, lag ich auf kühlem Gras, mit verbundenen Augen, aber ohne Fesseln. Wir fühlten uns wie besoffen, mitten auf diesem Feld, im Dunkeln und von Sümpfen umgeben. Ein Bauer sagte uns dann, dass er am Nachmittag zuvor einen Helikopter hatte landen sehen. Es gab keine andere Art und Weise, dorthin zu gelangen.«

Am gleichen Tag wie Yorio erzählte auch der Kapitän zur See Oscar Quinteiro, damals 73 Jahre alt, der Justiz seinen Albtraum: Seine Tochter Mónica war entführt worden, als sie ihren Arbeitsort, ein militärisches Unternehmen für Lebensversicherungen, verlassen hatte. Quinteiro hatte den Direktor des Unternehmens aufgesucht, ein General des Heeres, der ihm eine Tabelle zeigte: Seine Tochter war ganz normal aus dem Haus gegangen. Seine Wallfahrt führte ihn ins Innenministerium, wo General Albano Harguindeguy ihn darüber informierte, dass Mónica in keiner Liste von Gefangenen auftauche. Über Wege, die er nicht preisgab, wusste Quinteiro aber, dass seine Tochter in der ESMA war, doch selbst deren stellvertretender Direktor Salvio Menéndez stritt das ab. »An der Art und Weise, in der er antwortete, merkte ich, dass er nicht die Wahrheit sagte. Als ich insistierte, ging er in einen anderen Raum. Er sagte, er würde kontrollieren, ob sie in den Listen sei. Als er wiederkam, wiederholte er, dass sie in keiner Liste genannt werde. Ich dankte ihm und ließ meine Telefonnummer dort.« Der Einzige, der ihn zurückrief, war der General des Versicherungsunternehmens, und zwar um mitzuteilen, dass er, falls Mónica die nächsten drei Tage nicht auftauchen würde, schriftlich eine Frist setzen und ihr nach weiteren zehn Tagen der Abwesenheit kündigen würde. Aber da sie eine gute Angestellte sei, könne sie ihren Job wiederhaben, falls sie wieder auftauchen würde.

Quinteiro traf sich mit seinem ehemaligen Schüler Emilio Massera sechs Mal. Beim ersten Mal bat er um Erlaubnis, eine Habeas-Corpus-Beschwerde bei der Justiz einzureichen.

»Nein, Kapitän. Ich kümmere mich persönlich darum und halte Sie auf dem Laufenden«, antwortete Massera.

Arbeitskollegen seiner Tochter berichteten ihm, dass sie beim Verlassen des Unternehmens festgenommen worden sei. Quinteiro ging zum zweiten Mal zum Direktor des Versicherungsunternehmens, bei dem Mónica gearbeitet hatte.

»Schauen Sie, Kapitän, ich bin sehr fürsorglich mit meinem Personal. Wenn hier irgendjemand gekommen wäre, dann hätte ich Sie als Ersten informiert«, antwortete dieser.

Monate später versuchte Quinteiro es beim stellvertretenden Direktor, einem Oberstleutnant der Luftwaffe:

»Sie wissen Bescheid und Sie müssen es mir sagen!«

»Ein Major und zwei Polizisten haben Ihre Tochter gesucht. Da der Direktor zu tun hatte, brachte man die Männer in mein Büro. Ich habe mich geweigert, sie an Ort und Stelle festnehmen zu lassen, und vorgeschlagen, die Frau rufen zu lassen, damit sie feststellen können, wie sie aussieht«, gab der Oberstleutnant zu.

Quinteiro hatte Mühe fortzufahren: »Der stellvertretende Direktor bat also einen Angestellten, meine Tochter zu rufen, und er ließ sie an einem Zimmer mit einer Glasfront und Vorhängen vorbeigehen. Dadurch sahen die Herren meine Tochter. Ich würde mir wünschen, dass sich jemand in meine Lage versetzt, als ich das erfahren habe, nach so langer Zeit und von demjenigen, der es selbst getan hat, nachdem der Direktor mir geschworen hatte, dass genau das nicht geschehen sei. Betrübt und empört bin ich direkt zum Oberbefehlshaber der Marine gegangen und habe ihn darüber informiert, dass ich Strafanzeige einreichen würde.«

»Warten Sie, ich spreche zuerst mit dem Oberstleutnant«, fiel Massera ihm ins Wort.

Der sagte ihm, er könne die Entführer nicht identifizieren. Erst danach autorisierte Massera Quinteiro, gerichtlich Klage einzureichen, die wie gewöhnlich zu keinem Ergebnis führte.

In einer der Unterhaltungen sagte Massera ihm, dass weder das Heer noch die Marine seine Tochter hätten und dass lediglich die Aussage der Luftwaffe fehle. »Herr Admiral, Sie werden von vielen Offizieren angelogen«, sagte ihm der verzweifelte Vater, der noch immer an die Aufrichtigkeit seines Kameraden glaubte.

»Ist er zu irgendeinem Schluss darüber gekommen, welche Streitkraft ihre Tochter gefangen genommen hat und was dann mit ihr geschehen war?«, fragte das Gericht.

»Nach dem, was mir der Geistliche Orlando Yorio gesagt hat, habe ich keinen Zweifel daran, dass meine Tochter in der ESMA war und der Oberbefehlshaber der Marine ganz genau wusste, nicht nur, was mit meiner Tochter geschehen war, sondern alles, was in seiner Streitkraft geschah. Am Nationalfeiertag hörte Yorio eine Rede, die mit dem rituellen Gruß ›ESMA, Unterordnung und Mut‹ und der Antwort ›Im Dienste des Vaterlandes‹ endete. Im Keller, wo er gefangen gehalten wurde, hörte er »Hej, Orlando« und erkannte die Stimme meiner Tochter.

»Was antwortete Massera, als Sie ihm gesagt haben, dass er angelogen wurde?«, fragte der Staatsanwalt.

»Er hat überhaupt nicht geantwortet.«

Das Gericht fragte den ehemaligen Rekruten der ESMA, Alejandro Hugo López:

»Haben Sie Kommentare bezüglich des Schicksals der Gefangenen gehört?«

»Ja. In der Werkstatt habe ich eine Art Trog gesehen, der zwei Meter lang und 30 Zentimeter hoch war und oben darauf eine Art Grillblech hatte. An einer Seite war eine Röhre mit einem erhöhten Trichter. Dort haben sie die Körper reingelegt und dann Dieselöl in den Trichter gegeben. So verschwanden sie«, sagte er und präzisierte:

»Es gab zwei Arten zu verschwinden: Flug oder Grill.«

Der ehemalige Kadett der ESMA, Jorge Carlos Torres, erinnerte sich vor Gericht: »Der Unteroffizier sagte uns, dass sie einen Körper verbrennen würden ... Hinter dem Sportplatz sah man häufig Feuer.«

Jorge Félix Búsico, Fregattenkapitän a.D. und ehemaliger Studiendirektor der ESMA, erzählte, dass er an jedem Tag Kolonnen von Fahrzeugen mit Festgenommenen, die Kapuzen über dem Kopf hatten, ankommen gesehen habe, aber nie welche, die wieder weggefahren wären. Zwei Mal hörte er Schmerzensschreie.

»Haben Sie je Folterungen beigewohnt?«

»Nein, ich habe sie nicht selbst gesehen, aber man hörte Kommentare über den Gebrauch einer Maschine. Es fiel mir schwer, das zu glauben. Ich hatte keinen Drang, mehr zu erfahren. Es widerstrebte mir zu akzeptieren, dass Offiziere der Marine so etwas taten.«

»Wurden Menschen umgebracht?«, fragte man ihn.

»Es tauchte ein Jargon auf: absaugen [für die Entführungen], zumauern [für das Überziehen der Kapuzen] und nach oben schicken, was für die Exekution stand. Das war der gewöhnliche Sprachgebrauch in der ESMA, wenn jemand starb. Leider. Ich sah Hubschrauber auf der Plaza de Armas, dem neuralgischen Mittelpunkt der ESMA, und auch an anderen Orten, die weniger ins Auge fallen.«

Búsico wurde von den operativen Kommandos entfernt, weil er den Gebrauch von falschen Namen in Frage gestellt hatte.

»Welche Vorwürfe haben Ihnen der Direktor und der Stellvertreter der ESMA gemacht, weil sie Ihre Identität vor den Gefangenen preisgegeben haben?«, fragte einer der Richter.

»Dass es verdeckte Operationen seien und alle Offiziere ihre Namen verheimlichen müssten.«

»Haben sie begründet, warum?«

»Als ich insistierte, sagte Admiral Chamorro, es gehe darum, den Feind zu verunsichern. Er sollte auch nicht wissen, ob seine Leute gefangen genommen worden waren oder das Land verlassen hatten. So würde die Moral des Feindes untergraben.«

»Was haben Sie geantwortet?«

»Dass mir das nicht richtig erschien und dass ich Zweifel hatte, ob solche Methoden militärisch geeignet wären, weil sie an anderen Orten der Welt, an denen sie Anwendung gefunden hatten, in Katastrophen geendet waren. Die Sache machte mir viel Angst. Als ich den Mut fand, das Thema nochmal anzusprechen, sah ich, dass er völlig entschieden war.«

»Kennen Sie andere Dissidenten?«

»Unter den Offizieren, die nicht mit dem Kampf gegen die Subversion befasst waren, wurde das Thema vermieden, aber das menschliche Leben hatte keinen Wert, egal wessen Leben es war. Keiner wollte darüber sprechen, und es war selten, dass ein Offizier mehrmals äußerte, nicht einverstanden zu sein.«

»Und an Ihren anderen Einsatzorten?«

»Genau das Gleiche wie in der ESMA. Diejenigen, die nicht teilnahmen, fühlten sich auch nicht zugehörig. In meinem Fall ist das nicht so, ich fühle mich als Komplize.«

»Warum sagen Sie Komplize?«

»Weil ich durch mein Schweigen kollaboriert habe. Ich hatte nicht den Mut, Anzeige zu erstatten.«

Seine Karriere endete abrupt. Ende 1977 informierte man ihn, dass er aufgrund seiner Scheidung nicht für Führungsaufgaben in Frage käme. Dabei hatte man ihm zuvor noch gratuliert, denn Búsico hatte das Kommunikationssystem des einzigen Flugzeugträgers der argentinischen Marine, dessen zweiter Kommandant er war, neu organisiert und für den Krieg vorbereitet.

Die Überlebende Rosario Evangelina Quiroga war in Montevideo, der nahen Hauptstadt Uruguays, festgenommen und heimlich nach Buenos Aires in die ESMA gebracht worden. »In dem Gang, der zu den Folterräumen führte, hing ein Zettel, auf dem ›Allee der Glückseligkeit‹ stand. Wenn sie folterten, wurde eine Schallplatte aufgelegt und die Musik sehr laut gestellt, damit man die Schreie nicht hörte. In einem der Folterräume hing ein Kreuz an der Wand, von dem man sagte, dass es eine der französischen Nonnen gemalt hätte«, sagte sie und fügte hinzu, dass man diejenigen Verlegte nannte, »über die es dann keine Hinweise mehr über ihren Aufenthaltsort gab, da sie nicht zur ESMA zurückkehrten. Alle Offiziere der Marine, die in der ESMA Dienst taten oder dort ein- und ausgingen und das Kasino der Offiziere frequentierten, hatten Kontakt mit den Gefangenen oder zumindest das Wissen um ihre Anwesenheit im Gebäude, weil es unvermeidlich war, dass sie die an Händen oder Füßen Gefesselten mit Kapuzen über dem Kopf zu sehen bekamen«. Die Gefangenen konnten freigelassen werden, wie es ihr geschehen war, »in ein anderes geheimes Lager verlegt werden oder eliminiert«. Ein Geistlicher, der seit Einsetzung des Militärvikariats mit den Streitkräften kollaborierte, beschaffte ihr im Auftrag ihrer Entführer ein Visum für Venezuela, und Rolón brachte sie zum Flughafen Ezeiza von Buenos Aires.

Graciela Daleo berichtete, dass sie am Tag ihrer Festnahme zur Folter in den sogenannten Raum 13 der ESMA geführt wurde. Pernías warnte sie: »Du bist in unseren Händen. Wenn Du nicht redest, dann gehst Du nach oben. Du wirst uns erzählen, wer Deine Mitstreiter sind.« Während er ihr elektrische Schläge verabreichte, »betete ich zwischen den Schreien Ave Marias, und das machte ihn wütend. Pernías trug ein Kreuz und ein Medaillon der ›Jungfrau der Wunder‹«. Danach »brachten sie mich in ein Auto. Wir bogen ein paar Mal um die Ecke, ich vermute innerhalb der ESMA, und dann musste ich aussteigen. Pernías sagte, man habe entschieden, mich zu erschießen, weil ich mich geweigert hatte, die Namen meiner Mitstreiter zu nennen. Sie schossen ein Mal, und einer sagte:

›Was für ein mieser Schütze!‹ Sie fassten meine Jacke an. Einer sagte:

›Die soll sie ausziehen, die will ich für meine Frau.‹

Sie schossen noch drei Mal. Dann ließen sie mich hinknien, sie hielten mir eine Waffe an die Schläfe und schossen nochmal in die

Luft.« Sie fügte hinzu, dass Fregattenkapitän Acosta, der Chef der Einsatzgruppe, ihr an einem Tag gesagt hatte: »Ich spreche jeden Tag mit dem kleinen Jesuskind. Wenn Er sagt, dass Du sterben sollst, dann gebe ich Dir ein Penthonaval und Du gehst nach oben.«

Miriam Lewin sagte aus: »Wir wussten durch die Erzählungen von einigen Wachen und anderen Gefangenen, dass man ihnen im Keller eine Spritze mit Penthonaval verabreichte, sie in Lieferwagen brachte, und das Gerücht besagte, sie würden sie dann aus Flugzeugen ins Wasser werfen.«

Eine kleine Gruppe von Gefangenen wurde für das ausgewählt, was die Marine den ›Prozess der Zurückgewinnung‹ nannte und der von Rolón angeleitet wurde. Der ehemalige Desaparecido Andrés Castillo erklärte, dass er Rolón identifiziert habe, als eine Gruppe von Gefangenen in ein Landhaus außerhalb von Buenos Aires gebracht wurde. Als sie durch ein bekanntes Viertel fuhren, kommentierte der anwesende Mann der Marine: »›Das hier gehörte alles meinem Großvater, aber er hat sein ganzes Vermögen verplempert, und es ist nur eine Straße geblieben.‹

›Du heißt Rolón‹, sagte ich ihm.

›Woher weißt Du das?‹, erschrak er.

›Da fangen die Straßen mit den Namen Fondo de la Legua und Rolón an, und Dein Großvater wird ja nicht Fondo de la Legua heißen.‹

Er lachte und gab es zu.«

Wie Penelope schrieb Castillo auf Befehl seiner Entführer eine Geschichte der argentinischen Gewerkschaftsbewegung, die er später wieder zerstörte. Rolón »erzählte mir persönliche Dinge. Er hatte sich scheiden lassen und dann wieder geheiratet. Er brachte mir Fußballzeitschriften mit und, um zu verhindern, dass sie mich umbrachten, sagte er, dass das den ›Prozess der Zurückgewinnung‹ von sieben anderen Gefangenen, die meine Freunde waren, gefährden würde. Zu Weihnachten brachte er mir *Pan dulce* mit, das seine Schwägerin gebacken hatte. Er war verrückt. Ich will ihn nicht entschuldigen, aber er hatte ein Gewissen. ›Ich habe Wache und es sind Gefangene angekommen. Ich ertrage die Picana nicht mehr‹, sagte er zu mir.«

Als Sohn eines Marineoffiziers, der wegen persönlicher Konflikte mit seinem Vorgesetzten in den Ruhestand versetzt worden war und sich nie an das zivile Leben hatte gewöhnen können, war Rolón mit dem Auftrag aufgewachsen, die verhinderte Karriere seines Vaters zu vollenden. Während er in der ESMA Dienst tat, heiratete er eine Nichte des Wirtschaftsministers der Diktatur, José Martínez de Hoz. Seine politischen Verwandten rieten ihm, den Austritt zu beantragen und die Verwaltung eines Familienunternehmens zu übernehmen, bei dem er fünf Mal mehr Geld verdienen würde als in der Marine und keinerlei Gefahren ausgesetzt sein würde. Er dachte darüber nach und lehnte das Angebot ab. Er war überzeugt, dass die Folterräume der ESMA ein unvermeidlicher Schritt auf dem Weg zum Dienstgrad des Admirals seien.

Verschiedenen Zeugenaussagen zufolge war Rolón der Offizier, der die Gefangenen am besten behandelte. Einer von ihnen sollte freigelassen werden. Eine Woche vor dem angekündigten Termin kam Rolón in seine Zelle und zeigte ihm eine Tageszeitung. Auf dem Titelblatt sah man einen Polizisten des iranischen Schahs, der von einer Gruppe Frauen verfolgt wurde, die ihn schlugen und an seiner Uniform zerrten. Der Gefangene gab ihm die Zeitung kommentarlos zurück. Im Konzentrationslager war es nicht angebracht, zu viel zu reden.

»Was halten Sie davon?«, fragte Rolón.

»Was halte ich wovon?«, fragte der Gefangene zurück.

Rolón zeigte auf das Foto. Der Gefangene nahm die Zeitung nochmal in die Hand und antwortete nur: »Ein Offizier der Savak in Schwierigkeiten.«

»Ja, aber was denken Sie?«

»In welchem Sinne?«, wich der Gefangene, dessen Leben von der Laune dieses Mannes abhing, erneut aus.

»Glauben Sie, dass so etwas hier möglich wäre?«, fragte Rolón.

Das komplexe Verhältnis zwischen Opfern und Tätern erlaubte keine linearen Antworten.

»Wenn Sie mich fragen, ob es möglich ist, dass eine aufgebrachte Menschenmenge auf der Straße hinter Euch allen herrennt, dann würde ich sagen, nein«, fing der Gefangene an. »Wenn das, was Sie wissen wollen, ist, ob man in irgendeinem Moment Rechenschaft von Euch verlangen wird, dann glaube ich ja.«

»Welche Art von Rechenschaft?«, insistierte Rolón.

»Das weiß ich nicht. Wir haben viel Mist gebaut, aber Ihr habt Barbareien begangen, und die werdet Ihr erklären müssen«, wagte sich der Gefangene vor.

»Glauben Sie, es wird einen Prozess geben?«

»Ja.«

Rolón sprach die am meisten gefürchtete Frage aus:

»Wenn es zu einem Verfahren kommt, würden Sie aussagen?«

Der Gefangene hatte keine Alternative. Würde er jetzt lügen, und Rolón würde es merken, wäre sein Vertrauen verloren. Wenn er die Wahrheit sagte, könnte Rolón wütend werden.

»Ja«, antwortete er.

»Und was würden Sie sagen?«, wurde Rolón blass.

»Die Wahrheit.«

»Würden Sie sagen, dass es mir nicht gefällt, zu foltern?«

»Ja, weil es die Wahrheit ist.«

Für einen Moment war die Macht zwischen beiden in einem Gleichgewicht.

»Würden Sie sagen, dass ich mich in meinem Zimmer einschließe und das Licht ausmache, wenn ich Wache des Geheimdienstes habe?«

»Ja.«

»Und dass ich nicht antworte, wenn sie mich rufen, damit sie glauben, dass ich nicht da bin und jemand anders die Neuankömmlinge befragt?«

»Ich würde es sagen, weil es die Wahrheit ist. Aber ich würde auch sagen, wen Sie doch gefoltert haben«, endete der Gefangene.

Rolón sagte nichts weiter und verließ die Zelle. Eine Woche später fuhr er den Gefangenen zusammen mit einem jüngeren Offizier zum Flughafen, wo die Reise in die Freiheit beginnen würde. Das Flugzeug überquerte die Autobahn, auf der Rolón und Astiz zurück zur ESMA fuhren. Der Gefangene würde einer der Zeugen im Prozess gegen die Militärjunta 1985 werden.

Der ehemalige Desaparecido Carlos Muñoz erzählte den Richtern, dass es in der ESMA eine Akte für jeden Gefangenen gab, die auf Mikrofilm gesichert war. Sie enthielt den Namen des Gefangenen, seine Nummer, seine Vorstrafen, seine eigene Geschichte, wie er sie in der ESMA aufgeschrieben hatte, wer ihn festgenommen hatte, wann er festgenommen worden war, zu welcher politischen Gruppierung er gehörte und schließlich ein Urteil. T [für traslado] bedeutete Verlegung und L [für libertad] Freiheit. »Angesichts der Aussagen der drei Frauen in Paris 1979 befahlen sie mir, deren Fälle zu suchen. Es gab 5000 Fälle auf vier Bändern Mikrofilm, und da stand sehr selten ein L. Da habe ich das Ausmaß des Mordens begriffen«, sagte er.

Trotz all dieser Belege stritt Massera in seinem persönlichen Plädoyer den Richtern gegenüber weiterhin alles ab: »Jeder kann sich vorstellen, dass niemand die Offiziere und Unteroffiziere des Heeres, der Luftwaffe und der Marine in eine überraschende Mörderbande verwandelt, die über Nacht jeglichen ethischen Reflex verloren hat.«

Über Nacht nicht. Der ehemalige Marineoffizier Julio César Urien, der später in der Guerilla der Montoneros war und die gesamte Diktaturzeit in Haft verbrachte, war 1971 zu einem Lehrgang über den antisubversiven Kampf in die ESMA geschickt worden. »Die Idee war, alle mit hineinzuziehen. Wir agierten wie Paramilitärs, wir lernten Menschen zu verfolgen, zu entführen und zu brechen«, erzählte er der US-amerikanischen Journalistin Tina Rosenberg.

»Brechen? Wie?«

»Mittels der Folter.«

Während der Ausbildung gab man Urien die Rolle des Anführers des kommunistischen Feindes. »Wir machten Übungen, bei denen sie mich wirklich mit Elektroschocks folterten, mich an einer Stange kopfüber aufhängten und meinen Kopf unter Wasser hielten, also Waterboarding durchführten. Dabei studierten sie meine Reaktionen. Sie lehrten uns, dass die Folter ein moralisches Mittel sei, um den Feind zu bekämpfen. So isolierten sie uns von der Gesellschaft. Sie brachten Geistliche mit, die uns sagten: ›Ja, das ist in Ordnung so.‹ Einige hatten Probleme, die Foltermaßnahmen zu erlernen. Aber die Haltung war klar: Wer nicht foltert, ist ein Schwächling«, sagte er.

»Ich bin nicht gekommen, um mich zu verteidigen. Ich bin, wie immer, gekommen, um Verantwortung für alle Handlungen der Männer der Marine zu übernehmen, für die Zeit, in der ich die unvergleichliche Ehre hatte, ihr als Oberbefehlshaber vorzustehen. Außerdem übernehme ich die Verantwortung für die Männer der Sicherheits- und Polizeikräfte«, rezitierte Massera mit Gesten eines Schauspielers eine unpassende Rede, die er im Gefängnis auswendig gelernt hatte. Er weitete diese Verantwortung »auf die Fehler« aus, die durch seine Untergebenen »begangen worden sein könnten«.

»Ich und nur ich habe das Recht, auf der Anklagebank zu sitzen«, prahlte er mit fixem Blick auf die sechs Richter.

Trotzdem bekannte er sich zu keiner der Taten, die infolge seiner Entscheidungen begangen worden waren. »Ich fühle mich verantwortlich, aber ich fühle mich nicht schuldig«, sagte er und schloss triumphierend:

»Meine Richter sind im Besitz der Chronik der Ereignisse, aber ich bin im Besitz der Geschichte, und die wird letztlich das Urteil sprechen.«

Verantwortung ohne Schuld, eventuelle Fehler der Untergebenen, die mit dem reinen Gewissen eines historischen Auftrags in Kauf genommen werden. Das gleiche leere Geschwätz wie immer. Scilingo erinnert sich mit Gefühlen des Ekels daran. Was ihm mindestens genauso sehr den Schlaf raubte wie die Flüge selbst, war die andauernde Heuchelei derjenigen, die sie ihm befohlen hatten.

Alle oder keiner

Zähneknirschend hatten die Streitkräfte das Urteil gegen ihre ehemaligen Oberbefehlshaber akzeptiert, ohne je ihre Schuld anzuerkennen. Aber die Offiziere im Dienst, die direkten Akteure der grausamen und abscheulichen Taten, die von ihren Vorgesetzten befohlen worden waren, drohten jedes Mal mit einem Aufstand, wenn der Arm der Justiz sich in ihre Richtung ausstreckte. Mit der gleichen Logik wie Scilingo verstanden sie sich lediglich als Rädchen in einem institutionellen und hierarchisch geordneten Getriebe, dessen Verantwortung kollektiv sei. Daher könne es nicht mit dem Maß des Strafrechts gemessen werden, das kriminelle Handlungen sanktioniert, die Individuen aus eigenem Antrieb heraus begangen haben.

Der Haftbefehl gegen die Hauptmänner Gustavo Adolfo Alsina und Enrique Mones Ruiz im Juni 1984 beschleunigte die erste militärische Krise im Heer. Die Verhaftung von Astiz sechs Monate später löste das Gleiche in der Marine aus.

Alsina wurde der Prozess wegen Folter mit Todesfolgen gemacht. Der Arzt José René Moukarzel war bei fünf Grad minus an vier Pfählen im Hof des Gefängnisses festgebunden worden, als Strafe dafür, dass er ein Paket Salz eines Mitgefangenen angenommen hatte. Zwölf Stunden lang schlug man ihn und überschüttete seinen nackten Körper mit Kübeln voller Wasser. Als er in die Krankenstation kam, verhinderte Alsina, dass er behandelt wurde. Als ein Soldat ihn über den Tod des Gefolterten in Kenntnis setzte, antwortete Alsina: »Ich beglückwünsche Sie, Sie haben soeben einen Subversiven getötet.« Ein Beamter der Haftanstalt warf die Brille des Arztes in die Zelle und verkündete den übrigen Insassen: »Das ist alles, was von dem Türken übrig ist.«

Mones Ruiz musste sich für den Tod des Gefangenen Raúl Augusto Bauducco verantworten – ein charakteristischer Fall für die eigenmächtige und willkürliche Art und Weise, mit einem Menschenleben umzugehen. Bei einer Beschlagnahmung wurde Bauducco mit Gummischlagstöcken misshandelt und gezwungen, mit erhobenen Händen gegen die Wand gelehnt stehen zu bleiben. Nach zwei Stunden hielt er die Position nicht mehr aus.

»Heb sie hoch oder ich töte Dich!«, schrie ihn der Unteroffizier Miguel Ángel Pérez an.

»Ich kann nicht, Herr«, antwortete Bauducco. Pérez bat um Erlaubnis, Mones Ruiz gab sie: Der Unteroffizier schoss dem Gefangenen aus kürzester Entfernung in den Kopf. »Er wollte ihm die Waffe entreißen«, begründete Mones Ruiz das Geschehen später.

Eine Gruppe von Offizieren meuterte und verlangte von einem Bundesrichter, dass man aufhöre, ihre Kameraden zu belästigen. Euer Ehren war empfänglich für diese Forderung und gab das Verfahren an die Militärgerichtsbarkeit zurück, welche die Freilassung von Mones Ruiz und Alsina anordnete.

Die Offiziere der ESMA benutzten Tierbezeichnungen als Decknamen. Chamorro war der Delfin, Acosta der Tiger, Pernías die Ratte, Astiz der Rabe, Scilingo erinnert sich nicht. Die zweite Krise nahm ihren Anfang im heißen Dezember 1984 mit der Vorladung des Raben durch einen anderen Bundesrichter und hielt den ganzen Sommer über an. Der Rat der Admiräle kam zusammen und forderte, dass Astiz weder zu Gegenüberstellungen noch zu direktem Zusammentreffen mit Zeugen gezwungen würde und dass er sich in Uniform präsentieren dürfe, obwohl die Anklage besagte, dass er bei der Entführung der jungen Schwedin Dagmar Hagelin in Zivil gewesen war. Wie man daran sehen kann, war es im Jahr 1985 eine Ehre, vor den Repräsentanten der Verfassung die Uniform der Marine zu tragen. Auch dieses Verfahren wurde an die Militärgerichtsbarkeit abgegeben, die Astiz freisprach. Das Urteil wurde vor dem Bundesgericht angefochten, das die Beteiligung von Astiz an der Entführung für bewiesen hielt, gleichzeitig aber erklärte, der Fall sei verjährt. Eine typische Versöhnung à la Alfonsín: schuldig, aber in Freiheit.

Drei Madres de Plaza de Mayo mit ihren weißen Kopftüchern warteten, bis die Richter den Saal verlassen hatten und schrieen dann Astiz im Vorbeigehen zu: ›Mörder! Monster!‹ Eine von ihnen war Augenzeugin der Entführung der Nonnen und dem Dutzend Familienangehörigen von Desaparecidos gewesen, die er ausgeliefert hatte. Aus dem Publikum verlangte ein Waffenkamerad von Astiz:

»Warum nehmt Ihr diese marxistische Nutte nicht fest?«

Was der Gerichtskommissar daraufhin tat.

Bis zum Inkrafttreten des Schlusspunktgesetzes gab es vor Gericht anhängige Strafverfahren gegen 400 Offiziere, eine Anzahl, die 15 Mal höher war als das Militär gehofft hatte, und immer noch drei oder vier Mal höher als in seinen pessimistischsten Prognosen. Die Überlebenden der ESMA hatten 110 Verantwortliche für 400 verschiedene Delikte identifiziert, weniger als ein Zehntel der tatsächlich begangenen. Die Anklage forderte in nur 33 Fällen eine Strafverfolgung und die Kammer gab 19 Anträgen statt, ein halbes Dutzend der Angeklagten war noch im Dienst. Dazu gehörten Astiz, Pernías und der Unteroffizier Antonio Azic, der die Picana an einem 20 Tage alten Säugling angewandt hatte, dem Sohn eines Gefangenen.

Kameraden von Mones Ruiz, Alsina, Pernías, Rolón, Scilingo und Astiz erwogen Kommandotruppen zu bilden, um sich den Vorladungen zu widersetzen und die Freilassung von Massera und Videla zu erreichen. Pernías stand an der Spitze eines geplanten Aufstandes, der nur deshalb nicht stattfand, weil ein Kamerad ihn eine ganze Nacht lang davon überzeugte, dass die Marine ihre Leute auf institutionellem Wege verteidigen würde.

Alfonsín verlas in einer Kabinettssitzung die Liste von Maßnahmen, die er vorbereitet hatte:

1. Amtsenthebung jedes Chefs einer Einheit, der einem Aufständischen Asyl gewährt und seine Vorstellung vor Gericht nicht garantiert; 2. Belagerung einer rebellischen Einheit durch die Truppen der eigenen Streitkraft und, falls notwendig, eventuelles Hinzuziehen der anderen beiden Streitkräfte; 3. Sperre von Lebensmitteln, Wasser, Strom und Gas; 4. nationale und internationale Medienkampagne; 5. öffentliche Mobilmachung gegen die Aufständischen; 6. der Einsatz von Waffen, um sie zu bezwingen.

Der Chef des Generalstabs reichte einen Gegenentwurf ein: Die Marine würde mit der Regierung eine für sie annehmbare Anzahl von Verfahren aushandeln. Es müssten sehr viel weniger sein, und es sei unerlässlich, die symbolische Figur Astiz aus der Liste zu streichen. Die Regierung lehnte ab. In der Nacht des 25. Februar verschickte der Chef des Generalstabs um halb drei einen Funkspruch, der von der gesamten Admiralität abgezeichnet war. Er bezeichnete die Situation als äußerst ernst, da »einige seiner Leute für Dinge angeklagt würden, die die ganze Marine betreffen«. Trotzdem kamen die sechs Admiräle in einem Lieferwagen der Marine und unter Aufsicht des Generaldirektors des Personals am Gerichtsgebäude an. Wie im schmutzigen Krieg funktionierte die Marine weiterhin hierarchisch, höhere Befehle wurden ausgeführt. Am folgenden Tag, als er die übrigen Festgenommenen in den Gerichtssaal begleitete, warnte der Geheimdienstchef der Marine einen der Richter: »Sie wenden das Strafgesetzbuch an, aber einige dieser Männer haben mich Dinge tun sehen, die viel schlimmer sind als jene, für die Sie die Männer jetzt verurteilen.«

Es war die gleiche Botschaft, die Scilingo immer wiederholen sollte: Weil es viele getan haben, aber nicht gegen alle Beweise vorliegen, sei niemand zu bestrafen.

Modus Operandi

In seiner Aussage bei der ersten Vernehmung vor dem Bundesgericht sagte der Geheimdienstchef der Einsatzgruppe der ESMA, Fregattenkapitän Jorge Eduardo Acosta, die ESMA sei die Spezialeinheit für den Kampf gegen die Montoneros gewesen. Der Staatsanwalt fragte, wie viele von ihnen dort gefangen gehalten worden waren.

»Ich habe keine genaue Zahl, aber ich würde Ihnen, meine Herren, sagen, dass …«, begann Acosta zu antworten. Er zögerte und bat um eine bemerkenswerte Erläuterung:

»Die Toten mit eingerechnet?«

Nach langer Unschlüssigkeit antwortete er, zwischen 1976 und 1979 seien 300 bis 500 Gefangene in der ESMA gewesen. Er teilte sie in zwei Gruppen auf. War man zu dem Schluss gekommen, dass sie nichts mit der Guerilla zu tun haben, wurden sie freigelassen. Ab 1977 habe man entschieden, die Aktivisten nicht länger zu töten, sondern sie selbst in Agenten des Geheimdienstes zu verwandeln, damit sie hülfen, die Konfrontation rasch zu beenden. (Die Admiräle Massera, Lambruschini und Mendía hatten sich allein ob der Frage nach Gefangenen, denen Aufgaben im Rahmen geheimdienstlicher Tätigkeiten zugeteilt worden waren, beleidigt gegeben.)

»Und es gab niemanden dazwischen, jemanden, der etwas mit der Guerilla zu tun hatte und nicht kollaborieren wollte?«, fragte das Gericht.

»Wahrscheinlich gab es das. Dann, glaube ich, dass sie ... Ich kenne einige, die wurden der Exekutive übergeben oder, aber ich ... Was mit denen dann geschah, das weiß ich nicht«, stammelte Acosta.

»Erinnern Sie sich an irgendeinen Fall, einen einzelnen, also den einer Person, die der Exekutive übergeben wurde?«, insistierte der Staatsanwalt.

»Ja ... die Frau ... eine sehr junge Frau ... deren Ehemann ... Ich kann Ihnen den Nachnamen jetzt nicht nennen, aber vielleicht kann ich das nachschauen und dann konkretisieren. Ich meine, der Vater war ein Unteroffizier des Heeres und er hatte mitgeteilt, dass seine Tochter in der terroristischen Organisation sei, und dann hat man sie aufgegriffen. Sie sagte: ›Nein, ich mache da nicht mit, ich glaube nichts davon‹ – und wurde der Exekutive übergeben.«

Die Überstellung an die Exekutive, also die Regierung, ist eine Notstandsmaßnahme, welche die argentinische Verfassung in Kriegsfällen gegen äußere Gegner oder bei inneren Erschütterungen vorsieht und welche die Aufhebung der individuellen Grundrechte des Individuums impliziert. Während der Militärdiktatur war diese Situation quasi gleichbedeutend mit der Rettung des Lebens, denn so gab es zumindest eine schriftliche Erfassung der Gefangennahme. Nach Aussagen des Geheimdienstchefs der ESMA gab es einen Fall pro 500 Gefangene. Den Rest »nahmen andere Behörden mit, die ich nicht kenne«.

Das Gericht wollte wissen, wie über das Schicksal jedes einzelnen Gefangenen entschieden worden war. Es bekam die Beschreibung einer Art Schauprozess zu hören, in dem über Leben und Tod entschieden wurde:

»Es ist dem hier sehr ähnlich, bei allem Respekt. Der Oberbefehlshaber und sein Generalstab sind dabei. Der Offizier des Kommandos übernimmt die Rolle des Staatsanwalts und der Offizier des Geheimdienstes jene der Verteidigung. Sie legen die unterschiedlichen Positionen dar. Jener des Kommandos berichtet, was der Gefangene bei der Festnahme gesagt hat. Jener des Geheimdienstes interpretiert, dass das eventuell nur erfunden war. So geht es weiter bis zu einer Entscheidung«, antwortete Acosta.

Die Marine gab Acosta Rückendeckung, als er als Täter schwerster Verbrechen angeklagt wurde. Aber sie entließ ihn, als in einer Zeitschrift ein Foto von ihm mit zwei Varieté-Girls erschien, von denen eine mit der Kappe der Marineuniform über seinem Kopf wedelte.

Mit der Festnahme von Acosta, Astiz, Pernías und der anderen Angehörigen der Marine, begann ein Countdown, der zwei Monate später zum Höhepunkt führen sollte. Die Marine legte eine institutionelle Homogenität an den Tag, welche die Schwierigkeit erklärt, sich von ihrer Disziplin und ihren Mythen zu trennen. Und das galt selbst für Menschen, die von ihren Vorgesetzten so enttäuscht worden waren wie Scilingo.

Das Heer hingegen begann auseinanderzufallen.

»Ich habe mir in diesem schmutzigen Krieg auch die Hände dreckig gemacht«, sagte ein General der Kriegsakademie.

»Mit Tomatensoße«, flüsterte ein Hauptmann, Sohn einer der Generäle, die strafrechtlich verfolgt wurden.

70 aktive Offiziere des Heeres demonstrierten während eines sommerlichen Platzregens im Militärviertel von Buenos Aires ihre Solidarität mit Mones Ruiz, der zum wiederholten Mal von der Justiz vorgeladen worden war. Einige trugen ihre Uniformen und beschwerten sich über die Führungsriege des Militärs. Eine Woche später wurde kein Geringerer als der persönliche Assistent des Chefs des Generalstabs des Heeres, ein aktiver Oberstleutnant, festgenommen, wegen der Ermordung von drei Gefangenen in Anwendung des sogenannten ›Gesetzes auf flüchtige Gefangene zu schießen‹. Die Perversion des Systems in der Praxis und die exemplarische Manifestation der reinen Barbarei wurden in diesem Fall durch die Aufklärung offensichtlich.

Der einzige Überlebende berichtete der Justiz den Ablauf der Operation. Die vier Gefangenen wurden von besagtem Oberstleutnant aus dem Gefängnis der Provinz Córdoba geholt. Das weibliche Personal verlangte eine Unterschrift, die die Abholung bestätigte, bevor es die Gefangenen gehen ließ. Nach einem Stück des Weges befahl der Oberstleutnant den Gefangenen, aus dem Lieferwagen, mit dem sie angeblich verlegt werden sollten, auszusteigen. Der Gefangene hörte ihn sagen: »Bereitet die Waffen vor.« Dann fragte er, ob alle bereit seien. Als er eine positive Antwort erhielt, befahl er, das Feuer zu eröffnen. Der Gefangene hörte die Schüsse und die verzweifelten Laute von jemandem, der wegen des Knebels in seinem Mund nicht schreien konnte.

»Das ist eine Scheißarbeit«, sagte einer der Schießenden.

»Gewöhnt Euch dran, so ist der Krieg«, antwortete der Chef.

Ein Offizier nahm dann dem Gefangenen die Augenbinde ab, den Knebel heraus und führte ihn zu einem der Getöteten, dessen Kopf ein Einschussloch an der rechten Augenbraue hatte. Einige Schritte weiter lagen die toten Körper der anderen beiden.

»Weißt Du, warum wir sie umgebracht haben?«, fragte der Offizier. »Weil Ihr einen Korporal umgebracht habt.«

»Ich bin nicht damit einverstanden, dass irgendwer umgebracht wird.«

»Zu spät. Im Gefängnis erzählst Du den anderen alles, was Du gesehen hast. Damit sie wissen, dass ihnen genau das Gleiche passieren wird, wenn sie weiter Militärs töten. Und Du bist der Erste auf der Liste. Heute hast Du gerade noch Glück gehabt.«

Einer der Getöteten war ein Bruder des Gefangenen.

Die Aufregung der jungen Offiziere, die nicht hinnehmen wollten, dass ihnen der Prozess gemacht wurde, wuchs und richtete sich gegen den Chef des Generalstabs des Heeres, der offenbar nicht einmal fähig war, seinen eigenen Assistenten zu verteidigen. »Die aktuelle Spitze des Militärs war Teil der Streitkräfte während des Krieges gegen die Subversion und bekleidete Ämter von großer Bedeutung. Die Gesetzestreue, die sie damals von den nachfolgenden Juntas nie gefordert hatten, die verlangt sie jetzt von Untergebenen, die nichts weiter getan haben, als deren Befehle auszuführen«, lautete eine Erklärung, die Alsina und Mones Ruiz den Nachrichtenagenturen zukommen ließen. Der dritte Mann, der mit ihnen diese gewagte Aktion unternahm, war nicht etwa Unteroffizier Pérez, sondern Oberstleutnant Ernesto Guillermo Barreiro, alias Nabo, der ein genauso offenkundiges Interesse an dem Thema hatte wie die beiden anderen: Ihm wurde wegen seiner Arbeit als Folterchef von *La Perla*, dem Konzentrationslager in Córdoba, der Prozess gemacht.

Eine andere heikle Aufgabe wurde einem Offizier anvertraut, der in Arbeitskleidung samt Helm und von einer Gruppe Jugendlicher begleitet bei einer der wöchentlichen Protestrunden der Madres de Plaza de Mayo auftauchte. ›Freiheit für die Helden des Krieges gegen die Subversion, Schluss mit den linken Prozessen, Freiheit für diejenigen, die uns befreit haben‹ stand auf seinen Schildern. Hebe Bonafini folgte ihnen mit einem Megafon und beschimpfte sie lautstark als Spitzel und Gehörnte. Die Offiziersvereinigung des Heeres verteidigte »die jungen Leute, die nur aus patriotischer Inbrunst agiert hätten«.

In allen drei Streitkräften wurde die Verantwortung der Vorgesetzten, die Befehle erteilt hatten, und der Untergebenen, die sie ausgeführt hatten, leidenschaftlich diskutiert.

Eine Woche bevor die öffentlichen Anhörungen der Hauptverhandlung gegen Pernías, Astiz und weitere Gefangene der ESMA begannen, brach die Krise im Heer offen aus. Am Mittwoch, dem 15. April 1987, folgte Major Barreiro nicht seiner Vorladung vor Gericht, sondern floh in ein Infanterieregiment, dessen Chef sich weigerte, ihn festzunehmen. Auch die anderen Einheiten der Garnison folgten dem Befehl zu seiner Festnahme nicht. Ein Hauptmann der Fallschirmjäger erklärte der Presse die Position der Aufständischen: »Uns wird von Leuten der Prozess gemacht, die uns überhaupt nicht verstehen. Auch wir Militärs haben unseren *Modus Operandi.*«

Die größte Militärgarnison von Buenos Aires wurde von Oberstleutnant Aldo Rico eingenommen. Die Rebellion der Militärs mit den angemalten Gesichtern, den Carapintadas[8], begann in der Osterwoche 1987. Vor der Gesetzgebenden Versammlung im Kongress, nur wenige Meter von einer Demonstration von hunderttausenden Menschen, proklamierte Präsident Alfonsín: »Die Demokratie der Argentinier ist nicht verhandelbar.«

Aber Rico ahnte, dass es in der ganzen Armee keinen Offizier gäbe, der sich ihm entgegenstellen würde.

»Ich werde Sie mit Kanonenschüssen dort rausholen«, drohte der General, der mit der Niederschlagung des Aufstandes beauftragt worden war.

»Wenn Sie das tun, dann werde ich mit einem Granatwerfer in die Menge antworten, und dann erklären Sie mal, dass das nicht Ihr fehlgeleiteter Kanonenschuss war«, antwortete Rico. Der General, der auch am schmutzigen Krieg beteiligt gewesen war, insistierte nicht, und seine Truppen kamen nie ans Ziel.

Am Nachmittag standen rund 2000 unbewaffnete Menschen kurz davor, in die Garnison der Aufständischen einzudringen, um Druck auf die Kommandos auszuüben. Alfonsín eilte an Ort und Stelle, als er begriff, dass er gerade dabei war, die Kontrolle zu verlieren. Nach seiner Unterredung mit dem Anführer der Aufständischen kehrte er zur Plaza de Mayo zurück und löste Ovationen der Masse aus, als er

8 *Cara pintada*, wörtlich: angemaltes Gesicht. Die Gruppe der Aufständischen erhielt diesen Namen, da sie ihre Gesichter mit militärischer Tarnfarbe bemalten.

verkündete: »Die Meuterer haben ihre Position aufgegeben.« Doch es gab Unruhe und Pfiffe der Ablehnung, als er hinzufügte, dass einige von ihnen Helden des Krieges um die Malwinen seien, die in der aktuellen Situation zwar falsch lägen, aber nicht die Absicht hätten, einen Staatsstreich zu provozieren – das war genau das Gegenteil dessen, was er vor dem Kongress gesagt hatte. Abschließend rief er die Menschen, die in die Garnison eingedrungen waren, auf, sich zurückzuziehen: der Schlusspunkt eines beeindruckenden politischen Taschenspielertricks.

Die Folge war das Gesetz über den pflichtgemäßen Gehorsam, das weniger ein Gesetz als ein Gerichtsurteil war, als das es einer der Richter des Obersten Gerichtshofes auch bezeichnete. Er war der Einzige, der den Mut hatte, es für verfassungswidrig zu erklären.

Der Gesetzestext sprach alle Militärs ab einem bestimmten Dienstgrad abwärts von jeder Schuld frei, da sie auf Befehl ihrer Vorgesetzten agiert hatten. Mit diesem Gesetz würde Alfonsín seinen Vorsatz umsetzen können, auch die grausamen und abartigen Taten, die gegen unschuldige Gefangene verübt worden waren, zu rechtfertigen. Der Kongress verabschiedete es unter dem Druck der Waffen, und in der letzten Juniwoche 1987 wurde der harte Kern der Militärs, gegen die Verfahren anhängig waren, wieder freigelassen, darunter Astiz und Pernías.

Mit seinen Amnestiedekreten von 1990 und 1991 durchschnitt Präsident Menem endgültig den Knoten, den Alfonsín bereits aufzulösen begonnen hatte. Doch auch damit gelang es ihm nicht, das Blatt im tragischsten Kapitel der modernen Geschichte Argentiniens zu wenden. Die Menschenrechtsorganisationen verlangten den Rücktritt all jener, die begnadigt worden waren. Sie hatten sich vor der Justiz gerettet, aber dafür sollten sie nicht noch belohnt werden. Immer, wenn am Jahresende die Nominierungen für die Beförderungen in den Streitkräften bekannt gegeben wurden, begann der Kampf von Neuem.

Solange die Prozesse liefen, war Astiz im gleichen Dienstgrad verblieben. Aber aus Solidarität behandelten die jüngeren Offiziere, die ihn längst überholt hatten, Astiz wie einen Vorgesetzten und bemitleideten ihn, weil seine Karriere und sein Leben vermeintlich zerstört waren. »Ich bin aus verschiedenen sozialen Kreisen verstoßen worden. Ich kann nicht einmal meine Eltern besuchen«, beschwerte sich Astiz während einer Anhörung vor dem Militärgericht. In den folgenden Jahren druckten verschiedene Boulevardzeitschriften Fotos, auf denen er in den Diskotheken von Buenos Aires zu sehen war, mit Mädchen tanzend, die gut 25 Jahre jünger waren als er. Es kam so weit, dass er Journalisten und Fotografen verprügelte, ihnen die Filme aus den Kameras riss und sie zerstörte.

In einem dramatischen Artikel, den kurz vor Weihnachten 1987 die französische Nachrichtenagentur *France Press* an ihre Abonnenten in der ganzen Welt versandte, hieß es, dass »Astiz eine wahrhaftige Zeitbombe auf dem Schreibtisch des Staatsoberhaupts darstellt. Die gesamte argentinische Marine, von den Schiffsjungen bis hin zum Oberbefehlshaber, hat sich hinter Astiz gestellt, um so unter der Androhung eines neuerlichen Aufstandes zu erreichen, dass Präsident Raúl Alfonsín ihn befördert«. Alfonsín stimmte der Beförderung zu, wies aber gleichzeitig das Verteidigungsministerium an, das Verfahren seiner rechtsverbindlichen Versetzung in den Ruhestand einzuleiten.

Den von Alfonsín erlassenen Richtlinien folgend konnte die Beförderung eines Offiziers, der von der Justiz freigesprochen worden war, nicht verweigert werden. Aber da der Fall Astiz »freiwillig oder unfreiwillig« eine besondere Bedeutung für die Gesellschaft erlangt hatte, die die Methoden des Staatsterrorismus ablehnte, könnte sein Verbleiben im Dienst den sozialen Zusammenhalt bedrohen und sich negativ auf die Institutionen des Militärs auswirken. Deshalb »darf er nicht im Dienst bleiben«.

Diese ausgeklügelte Argumentation verschleierte die grundlegende Tatsache, dass der Freispruch für Astiz nicht Folge seiner Unschuld war, sondern eines Gesetzes, das im Nachhinein verabschiedet worden war, und zwar mit genau dem Ziel, ihn aus dem Gefängnis zu bekommen. Die Annahme, dass die Absicht Astiz' nichts mit seiner traurigen Berühmtheit zu tun habe, ist ihm gegenüber genauso unfair wie den Opfern gegenüber, denen der Abschluss eines juristischen Verfahrens vorenthalten wurde, in dem es glaubhafte Belege seiner Schuld an einem so grausamen Verbrechen wie der Entführung zweier Nonnen und der zehn Familienangehörigen von Desaparecidos gegeben hatte.

Er wurde nicht deshalb in den Ruhestand versetzt, weil er schuldig war, sondern weil er zu bekannt war. Da sie weniger bekannt waren, konnten die anderen 300 Entführer, Folterer und Mörder, die vom Gesetz über den pflichtgemäßen Gehorsam profitierten, nicht nur der Strafverfolgung entgehen, sondern sogar ihre militärischen Karrieren fortsetzen.

Die Marine allerdings kam dem Befehl, Astiz in den Ruhestand zu versetzen, nicht nach. Und auf der Liste der Beförderungen, die Alfonsín ohne Zögern unterzeichnete, stand der Name von Pernías. Aber nicht nur er. Ein Journalist, der später Chef der Geheimdienste unter Menem werden würde, machte auf den Widerspruch zwischen dem angeordneten Rückzug von Astiz und der gleichzeitigen Beförderung von Adolfo Mario Arduino zum Vizeadmiral aufmerksam. Arduino war in der ESMA Astiz' Vorgesetzter gewesen und außerdem selbst wegen Menschenrechtsverletzungen angeklagt.

Arduino war auch jener Vorgesetzte, der Scilingo an einem Tag im Jahr 1977 befohlen hatte, sich für seinen ersten Flug bereit zu machen.

DIE ENTFREMDUNG

Whiskey und Tabletten

Zwei randvolle Gläser Whiskey waren Scilingos Dosis, als er vom ersten Flug zurückgekehrt war. Mit einem Zug trank er sie aus und schlief bis zum nächsten Tag durch. Er entdeckte, dass diese Medizin tröstlicher war als die Worte des Geistlichen der Marine. Aber auch sie betäubte ihn nicht in ausreichendem Maße. Später verzichtete er zugunsten von Psychopharmaka auf den Alkohol. Egal, ob mit Whiskey oder mit Schlaftabletten, das Schwierigste war es, durch die Nächte zu kommen. Immer, wenn er gerade eingeschlafen war, durchlebte er den Flug im Traum von Neuem. Während er die nackten Körper von der Klappe hinauswarf, trat er ins Leere und stürzte. An jenem Tag im Jahr 1977 war es einem Mitglied der Crew gelungen, ihn festzuhalten. Aber im Schlaf wurde er vom Abgrund verschlungen. Bevor er auf die Wasseroberfläche des Meeres aufschlug, wachte er auf.

Trotzdem hatte Scilingo viele Jahre gezögert, ehe er begann, den Befehl in Frage zu stellen. Seine ersten Klagen galten Dingen, die ihm schwerwiegender erschienen als der Flug.

Alles, was man bei den Hausdurchsuchungen beschlagnahmte, landete in einem Lager in der ESMA. Die Buchführung war penibel. Die Vorschrift besagte, dass man ein Objekt nur dann herausnehmen durfte, wenn es für operative Belange der Einsatzgruppe gebraucht wurde oder der Witwe eines gefallenen Kameraden half. An einem Tag ging Scilingo in die Lagerkammer und suchte nach einer Bohrmaschine, die er für die Werkstatt brauchte. Er bemerkte, dass keine da war.

»Aber es gab zwei oder drei«, reklamierte er – ohne Ergebnis.

Mit der Zeit bekam er mit, dass die Kontrollen laxer geworden waren. Er erzählte seinen Vorgesetzten von seinen Beobachtungen, und diese antworteten ihm, dass ihn das nichts angehe. Außerdem kritisierte er die exzessiven Ausgaben für die Fahrzeuge. Die Nutzer pflegten ihre Autos nicht, und man bat Scilingo um außergewöhnliche Luxusdetails für operative Fahrzeuge. Das ging so weit, dass ihn Klagen erreichten, weil die Werkstatt ein Auto zur Verfügung gestellt hatte, dem eine Zierleiste fehlte, oder ein anderes, das einen Fleck auf dem Sitzpolster hatte. Die Autos der Geheimdienstleute hatten Priorität, auch wenn sie nicht immer für Angelegenheiten der Geheimdienste benutzt wurden. Die Beschwerden überbrachte ihm der Leiter des Fuhrparks, Kapitänleutnant Vaca, sein Kompagnon beim ersten Flug, zu dem Scilingo eine auf Gegenseitigkeit beruhende Antipathie entwickelt hatte.

Nach seiner Schilderung zog man die Gefangenen aus, ehe man sie ins Meer warf. Aber die ersten Leichname, die an der uruguayischen Küste angespült worden waren, waren bekleidet. »Das war eine riesige Sauerei, die größte Barbarei. Derjenige, der diesen Flug gemacht hat, war irgendwie nicht bei Sinnen. Er hat es nicht ausgehalten und bat daraufhin um seine Entlassung«, berichtet Scilingo. Was bedeutet in einem solchen Kontext die Rede von einer Barbarei? Die Worte verlieren ihren Sinn. Scilingo will es nicht erklären.

»Bevor ich darüber spreche, muss ich etwas klären.«

Was denn klären?

»Einen Namen.«

Als Sie in das Folterzimmer gekommen sind und die Anwältin von Leutnant Vaca gesehen haben ...

»Ich werde Ihnen nichts mehr sagen, bevor ich nicht diesen Namen nachgeschaut habe.«

Ist sie angezogen rausgeworfen worden? Sie waren angezogen und noch dazu bei vollem Bewusstsein?

»Wenn ich den Namen weiß, dann können wir weiterreden.«

Scilingo wurde zu jemandem, der lästig war. Von der ESMA versetzte man ihn 1978 auf die Fregatte *Libertad*, als Verantwortlichen für den Schiffsantrieb und die Elektrizität. Danach wurde er Chef des Maschinenraums auf dem Zerstörer *Storni,* zweiter Kommandant auf der *Sobral*, einem Botenschiff, und Chef eines Torpedobootes in Feuerland, am Ende der Welt. Er wurde ohne Probleme zum Korvettenkapitän befördert. Scilingo erfüllte seine Aufgaben wie jeder andere, ohne Aufmerksamkeit auf sich zu ziehen und ohne je für ein Fehlverhalten sanktioniert zu werden. Aber in seinem Inneren war klar, dass nichts mehr so sein würde wie vor dem Flug.

Im Flottenstützpunkt der Marine in Puerto Belgrano traf er den ehemaligen Geheimdienstchef der ESMA wieder. Der Fregattenkapitän Jorge Acosta zeigte sich in seinem Mercedes Benz im Viertel der Offiziere und in seinem Haus führten Dekorateure Restaurierungsarbeiten durch. Was war wohl mit der goldenen Uhr von Admiral Mayorga geschehen?

Von Feuerland wurde Scilingo auf einen Schreibtischposten versetzt, als Assistent des Chefs der *Casa Militar* des Staatspräsidenten. Er nahm seinen Dienst im Präsidentenpalast zwei Tage, bevor Videla in den Ruhestand ging, auf und blieb dort unter den De-facto-Präsidenten Viola, Galtieri und Bignone sowie die ersten fünf Monate unter Alfonsín. Es waren die Jahre, in denen es mit der wirtschaftlichen Euphorie, die mit dem Euphemismus des ›süßen Geldes‹ bezeichnet wurde, zu Ende ging, jene des Falklandkrieges und des Zusammenbruchs der Diktatur. Die Zeit der Enthüllungen über anonyme Leichenfunde in der Presse, die sie betrachtete, als sei sie gerade in einem fremden Land angekommen. Und auch die Jahre des *Schlussdokuments der Militärjunta*, des Autoamnestiegesetzes und seiner Außerkraftsetzung, der Untersuchungen der Conadep*, des Prozesses gegen die ehemaligen Junta-Führer und des ersten Prozesses gegen Astiz. Verschwundene und jene, die sie hatten verschwinden lassen, beherrschten die politische Szene des Landes. Scilingos Gespenster nahmen Gestalt an.

Aber ihn drückten auch andere Sorgen, und diese legte er seinem Vorgesetzten dar. Seine Erfahrungen als Elektriker hatte er vor langer Zeit und an alten Geräten gemacht, und auch seine operative Ausbildung war zu lange her, um damit in modernen Einheiten agieren zu können. Das gefährdete seine berufliche Zukunft, weil er in technischen und praktischen Kenntnissen unterlegen war. Er wollte auf einen Posten versetzt werden, der es ihm erlaubte, sich an den modernen Gerätschaften fortzubilden, oder in einer Einheit in der Antarktis untergebracht werden. Fünf Monate später erhielt er den Bescheid der Versetzung auf den einzigen Flugzeugträger der Marine und hatte große Hoffnungen. Er war aus Bahía Blanca, dem Sitz des größten Marinestützpunktes des Landes. Die Marine war daher immer der natürliche Horizont für Scilingo, einen von drei Söhnen einer typischen Familie eines kleinen Handwerkers und einer Lehrerin. Die lange Zeit, die er hinter einem Schreibtisch verbracht hatte, sollte seiner Marinekarriere, die er weiterhin als die einzige und auch beste Möglichkeit sah, nicht ruinieren.

Scilingo musste die Eingangsprüfung der Schule der Kriegsmarine bestehen, um den Lehrgang des Generalstabs zu absolvieren, und er fühlte sich nicht in Form. Drei Wochen vor der Prüfung teilte er dem zuständigen Chef des Marinearsenals mit, dass seine Arbeitszeiten und

Aufgaben in der *Casa Militar* des Staatspräsidenten es ihm nicht erlaubt hätten, sich vorzubereiten, und beantragte ein Jahr Aufschub, damit er ›die gleichen Chancen habe wie der Rest der Bewerber‹.

Der Chef des Arsenals lehnte den Antrag ab. Er hatte wenig Zeit gehabt, den Antrag vor dem Lehrgang zu prüfen, und es gab keine Präzedenzfälle. Außerdem war der Besuch der Schule der Kriegsmarine nicht länger eine Bedingung, um Leitungspositionen zu bekleiden oder befördert zu werden. Er forderte Scilingo auf, seine Vorbereitungen in den zwei verbleibenden Wochen bis zur Prüfung zu intensivieren. Außerdem schickte er der Schule eine Kopie des Antrags und seiner Antwort.

Scilingo legte die Prüfung ab. Danach traf er den Regimentsstab der Schule. Sie fragten ihn, warum er um einen Aufschub gebeten habe, wenn er doch gut vorbereitet gewesen sei. Somit erfuhr er, dass er eine gute Prüfung abgelegt hatte. Er beschloss, sich den Vorgesetzten anzuvertrauen.

»Die wahre Geschichte ist die: Wenn ich unter Stress stehe, dann habe ich eine Blockade, das passiert wegen eines Vorfalls, der während einer der Flüge geschehen ist, die ich in meiner Zeit in der ESMA während des Kampfes gegen die Subversion absolviert habe«, sagte er.

Er erzählte von seinem Albtraum. Nach einem endlosen Moment des Schweigens sagte einer der höheren Offiziere:

»Sie sollten sich mal untersuchen lassen.«

»Ich weiß nicht, ob ich mich untersuchen lassen sollte«, antwortete er überrascht.

»Wir raten Ihnen, dass Sie sich untersuchen lassen«, insistierte sein Gegenüber.

Als er wieder in Puerto Belgrano ankam, erwartete ihn sein Vorgesetzter schlecht gelaunt.

»Es scheint, als hätten Sie zuviel geredet in der Schule.«

»Warum sagen Sie das?«, fragte er.

»Sie haben über Dinge gesprochen, die Ihnen noch Schwierigkeiten machen werden«, antwortete er, während er ihm den Befehl zeigte, ein psychologisches Gutachten einzuholen.

Im Marinekrankenhaus wurde er einer Serie von Tests unterzogen. Das Ergebnis: Er war weder krank noch litt er an einer psychischen Störung, die ihn beeinträchtigte. In einem vertraulichen Schreiben von kaum 80 Wörtern mit der für die Marine typischen Verwendung von einem Übermaß an Großbuchstaben teilte man ihm gleichwohl mit, dass er als ›für Leitungsaufgaben dauerhaft nicht geeignet‹ und gleichzeitig als ›für den Verbleib im Dienst geeignet‹ eingestuft worden war. Das bedeutete, seine Karriere würde ohne weitere Beförderungen enden, denn in dem Schreiben stand, er sei ›von der Gruppe der Korvettenkapitäne, die von dem Auswahlgremium begutachtet werde, definitiv ausgeschlossen‹. Die öffentlichen Anhörungen des Junta-Prozesses waren gerade beendet, die Richter werteten die Beweise aus und bereiteten ihre Urteile vor.

In der Marine werden die Gründe für eine Entscheidung von Vorgesetzten nicht hinterfragt. Man kann lediglich eine Wiederaufnahme des Verfahrens beantragen. Das tat Scilingo und erklärte, dass er in seinen verschiedenen Positionen gute Beurteilungen erhalten hatte. Er schrieb, dass seine ethisch-professionellen Qualitäten, seine Persönlichkeit, seine Führungsfähigkeiten, seine allgemeine Arbeitseinstellung und seine psychophysische Eignung niemals bezweifelt worden seien. Er sei immer für die Ausübung von Führungspositionen vorgeschlagen worden, seine Akte sei tadellos und er habe niemals mündliche Verwarnungen erhalten. Außerdem versuchte er, seine Unterhaltung mit dem Regimentsstab der Schule der Kriegsmarine zu relativieren: Sein nervöser Zustand sei auf seine Erschöpfung, auf die Überarbeitung als Assistent des Chefs der *Casa Militar*, auf den nicht genommenen Urlaub sowie auf die allgemeine Situation des Landes und der Marine zurückzuführen, seit von der gewählten Regierung der Ex-Junta der Prozess gemacht würde.

Er sagte, in jenem Gespräch habe er sich auf ein »atypisches« und »strikt persönliches« Problem bezogen. Das sei bereits überwunden und es habe seine professionelle Arbeit nicht beeinflusst. Seine Unterlagen enthielten die Befunde, die erklärten, er habe keine laufende Untersuchung in der Psychiatrie, und die positive Einschätzung seiner direkten Vorgesetzten »bezüglich meiner Eignung für eine Kommando- oder Leitungsfunktion«.

Aber auch dieser bürokratische Antrag, zusammengestellt, um damit um Gnade zu betteln, damit seine Karriere nicht zerstört würde, konnte jene Einzelheiten nicht verschweigen, die seine Vorgesetzten so erschreckten: »Die Situation hat ihren Ursprung in einem Vorfall, der während eines Fluges geschah, den ich in einer Skyvan der Küstenwache im Jahr 1977 durchführte und bei dem ich Befehle ausgeführt habe, die mit dem Krieg gegen die Subversion zu tun hatten. Während das Flugzeug seine Luke geöffnet hatte, verlor ich das Gleichgewicht und fiel beinahe in die Leere, was nur durch die schnelle Reaktion eines der Crewmitglieder verhindert worden ist«, schrieb er.

Er habe eine schwere Zeit gehabt, sich aber bereits erholt, und es würde ihm nichts mehr darüber über die Lippen kommen, weder eigenen Leuten noch Fremden gegenüber – das war die implizite Botschaft. Nach drei Wochen erhielt er die Antwort, die noch knapper ausfiel als die erste Mitteilung: Die Entscheidung war teilweise revidiert worden. Er galt jetzt als ›für Leitungsaufgaben vorübergehend nicht geeignet‹. Das bedeutete, er würde in diesem Jahr nicht befördert, aber er könnte im folgenden berücksichtigt werden. Es blieb keinerlei Zweifel darüber, was das Problem war, das ihn in den Augen seiner Vorgesetzten wenig vertrauenswürdig erscheinen ließ.

Einige Tage später verurteilte das Bundesgericht Videla und Massera zu lebenslangen Haftstrafen, absolutem Berufsverbot und enthob sie aller Ämter, als verantwortliche Täter vielfachen schweren Mordes an wehrlosen Opfern, unrechtmäßiger Freiheitsberaubungen mit Drohungen und Gewalteinwirkung, Folter, schwerer Folter mit Todesfolge sowie Raub.

Das Urteil beschrieb den »kriminellen Plan«, den die ehemaligen Junta-Mitglieder ersonnen hatten und der darin bestanden habe, »Verdächtige zu fassen, sie unter inhumanen Bedingungen an geheimen Orten gefangen zu halten, sie unter Folter zu verhören, um an Informationen zu gelangen, und sie schließlich der Justiz oder der Exekutive zu übergeben oder sie physisch zu eliminieren«.

Die Verteidiger der angeklagten Militärs räumten in den gleichen Worten des *Schlussdokuments der Militärjunta* die Möglichkeit von Exzessen ein, die sie mit der Existenz einer unkonventionellen Kriegsführung rechtfertigten. Das Bundesgericht antwortete ihnen, dass »die Schwere der Verbrechen der Guerilla und die Schwierigkeit, sie zu bekämpfen, keine hinreichenden Motive sein können, um Handlungen auszuführen, welche die völlige Missachtung der menschlichen Würde bedeuteten«. Den Richtern zufolge »ist die Handlung, einen Feind auf dem Schlachtfeld und in der Hitze des Gefechts zu töten, in keiner Weise vergleichbar damit, wehrlose Opfer im Schutze eines geschlossenen Raumes grausam zu foltern«. Das Gericht vertrat die Meinung, dass auch der blinde Gehorsam diejenigen nicht entschuldige, welche auf Befehl schreckliche Taten ausgeführt hatten, ganz gleich in welcher Hierarchie. »Der Respekt gegenüber der Person des gefangen genommenen Feindes konstituiert eine wesentliche Richtlinie, die dem Gewissen keines Militärs jemals abhanden kommen darf und die in internationalen Übereinkünften und im nationalen Recht verankert ist.«

Die Justiz bestrafte die Entführungen, die Folterungen und die geheimen Tötungen. Die Marine verwarnte diejenigen, die es ansprachen, selbst unter Kameraden. Massera würde den Rest seiner Tage im Gefängnis verbringen, und Scilingo konnte seine Karriere fortsetzen, weil er einmal mehr kurz vor dem Sturz den Fuß wieder auf den Boden bekommen hatte.

Aber Scilingo überraschte seine Vorgesetzten ein weiteres Mal: Aus eigener Initiative bat er um Versetzung in den Ruhestand. Er hielt das Schweigen schon nicht mehr aus.

Ein Thema ohne Bedeutung

Sein Vorgesetzter im Flugzeugträger, der ihn ohne Regung und kommentarlos anhörte, war der Kapitän zur See Jorge Osvaldo Ferrer. Nachdem sein Antrag auf Wiederaufnahme akzeptiert worden war, war Ferrer der erste, der erfuhr, dass Scilingo darüber nachdachte, sich in den Ruhestand versetzen zu lassen. Er sagte ihm lediglich, er würde sich bemühen, den Vorgang voranzutreiben.

Als Videla forderte, für das, was er während des schmutzigen Krieges getan hatte, rehabilitiert zu werden, schrieb Scilingo seinen ersten Brief. Ferrer war zu diesem Zeitpunkt bereits Admiral und Chef des Generalstabs der Marine geworden. Er bestätigte den Erhalt der beiden Briefe, die er von Scilingo bekommen hatte, erst gar nicht.

Ferrer und sein Stellvertreter befanden sich außer Landes. Der damalige Personaldirektor, Admiral Fausto López, war der dritthöchste Amtsträger. Einem engen Freund Scilingos war ein Kommandoposten in Puerto Belgrano übertragen worden. Man ließ ihn das aus diesem Grunde anberaumte Fest verschieben und am gleichen Tag nach Buenos Aires reisen, damit er herausbekäme, was Scilingo mit den Briefen beabsichtige. Dem Freund fiel es schwer, diesen Auftrag zu erledigen:

»Ich habe den Befehl, Dich zu fragen, ob Du Geld willst«, gestand er beschämt.

»Misch Dich da nicht ein«, antwortete Scilingo.

Dann bestellte Fausto López ihn selbst und warnte ihn, dass es keine gute Idee sei, diese Themen anzusprechen.

»Welches Ziel verfolgen Sie?«, fragte er Scilingo.

»Das Einzige, was ich will, ist, dass sie mir antworten.«

»Was Sie da tun, das ist gefährlich. Denken Sie an Ihre Familie. Sie könnten die Sozialleistungen der Marine verlieren.«

»Für mich war nicht hinnehmbar, dass die Marine erwog, ich hätte irgendeinen Fehler begangen oder irgendein Problem mit den Flügen gehabt, das ich meinen Vorgesetzten gegenüber nicht hätte eingestehen können, also das mir dieses Thema doch in bestimmten Momenten Schwierigkeiten bereitet hätte. Hätte ich meinen Vorgesetzten nicht die Wahrheit erzählt – meinen Vorgesetzten, wohlgemerkt, nicht dem Feind, den Herren Offizieren des Regimentsstabs –, dann wäre ich wahrscheinlich noch im Dienst und würde in die Senatskommission durchgereicht«, grübelte er. So weit es möglich war, verzichtete er auf die Sozialleistungen der Marine und schloss eine private Krankenversicherung ab.

Als ihm klar wurde, dass er von seinen ehemaligen Vorgesetzten und Kameraden keine Antworten bekommen würde, suchte er sie außerhalb der Marine. Das gelang nicht viel besser. Genauso wie er sich an Ferrer und an Menem gewandt hatte, wandte er sich nun an die Staatsanwaltschaft des Bundesgerichts. »Ich weiß nicht, wonach ich gesucht habe. Wohl nach jemandem, der dem Thema Aufmerksamkeit schenken würde. Ich sage nicht, dass ich es nötig habe, vor der Öffentlichkeit ein Geständnis abzulegen oder mich zu rechtfertigen, überhaupt nicht. Ich will etwas loswerden, was in mir drin steckt, was ich getan habe und von dem meine Vorgesetzten mich in dem Glauben gelassen haben, dass es etwas Schlechtes war.«

Luis Moreno Ocampo, der Staatsanwalt der Anklage in den Fällen Videla, Massera, Pernías und Astiz gewesen war und später positive Gutachten zur Verfassungsmäßigkeit der Begnadigungen verfasst hatte, empfing ihn. »Ich bin hingegangen, um mit ihm zu sprechen, weil ich verstehen musste, warum das Ganze nicht endlich ans Licht der Öffentlichkeit gelangte. Moreno Ocampo saß in einem großen Ledersessel, die Füße auf einem kleinen Tisch. Er hat mich sehr freundlich empfangen, aber das war es dann auch. Hier passiert etwas, das vielleicht für viele schwierig zu verstehen ist, aber die Wahrheit ist doch, dass dieses Thema, ich weiß nicht, ob es ein Tabu ist, aber man will es vergessen.« Er erzählte seine Geschichte und zeigte ihm seine Dokumente. Scilingo berichtet, dass Moreno Ocampo ihm zugehört und dann empfohlen habe, sich an einen Verlag zu wenden. »Mir schien, dass er mit anderen Dingen beschäftigt war.«

Der ehemalige Staatsanwalt erinnert die Unterhaltung anders. »Er ist mit seiner Frau gekommen. Erst hat er gesagt, er habe nur einige Gefangene herumgefahren, damit sie andere Mitstreiter identifizierten. Aber dann hat er erzählt, er sei auch an einer Entführung beteiligt gewesen. Und als er an einem Flug teilnehmen sollte, da habe er begriffen, dass der Mann, den er entführt hatte, an Bord des Flugzeuges war. Trotz der Spritze wachte ausgerechnet dieser Gefangene auf und wehrte sich halb bei Bewusstsein dagegen, hinausgeworfen zu werden, und zog dabei Scilingo quasi mit ins Nichts. Nach dem Gehorsamspflichtgesetz und den Begnadigungen gab es keine Möglichkeit mehr, eine gerichtliche Untersuchung zu initiieren. Er bat mich, ihn mit der Zeitschrift *Somos* in Verbindung zu bringen, aber ich habe es vorgezogen, mich da nicht einzumischen. Er hatte sehr widersprüchliche Motive: Die Erinnerung raubte ihm den Schlaf, die Marine ermittelte wegen etwas, was er getan hatte, und außerdem wollte er Geld, um seine Geschichte zu erzählen.«

Scilingo wandte sich an die Zeitschrift *Somos*. Er kannte ihren Chefredakteur, dem er eine Reihe von Dokumenten aus seiner Zeit in der Casa Rosada zugespielt hatte, die für eine Artikelserie über den Falklandkrieg benutzt worden waren. Der Chefredakteur habe ihm geantwortet, der Flug ›sei ein Thema, dass sie nicht behandeln würden‹. Aber offenbar nicht deshalb, weil es ihnen egal gewesen wäre: Sein Besuch bei der Zeitschrift wurde der Marine bekannt. »Sieht so aus, als habe es sie nicht interessiert«, scherzte man dort über Scilingo. Der ehemalige Chefredakteur der Zeitschrift, Raúl García, streitet das ab. Er sagt, Scilingo habe angeboten, seine Geschichte für 10.000 Dollar zu erzählen, die würde er brauchen, um sein Kabelfernseh-Projekt aufzubauen, und als sie ihn um Bedenkzeit gebeten hätten, sei er verschwunden und habe nur gesagt, er würde sich an die Zeitschrift *Noticias* wenden. Scilingo erzählt es folgendermaßen: »Mich hat ein Fräulein empfangen, die mich an ein anderes Fräulein verwiesen hat, die behauptete, die stellvertretende Chefredakteurin zu sein, und mir gesagt hat, ich solle einen Leserbrief schreiben.«

Als wir sein Geständnis für dieses Buch aufzeichneten, war jedenfalls Scilingos größte Sorge, dass deutlich werden müsse, dass er nicht im eigenen Interesse handelte: »Ich bin kein Verkäufer.« Das Einzige, worum er bat, war juristischer Beistand für den Fall, dass die Marine klagen würde.

Er hatte es bei seiner Streitkraft versucht, bei der argentinischen Regierung, bei der Justiz und bei der Presse. Es fehlte nur der Kongress. Als Pernías und Rolón vom Senat vorgeladen wurden, machte Scilingo eine Kopie all seiner vorherigen Briefe und schickte sie an jedes einzelne Mitglied der Senatskommission. Er bekam von keinem einzigen eine Antwort.

»Für mich war das Thema der Desaparecidos sehr wichtig. Es mag sein, dass die Marine, die Mehrheit der Journalisten und die Mehrheit der Bevölkerung es für unwichtig hält«, sinniert Scilingo.

Mit zwei Partnern (»sie sind Juden«, erklärt er mir) exportiert er Cidre und Tangas aus Gamsleder nach Brasilien. Er könnte sich in der Menschenmenge der Stadt verlieren, ohne Aufmerksamkeit zu erregen, einer von so vielen, die nach einem besseren Leben suchen, immer auf der Suche nach einem rettenden Strohhalm, denn das Kainsmal sieht man den Menschen nicht an, aber es brennt unter der Haut.

Scilingo versucht zu lächeln:

»Vielleicht irre ich mich, und Sie auch, indem Sie Zeit mit mir verschwenden.«

DIE KATHARSIS

Eine durch den Tod geglättete Ebene

1981 veröffentlichte der argentinische Autor Julio Cortázar in der Zeitschrift *Revista de Occidente* aus Madrid den Plot einer Erzählung:

Eine Gruppe von Argentiniern beschließt, in einer einladenden ebenen Landschaft eine Stadt zu gründen, ohne dass die große Mehrheit von ihnen bemerkt, dass die Erde, auf der sie beginnen ihre Häuser zu bauen, ein Friedhof ist, von dem keine Spuren mehr sichtbar sind. Nur die Anführer wissen das und sie sagen nichts, weil der Ort, eine durch den Tod und das Schweigen geglättete Ebene, ideal für ihre Pläne ist. So entstehen Gebäude und Straßen, das Leben entwickelt sich und gedeiht, sehr bald erreicht die Stadt bemerkenswerte Proportionen und Ausmaße, und ihre Lichter, die man aus großer Ferne sieht, sind das stolze Symbol derjenigen, welche die neue Metropole errichtet haben. Es ist der Moment, in dem sich die Symptome einer seltsamen Unruhe bemerkbar machen, der Verdacht und die Sorge jener, die seltsame Kräfte spüren, die ihnen zusetzen und die sie beklagen und auf irgendeine Weise versuchen loszuwerden. Schließlich begreifen die Sensibleren unter ihnen, dass sie auf dem Tod leben und dass diese Toten auf ihre ganz eigene Art wiederkehren und in die Häuser und in die Träume und in das Glück der Bewohner eindringen. Das, was die Realisierung eines Ideals unserer Zeit schien – ich meine den Triumph der Technologie und des modernen Lebens, eingebunden in einen Kokon aus Fernsehern, Kühlschränken, Kinos und einem Übermaß an Geld und patriotischer Selbstzufriedenheit –, erweist sich langsam als einer der schlimmsten Albträume, als eine kalte und klebrige Anwesenheit unsichtbarer Zurückweisungen, entstanden aus einem Fluch, der sich nicht in Worten ausdrückt, aber mit seinem unaussprechlichen Horror alles einfärbt, was diese Menschen auf einer Stadt von Toten errichtet haben.

Cortázar sagte, er habe die Erzählung nie geschrieben, weil er entdeckt habe, dass die Geschichte selbst sie schon geschrieben hatte. Aber in einer Art phantastischen Auflösung à la Cortázar schrieb die Geschichte sie 15 Jahre später noch einmal.

Scilingo hatte sich nicht geirrt, und mit ihm zu sprechen war keine Zeitverschwendung gewesen, wie er gemutmaßt hatte. Die Verbreitung seines Berichts hatte einen elektrisierenden Effekt, der jede Zelle der Gesellschaft erreichte. Argentinien wachte aus dem schlimmsten aller Albträume auf. Scilingo sagte nichts, was man nicht schon gewusste hätte, aber das Wort von einem der Henker, der seine Verbrechen in der ersten Person zugibt, hatte eine außergewöhnliche Wirkung – so, als wäre die Zurschaustellung seiner geplagten Seele notwendig gewesen, damit die Koexistenz von zwei Versionen der Geschichte definitiv aufhörte und die Erzählung der Opfer nicht länger die Erzählung der Parias und der Verrückten wäre, sondern sich in den gesunden Menschenverstand der Gesellschaft verwandelte.

Die erste Ausgabe von *Der Flug* wurde am 2. März 1995 in Buenos Aires ausgeliefert. Die wichtigste Talkshow des Landes sendete eine Auswahl meines aufgezeichneten Dialogs mit Scilingo, die am nächsten Morgen verschiedene Radiosender wiederholten. Ihre Telefonzentralen waren kurz darauf von einer nie da gewesenen Menge von Höreranrufen blockiert.

An jenem Tag musste die Marine ihrem Schutzheiligen, einem irischen Admiral aus den Unabhängigkeitskriegen des 19. Jahrhunderts, die Ehre erweisen. Doch der Chef des Generalstabs blieb der traditionellen Zeremonie fern. Seine Admiräle blieben alleine. In der Sommersonne hatten sie sich auf der Straße um zwei geladene Gäste des Heeres herum formiert – für das Fest, das ohne den Vorgesetzten nicht beginnen konnte. Die zwei hochdekorierten Generäle, beide über zwei Meter große Männer, ragten mit ihren grünen Uniformen aus dem Meer von weißen Gehröcken der ratlosen Marineangehörigen heraus. Rund 100 Journalisten stürzten sich auf den höchstrangigen Admiral, der vor Ort war:

»Was wird die Marine antworten?«, fragten sie ihn.

Er versuchte sich mit einem Satz zu verteidigen, der streng sein wollte, aber nur lächerlich klang:

»Ich will hier keine Suppe aus Mikrofonen!«

Dann gestand er, dass er nicht wisse, was er sagen solle, schlug die Türe seines Wagens zu und verschwand. Eine Suppe aus Mikrofonen ist übrigens ein sehr nahrhaftes Essen für Demokratien, die noch im Wachstum begriffen sind.

Admiral Molina Pico hatte sich auf den Weg zu jenem Flughafen gemacht, von dem aus Scilingo seinen ersten Flug durchgeführt hatte. Präsident Menem hatte ihn – auf einem Zwischenstopp während seiner Wahlkampfkampagne – unverzüglich dort einbestellt, damit er ihn darüber unterrichte, was vor sich ginge. Dabei nannte der Präsident Scilingo einen »Verbrecher«, dessen Aussagen nicht glaubwürdig seien, weil er »mehrere Verurteilungen wegen Fälschung, Veruntreuung und Autodiebstahl« habe, und verknüpfte die Veröffentlichung des Buches »mit Interessen, die mit dem Wahlkampf in Zusammenhang stehen«. Wenn die Aussage für irgendetwas hilfreich gewesen wäre, dann wäre es vernünftiger gewesen, Scilingo für das außergewöhnliche Verbrechen, wehrlose Menschen ins Meer geworfen zu haben, zu kritisieren und nicht für das ›gewöhnliche‹ Delikt der Veruntreuung, waren die exakten Worte von Molina Pico in einem geheimen Funkspruch an seine Untergebenen, in dem er empfahl zu schweigen, um die Reaktionen insgesamt gering zu halten. Aus London kommentierte der Holocaust-Forscher Zygmunt Bauman: »Was haben die Leute denn erwartet? Dass er 30 Menschen lebend ins Meer wirft und sich dann der Gartenarbeit widmet?«

Der Präsident und der Chef des Generalstabs versuchten, diese Angelegenheit, die das soziale Gefüge der Gesellschaft unabhängig von irgendeiner Konjunktur tief bewegte, zu banalisieren, wobei ihnen die Komplexität und Bedeutung der Sache völlig entging. Aber Scilingo und die Desaparecidos, die Rolle der Militärs und die Rolle der Geistlichen, die Begriffe Wahrheit und Gerechtigkeit standen längst im Zentrum der politischen Debatte des Landes und verdrängten die Themen des Wahlkampfs.

Die Kettenreaktion, die Scilingo ausgelöst hatte, griff auch auf die übermächtige katholische Kirche über. Als Replik auf die Aussage, dass kirchliche Autoritäten die Methode des Fluges gut geheißen und Geistliche die Offiziere nach ihren Einsätzen getröstet hatten, baten verschiedene Bischöfe um Verzeihung für die Feigheit oder Komplizenschaft ihrer Mitglieder. Die Bischofskonferenz erklärte, dass jedes Mitglied der Kirche, das sich für solche Taten verbürgt habe, »in persönlicher Verantwortung gehandelt und dabei schwer geirrt oder gesündigt hat«. Die Diskussion weitete sich auch auf das Verhalten von Pío Laghi, dem Apostolischen Nuntius während der Diktatur, aus, der später der erste vatikanische Botschafter der Vereinigten Staaten wurde: Erschüttert durch Scilingos Geständnis und die Reaktionen der Gesellschaft, enthüllten die Ehefrauen von zwei Desaparecidos, dass der Delegierte des Heiligen Vaters von den Namenslisten der Desaparecidos in Kenntnis gesetzt worden war und dass ein hoher Befehlshaber der Marine bei ihm um Rat gefragt hatte, was er denn mit 40 Gefangenen machen solle, die er nicht töten wollte, aber auch nicht freilassen.

Eine der Frauen war die Gattin und Geschäftspartnerin des Journalisten Julián Delgado gewesen, Herausgeber diverser Veröffentlichungen im Wirtschaftsbereich und Anhänger der Wirtschaftspolitik der Militärdiktatur, der ins Kreuzfeuer verfeindeter Fraktionen innerhalb der Diktatur geraten war, und zwar nicht aus politischen, sondern aus finanziellen Motiven. Sie sagte, sie sei bislang nur im Fall ihres eigenen Mannes aktiv geworden, aber nach dem Geständnis von Scilingo »interessieren mich alle Desaparecidos. Jetzt spreche ich von unseren Desaparecidos. Denn wir haben ein Problem in dieser Gesellschaft. Es hatte immer den Anschein, als seien die Desaparecidos die *anderen*, aber es sind *wir*. Es sind unsere, es geht um uns«. Sie erklärte, dass Pío Laghi »für meinen Mann alles Notwendige getan hätte, er hätte ihn in einem dieser Wagen mit Diplomatenkennzeichen rausgeholt, aber andere Leute hatten nicht das gleiche Glück. Und er weiß, dass es da 40 lebende Menschen gibt, und er hat freigelassene Personen, für die er sich eingesetzt hatte, rausgebracht, wohl wissend, dass es da noch andere, sehr viel mehr Menschen gibt, die nie rausgekommen sind. Und da die Zeit der Justiz vorbei ist, ist jetzt die Zeit der Wahrheit. Ich nenne es meine zweite Chance, und das ist es für viele, und ich will sie nicht verpassen. Vorher habe ich auch gehandelt, aber ich habe die Dinge nicht so klar gesehen. Ich weiß, dass diese Dinge wichtig sind, für andere Menschen und für die ganze Gesellschaft, und deshalb kann ich sie jetzt nicht weiter verschweigen.«

Während Kardinal Laghi von Rom aus einem Radiosender in Buenos Aires erklärte, dass »wir nicht wussten, was da geschah«, erzählte ein Bischof einem anderen Sender, wie auf Betreiben von Laghi jemand das Land hatte verlassen können, der »vom gesamten Heer gesucht wurde«. Niemand versuchte, den logischen Unsinn von jemandem zu erklären, der sich für die Menschenrechte einsetzte, Leben rettete, Verfolgte zum Flughafen brachte und gleichzeitig abstritt, gewusst zu haben, was geschehen war. Aus der räumlichen Distanz und nach den vielen vergangenen Jahren nahm Laghi nicht wahr, wie sehr sich die argentinische Gesellschaft verändert hatte, und wiederholte den alten offiziellen Diskurs, der längst nicht mehr haltbar war.

Verschiedene Zeugen hatten ausgesagt, dass der ehemalige Nuntius regelmäßig mit Massera Tennis gespielt hatte, und ein Bischof erklärte das mit dessen fanatischer Leidenschaft für dieses Spiel. Der Höhepunkt der Debatte war erreicht, als der entmachtete und begnadigte ehemalige Admiral sein zehnjähriges Schweigen brach, um den guten Namen seines Tennispartners gegenüber »verleumderischen Aussagen« zu verteidigen und seiner Besorgnis über das Schicksal der »sogenannten Desaparecidos« Ausdruck zu verleihen.

Das reinigende Gewitter kam aus der Kirche selbst, als Bischof Miguel Esteban Hesayne (der gleiche, der den Militärs die Stirn geboten hatte, indem er die Folter als unchristlich bezeichnete) in einer ergreifenden Osterbotschaft sagte, dass »die Reue leider noch nicht jene ereilt habe, bei denen sie ankommen müsse, die Bischofskonferenz eingeschlossen«, die, wie er erinnerte, »mit jenen an einem Tisch gesessen hat, die wir Folterer nannten. Wir haben sie im Innersten der Bischofskonferenz empfangen, damit sie sich entschuldigen oder besser gesagt, damit sie uns hinters Licht führten, indem sie sagten, es handele sich nur um einzelne Exzesse. Und auf der anderen Seite wollten wir die Madres der Desaparecidos nicht empfangen, die einen ganzen Tag lang im Regen vor den Türen der Vollversammlung des Episkopats ausharrten. Was sagten wir damals noch im Gespräch mit einem anderen Bischof: ›Was wird Jesus Christus in diesem Moment wohl sagen, in dem wir die Klagen der Madres nicht erhören?‹« Früh am Karfreitag verbreitet, beendete die Botschaft von Hesayne die Polemik. Tief gespalten rief die Bischofskonferenz zum Schweigen auf und zog es vor, ihre Osterpredigten einem weniger heiklen Thema zu widmen: den sozialen Kosten der Wirtschaftspolitik Menems.

Die Seiten der Zeitungen, die Programme in Radio und Fernsehen, die Internetforen der im Ausland lebenden Argentinier, all das war voll von Unterhaltungen und Gedanken über das Wiederaufleben des tabuisierten Themas der zeitgenössischen argentinischen Geschichte. Die Methode des Verschwindenlassens von Personen ist eine nicht endende Tortur für die Familienangehörigen, deren Trauer auf ewig in der Zeit hängen bleibt. Rund 100 Kinder von Desaparecidos gründeten eine neue Menschenrechtsorganisation, die erste, die nicht die Vorfahren anspricht, sondern die Hinterbliebenen der Opfer des schmutzigen Krieges. Mütter, die ihren Schmerz in Vorwürfe gegen die politische Militanz ihrer Kinder eingekapselt hatten, entschieden erstmals, deren Schicksal genauer zu betrachten. Geschwister, die durch das Verschwinden oder den Tod ihrer Eltern getrennt worden waren, weil eine oder einer von ihnen zur Adoption an andere Familien gegeben worden war, trafen sich zu nimmer endenden Abenden wieder, in denen jeder berichtete, wie er die Jahre der Verleugnung und Heimlichkeit erlebt hatte.

Aber diese neue Aufrichtigkeit, der sich die Gesellschaft stellte, bedurfte auch einer juristischen Bestätigung. Mit Verweis auf kulturelle Normen der Steinzeit, auf Sophokles' Antigone und auf das nationale und internationale Recht forderten verschiedene Angehörige von Desaparecidos die Justiz auf, ein Recht auf Wahrheit und Trauer sowie eine Verpflichtung zum Respekt des Körpers zu deklarieren. Emilio Mignone, Unterzeichner einer der entsprechenden Eingaben, erklärte, es handele sich um ein kulturelles Erbe der Menschheit, seit der Neandertaler auf einem Lager aus Pinienzweigen und mit einem Meer von Blumen bedeckt in einer Höhle beerdigt worden war. Er fügte hinzu, dass Archäologen und Anthropologen in den Totenkulten ein bedeutsameres Zeichen der Humanisierung erkennen als in dem Umgang mit Werkzeugen oder dem Gebrauch des Feuers. »Über das Ritual gelangt der Tod in das symbolische Feld, und es sind diese Symbole, die uns vom Rest der Lebewesen unterscheiden. Wer uns verweigert, unsere Toten zu beerdigen, tut damit nichts anderes als uns die *conditio humana* abzusprechen«, erklärte er. Auf der Grundlage der offiziellen Register müssten die Streitkräfte alle Familien von Desaparecidos informieren. Und diese Information würde auch als »offizielle Anerkennung der Vorgehensweise des Staatsterrorismus« dienen.

So begann eine neue Runde des politischen Kräftemessens. Das Bundesgericht der Hauptstadt, das zehn Jahre zuvor Videla, Massera & Co verurteilt hatte, erkannte die geforderten Rechte an und erklärte, dass der Staat die Verpflichtung habe, die Vergangenheit zu rekonstruieren und die Wahrheit darüber, was im schmutzigen Krieg geschehen war, aufzudecken. Es forderte das Verteidigungsministerium und die Chefs des Generalstabs des Heeres und der Marine zur Herausgabe aller Informationen auf, die sie in Bezug auf das Schicksal der Desaparecidos besaßen. Sich auf die bereits vergangene Zeit berufend antworteten alle, dass sie bei ihrem Amtsantritt keinerlei Register vorgefunden hätten. Das Gericht ordnete daraufhin die Rekonstruktion der Namenslisten an. Die Generalstäbe teilten mit, sie hätten nicht die Mittel, dies zu tun. Das Heer richtete allerdings eine Anlaufstelle für die eigenen Mitarbeiter ein, die freiwillig und vertraulich Aussagen machen wollten, denn nach argentinischer Verfassung ist niemand verpflichtet, gegen sich selbst auszusagen. Die Marine hingegen stellte mit Verweis auf die Gewaltenteilung die Befugnis der Justiz in Frage, diese Anordnung zu erteilen, und erklärte, dass es aufgrund des Gesetzes zum pflichtgemäßen Gehorsam und den Begnadigungen »keine öffentlichen Ermittlungen gibt. Es gilt das Vergessen, das Schweigen und die Vergebung für vergangene Taten«.

Doch auch die Streitkräfte blieben nicht von dem Aufwallen der Gefühle verschont, die Scilingo wiederbelebt hatte. Nach zwei Jahrzehnten war nicht nur in den Familien der Opfer eine neue Generation von jungen Frauen und Männern herangewachsen, die nun um die 20 Jahre alt waren. An den Tischen der Familien der Militärs fragte jeder Einzelne seine Eltern, was sie während des schmutzigen Krieges getan hatten. Einige entschieden sich, darüber auch außerhalb ihrer eigenen vier Wände zu sprechen. Die öffentliche Erregung war so heftig, dass sogar Medien mit einer alten konservativen Tradition, die die Handlungen der Militärs während der Diktatur verteidigt hatten, nun nach Aussagen über deren Grausamkeiten forschten und mit anderen um die Exklusivmeldung wetteiferten.

Der Feldwebel Víctor Ibáñez, dem von den Psychiatern des Militärkrankenhauses eine Depression diagnostiziert worden war und der nach einem Vorfall mit einem Offizier aus dem Heer ausgeschieden und nun arbeitslos war, erzählte der 100 Jahre alten Tageszeitung *La Prensa* aus Buenos Aires, dass auch von der größten Garnison des Heeres in Buenos Aires Flugzeuge und Hubschrauber mit politischen Gefangenen an Bord gestartet waren und diese aus geringer Höhe ins Meer geworfen wurden. Auch die Unteroffiziere der Polizei bzw. des Heeres, Federico Talavera und Pedro Caraballo, erzählten der Presse Details der Grausamkeiten, die sie gesehen oder selbst durchgeführt hatten. Ibáñez war der Einzige von ihnen, der mit eindeutigen Details ein halbes Dutzend Opfer identifizieren konnte und die Familien der Opfer öffentlich um Verzeihung bat. In schmerzhaften Dialogen, die das Land mit angehaltenem Atem in den Medien verfolgte, sagte ihm der Vater eines verschwundenen Jugendlichen, dass er ihm nie verzeihen würde; ein anderer Vater bedankte sich, da er einem

19 Jahre lang andauerndem Trauern ohne Grabstätte ein Ende gesetzt habe; eine Mutter forderte Informationen über ihren Sohn, weigerte sich aber, mit einem Mörder zu sprechen. In einer anderen Reportage gab der ehemalige Innenminister der Diktatur, General Albano Harguindeguy, erstmals zu, dass die Methode des Tötens ohne Gesetz und Prozess von den Oberbefehlshabern der Streitkräfte institutionell beschlossen worden war.

Der Chef des Generalstabs Martín Balza beschloss, dass seine Zeit gekommen war. Er, der während der schlimmsten Jahre des schmutzigen Krieges außerhalb des Landes stationiert gewesen war, präsentierte sich in einem Fernsehprogramm und gab ohne Einschränkungen zu, dass das Heer »bei der Machtergreifung jenseits der verfassungsgemäßen Legitimität gehandelt hat«, dass der Kampf gegen die Guerilla an der Grenze des gesetzlichen Spielraums stattgefunden habe und dass das Heer »eine Repression ausgeübt hat, die einen heute erschaudern lässt«. Als er zu seinem *mea culpa* ansetzte, schien es, als habe er die Worte Cortázars gelesen: Er wünsche sich, »den bislang nie geführten und schmerzhaften Dialog über die Vergangenheit in Gang zu setzen, der wie ein Gespenst über dem kollektiven Gedächtnis zappelt, wenn es aus dem Schatten, in dem es sich zumeist verkriecht, hervortritt«. Er erklärte, die Verantwortung habe bei der Führung der Marine gelegen, was das unhaltbare Märchen von den einzelnen Exzessen oder der Fehler unterer Dienstgrade vom Tisch fegte und bedeutete, dass der Befehlskette folgend verbrecherische Handlungen von oben angeordnet worden waren. »Man setzte darauf, den Gegner individuell zu bekämpfen, und manchmal wurde auch mit illegitimen und menschenunwürdigen Methoden, die bis zur Auslöschung von Leben gehen konnten, versucht, seinen jeweiligen Aufenthaltsort ausfindig zu machen«, fügte er hinzu.

Im zentralen Teil seiner Nachricht forderte er eine neue Konzeption von Befehl und Gehorsam, die genauso weit von der uralten ›Doktrin der Nationalen Sicherheit‹ entfernt war wie von der Gehorsamspflicht des Ex-Präsidenten Raúl Alfonsín. Balza brachte damit das argentinische Heer auf ein Level mit jenen der Länder des Westens: »Niemand ist verpflichtet, unmoralischen Befehlen zu gehorchen oder die Gesetze und Statuten des Militärs zu verletzen. Wer es tut, begeht eine Verletzung der Amtspflicht, auf welche eine der Schwere entsprechende Sanktion zu ergehen hat. Ohne jeden Euphemismus sage ich klipp und klar: Wer gegen die nationale Verfassung verstößt, begeht eine Straftat, wer unmoralische Befehle erteilt, begeht eine Straftat, wer unmoralische Befehle ausführt, begeht eine Straftat, und wer zum Erreichen eines Zieles, das er für richtig hält, Mittel anwendet, die unrechtmäßig oder unmoralisch sind, begeht eine Straftat«. Der Journalist, in dessen Programm er sein Dokument verlas, fragte Balza, ob er sich mit dem Präsidenten abgestimmt habe. »Nein«, lautete seine trockene Antwort.

In dem sensibilisierten Klima einer Katharsis der Gesellschaft, die mit dem Geständnis von Scilingo ihren Anfang genommen hatte, wurde der Fernsehauftritt eines Generals, der, anstatt wie seine Vorgänger mit drohender Geste Gemeinplätze zu rezitieren, demütig die Grausamkeiten der Vergangenheit anerkannte, mit sehr viel Sympathie aufgenommen. Einige Wochen vor den Wahlen bemerkte Präsident Menem den Stimmungswandel, der den Streitkräften gegenüber stattgefunden hatte, und versuchte, Kapital daraus zu schlagen. Er berief eine außerordentliche Pressekonferenz ein, in der er sagte, Balza habe auf seine Weisung hin gesprochen. Mit einer Volte um 180 Grad fügte er hinzu, dies sei in der Stunde der Stimmabgabe zu berücksichtigen. Nach über sechs Wochen, in denen sie die Sachverhalte abgestritten und alle, die über sie berichteten, disqualifiziert hatte, wechselte die Regierung zu einer Strategie der kompletten Vereinnahmung des Themas und ordnete eine öffentliche Selbstkritik der Oberbefehlshaber der anderen beiden Streitkräfte an. Ein Befehl, dem die Luftwaffe und die Marine nur zähneknirschend folgten. Brigadegeneral Juan Paulik gab zu, dass man »Fehler und Abscheulichkeiten« begangen habe, und Admiral Molina Pico erkannte an, dass die Marine bis dahin über die Sachverhalte gelogen und verschwiegen habe, dass sie »eine Methode angewandt hatten, die den legalen Rahmen und die Gesetze des Krieges nicht respektierten. Es gab falsche Vorgehensweisen, die Greueltaten ermöglichten, welche selbst im Rahmen der Erbarmungslosigkeit, die jedem Krieg zueigen ist, inakzeptabel sind. Daher lehnen wir diese Methoden heute ab und schließen sie als Option für zukünftige Handlungen aus«.

Den Panzer aufbrechen

Wie so oft in der Geschichte der Menschheit werden große Geheimnisse durch ein einsames Gewissen aufgedeckt, in diesem Fall durch einen, der sich nur langsam von seinen institutionellen Hörigkeiten gelöst hatte. Als Scilingo in Gefahr geraten war, das Gleichgewicht zu verlieren und mit einem seiner Opfer ins Meer zu stürzen, da bekam in seinem Inneren das militärische Dispositiv der Depersonalisierung und Inhumanisierung Risse. Zum ersten Mal konnte er den Feind als ein menschliches Wesen sehen. Jahre später geriet er aufgrund der ausweichenden Haltung seiner Vorgesetzten endgültig in eine Krise. Die Architektur des Militärs, die von der Effizienz der Gemeinschaft bei Vernachlässigung individueller Freiheiten abhängt, bricht mit Getöse zusammen, wenn diejenigen, die Befehle erteilen, nicht die Verantwortung für die Konsequenzen ihrer Ausführung tragen.

Trotzdem blieb Scilingos Diskurs konfus. Weder die kollektive Tragödie, an der er beteiligt gewesen war, noch die verheerende Auswirkung, die sie für sein persönliches Leben bedeutete, noch die löbliche Entscheidung, ein Geständnis vor der ganzen Gesellschaft abzulegen, verliehen seinem Gedankengang automatisch Klarheit. Die Schuld belastete ihn, aber trotzdem bekannte er sich zum schmutzigen Krieg, der – so seine eigenen Worte – ihn zum Mörder gemacht hatte, und forderte Milde für diejenigen, die Befehle lediglich ausgeführt hätten. Aber schon Thomas von Aquin (der Schutzheilige der hispanoamerikanischen Rechten) fragt sich in seiner *Summa Theologicae,* ob derjenige unschuldig ist, der eine schuldhafte Handlung aus Gehorsamkeit ausführt. Und er bemüht das Beispiel des militärischen Untergebenen. Ohne jeden Zweifel antwortet er, dass die Vorgabe niemals das eigene Gewissen verletzen darf. Wenn der Vorgesetzte ihm befehle, die Existenz Gottes zu bestreiten oder seine Mutter zu beleidigen, müsse er ungehorsam sein oder sein Amt aufgeben. Und zwar nicht 20 Jahre später und von den Auswirkungen seiner Taten zerstört, sondern in eben jenem Moment, in dem er den Befehl erhält.

Doch nicht nur die Gesellschaft veränderte sich. Auch Scilingo schien ein anderer Mensch geworden zu sein, überwältigt von den gesellschaftlichen Reaktionen auf sein Geständnis.

Präsident Menem hat damit angefangen, Sie als Verbrecher in Verruf zu bringen ...

»Ich spreche über schreckliche Dinge, die in diesem Land geschehen sind, und die antworten mir mit Lächerlichkeiten.«

Dann hat er behauptet, Ihre Anklage sei nicht seriös, weil Sie die Opfer nicht identifizieren können.

»Ich habe bereits klar dargelegt, dass ich die Identität der Menschen, die ich ins Wasser geworfen habe, nicht kenne. Mir wurde eine

Gruppe von Gefangenen übergeben, mit dem Befehl, sie in zwei Flügen zu begleiten, aber da ich nicht in der Abteilung des Geheimdienstes war, weiß ich nicht, wer diese Menschen waren. Ich bin der Erste, der an ihrer Identifizierung Interesse hat.«

Zum Schluss hat Menem gesagt, Sie sollen einfach mit Ihrem Beichtvater sprechen.

»Wenn die Dinge so einfach lägen! Ich habe bereits gebeichtet. Ich habe gleich nach dem ersten Flug mit einem Geistlichen der ESMA gesprochen, und es hat nichts genutzt. Ich kann nicht akzeptieren, dass das, was wir getan haben, mit biblischen Gleichnissen gerechtfertigt wird. Kein Katholik kann mir sagen, dass die ganze Geschichte vorbei ist, wenn ich nur zur Beichte gehe. Schön wär's, wenn sich mit dem Beichtstuhl alles lösen ließe.«

Die Beichte hilft vielleicht der individuellen Erleichterung. Aber es gibt eine gesellschaftliche Dimension des Themas.

»Ja. Und der Präsident hat das als ein persönliches Problem von mir verstanden. Von Scilingo sollte überhaupt nicht mehr die Rede sein. Auch wenn das ein wenig egoistisch ist, aber mein öffentliches Geständnis hat mir in gewisser Weise Erleichterung verschafft. Vorher hütete ich ein Geheimnis, über das ich mit niemandem sprechen konnte. Jetzt kann ich mit jedem darüber sprechen. Aber das Problem existiert ja trotzdem weiter.«

Menem hat auch gesagt, es handele sich um ein Wahlkampfthema.

»Also bitte! Seit mindestens zehn Jahren versuche ich, über dieses Thema zu sprechen! Und außerdem: Wem könnte es bei der Wahl denn helfen? Ich denke, dass ich für Herrn Präsidenten stimmen werde, auch wenn mich sein Unverständnis schmerzt.«

Warum werden Sie für ihn stimmen?

»Als Mensch versteht er es nicht, aber das disqualifiziert ihn nicht als Staatsmann. Ich glaube, die Bilanz dieser sechs Jahre ist positiv.«

Was daran halten Sie für positiv?

»Im Grunde die wirtschaftliche Stabilität.«

Und die Begnadigungen?

»Die Absicht des Präsidenten war richtig: ein sehr schmerzliches Kapitel der Geschichte beenden und das Land befrieden. Aber heute scheint mir, dass wir alle, die wir diese Barbareien begangen haben, im Gefängnis sein müssten. Ich weiß, dass es ein wenig unverantwortlich ist, dass ich das jetzt sage, nach dem Schlusspunktgesetz, das genau das unmöglich macht. Aber es wäre ein wahrhaftiges und dauerhaftes *mea culpa*, und wir würden unsere Schuld begleichen. Und der wichtigste Effekt wäre jener für die, die in den Institutionen nach uns kommen, für die neuen Leute oder jene, die sich die Hände nicht dreckig gemacht haben. Es würde ihnen helfen nachzudenken, als eine Erinnerung daran, was sie nicht tun sollen. Der Herr Präsident sollte dem Chef des Generalstabs der Marine befehlen, das Land darüber zu informieren, was in jenen Jahren geschehen ist, und die Namenslisten der Desaparecidos herauszugeben. So wie es mir gut getan hat, zu reden, so tut es auch der Gesellschaft gut und es wird der Marine gut tun. Besonders den neuen Generationen von Militärs, damit das Stigma der ESMA nicht weiter an ihnen haftet. Ansonsten ist nicht gewährleistet, dass sich diese Dinge nicht irgendwann wiederholen werden.«

Sie sagen, dass Sie sich jetzt gut fühlen?

»Nein. Ich sage, dass es mir gut getan hat zu reden, dass ich mich besser fühle. Aber ich fühle mich nicht gut. Ich werde mich mein Leben lang schlecht fühlen. Das ist etwas, das man nicht überwinden kann.«

Die Listen der Desaparecidos gibt es schon. Die Information, die fehlt, ist, unter welchen Umständen jedes einzelne Opfer entführt worden ist, die Behandlung, die es erfahren hat, und die Art und Weise, in der es umgebracht wurde.

»Richtig. Die Familien derjenigen, die nicht mehr da sind, und die Organisationen, die sie zusammengestellt haben, haben die Namenslisten. Deshalb sage ich ja, dass die Marine ihnen Auskunft geben muss. All jene, die von den Subversiven getötet worden sind, sind beerdigt und ihre Familien wissen, wo. Auf der anderen Seite nicht. Ich bin oft zur Plaza de Mayo gegangen, wie ein Bescheuerter habe ich mich feige hinter den Bäumen versteckt, um die Madres zu sehen, wie sie ihre Runden für die Desaparecidos drehen, wohl wissend, dass ich 30 von ihnen auf dem Gewissen habe.«

In unseren ersten Gesprächen haben Sie gesagt, Ihr Ziel sei es, die Karrieren von Pernías, Rolón und Astiz zu retten.

»Ja. Ich habe Ihnen gesagt, dass, wenn andere befördert würden, die das Gleiche getan haben, dann ist es eine Ungerechtigkeit, ihnen die Beförderung zu verweigern.«

Das war ein läppisches und unaufrichtiges Motiv. Keine Demokratie, die sich respektiert, kann grünes Licht dafür geben, dass Entführer, Folte-

rer oder Mörder an der Spitze der Pyramide ankommen, nur weil andere vor ihnen bereits befördert wurden.

»Ich habe das gedacht, aber mir wird jetzt klar, dass es ein Vorwand war, den ich vor mir selbst gebraucht habe, um mich dafür zu entscheiden, zu reden. Nachdem ich Ihnen erzählt hatte, was ich getan habe, ist etwas sehr viel Wichtigeres zum Vorschein gekommen. Erinnern Sie sich, dass ich mich immer auf die befohlenen Methoden der Festnahme, der Befragung und der Eliminierung des Feindes bezogen habe. Es ist mir schwer gefallen, es mit anderen Worten zu sagen.«

Mit welchen?

»Entführen, foltern und ermorden.«

Jetzt geht das?

»Ich habe es gerade ausgesprochen. Als ich angefangen habe zu reden, war ich mental noch sehr verschlossen. Ich habe vor jedem unserer Gespräche ein Beruhigungsmittel genommen und mir vorgenommen, eine harte Haltung zu demonstrieren. Ich hatte Angst davor, dass mich jemand weinen sieht, weil ich dachte, ein Militär tut so etwas nicht. Deshalb habe ich gesagt, dass wir den Krieg gewonnen haben, und das hat einige Menschen irritiert. Jemand hat mir gesagt, dass meine Position widersprüchlich wirkt, dass er nicht verstünde, ob ich das, was ich getan habe, bereue oder nicht.«

Was haben Sie ihm geantwortet?

»In jenem Moment war ich davon überzeugt, dass wir korrekt gehandelt haben. Es gibt sicher Menschen, die hätten lieber einen Dreigroschenroman gehabt, in dem ich sage, dass sie mich gezwungen hätten, dass es meinem Willen oder meiner Überzeugung widersprochen hätte. Jetzt sind fast 20 Jahre vergangen. Natürlich bereue ich es. Mehr als das. Was ich getan habe, hat mich zerstört. Aber ich habe angefangen, den Panzer des Militärs aufzubrechen. Wenn ich jetzt Tränen in den Augen habe, dann interessiert mich nicht, ob das jemand sieht. Ich fühle nicht nur wie ein menschliches Wesen, ich beginne auch, wie ein normaler Mensch zu denken. Außerdem hat es mein Familienleben verändert. Es gibt Dinge, die ich Ihnen erzählt habe, über die hatte ich nicht einmal mit meiner Frau je gesprochen. Mit meinen Kindern habe ich mich fast nie unterhalten. Jetzt unterhalten wir uns jeden Tag. Und gerade jetzt erschüttert mich wieder, dass wir das tun konnten, was wir da getan haben.«

Ich stelle Ihnen jetzt eine Frage noch einmal, die Sie zuvor nicht beantworten konnten: Wie war es möglich, dass das in jenem Moment niemandem klar geworden ist?

»Sie haben gesagt, wir seien indoktriniert gewesen. Das kann sein. Aber ich glaube, das ist eine unzureichende Erklärung. Die einzige Antwort ist, dass wir uns in einem Zustand des Wahns befanden, schwachsinnig. Ich vergesse die Dinge nicht, die die Subversion getan hat, die Bomben nicht und die Attentate nicht. Aber wir waren eine Streitkraft und wir hätten anders vorgehen müssen. Wir hätten anders vorgehen können.«

Was für Reaktionen haben Sie von Zivilisten erhalten?

»Ich versuche, mich nicht zu oft zu zeigen, denn das, was ich getan habe, ist nichts, worauf man stolz sein könnte oder wofür es Lob geben sollte. Das Letzte, was fehlt, wäre, dass man mich zu einem Helden stilisiert. Ich bin alles andere als ein Held. Aber Leute, die mich auf der Straße erkannt haben, haben mir gesagt, ich solle weitermachen, nicht locker lassen.«

Was sollte das heißen?

»Einen habe ich das einmal gefragt. Er hat mir gesagt, ich solle meinen Kreuzzug weiterführen, damit sich die Wahrheit durchsetzt. Ich habe ihm gesagt, meine Sache wäre kein Kreuzzug. Wenn ich geredet habe, dann weil ich mich selbst nicht mehr ertragen habe. Aber ich weiß, dass es vielen in den Streitkräften genau so geht, und auch den Streitkräften als Institution geht es genau so.«

Warum sind Sie nach fast 20 Jahren der Einzige, der geredet hat?

»Ich habe geredet, weil es mich gequält hat. Und die Mehrheit derjenigen, die in der ESMA waren oder die Flüge durchgeführt haben, muss sich damit quälen. Sie werden den gleichen Konflikt durchleben wie ich: darüber reden oder nicht darüber reden. Ich glaube nicht, dass es ein menschliches Wesen gibt, das imstande ist, dieses Geheimnis das ganze Leben lang für sich zu behalten. Vielleicht sprechen sie in Zukunft nicht in der Öffentlichkeit darüber, aber zumindest ihren Ehefrauen werden sie es erzählen müssen.«

Er hat eine Idee und wechselt die Rolle. Jetzt ist er es, der fragt:

»Habe ich Ihnen erzählt, dass meine Schwester bei den Montoneros war?«

Niemals.

»Sie war an der Universität politisch aktiv. Mit Worten, nicht mit Waffen. Sie war großherzig und idealistisch. Wir haben sehr viel diskutiert. Sie hat sich über mich lustig gemacht, sie hat mir gesagt, dass ich gar nichts verstehe. Ich habe versucht, sie davon zu überzeugen, sich zu distanzieren. Aber sie hat dem keinerlei Beachtung geschenkt und weitergemacht. Zum Glück ist ihr nichts geschehen. Später sind wir sehr gute Freunde geworden, mehr als Geschwister.«

Und heute?

»Sie ist mit 42 an Krebs gestorben.«

Als er an sie denkt, lächelt er glückselig, als wäre er immer noch nicht imstande, sich die Möglichkeit eines Treffens zwischen dem anonymen Opfer und dem Bürokraten des Todes vorzustellen, an Bord einer Skyvan der Küstenwache oder einer Electra der Marine.

EPILOG

Die Regierung von Carlos Menem und die Marine ergriffen rasch Vergeltungsmaßnahmen gegen Scilingo, damit andere Offiziere seinem Beispiel nicht folgen würden. Er wurde aus der Marine entlassen, und außerdem erreichte die Regierung mithilfe eines Richters und eines Polizeikommissars, die beide käuflich waren, dass er für zwei Jahre wegen eines Betrugsdeliktes eingesperrt wurde, für das es keinerlei Beweise gab. Der Richter wurde später seines Amtes enthoben, da er Fälle erfunden hatte, um Unternehmer zu erpressen, und dem Kommissar wurde wegen Behinderung der Untersuchungen zum Attentat auf das jüdische Gemeindezentrum AMIA* in Buenos Aires der Prozess gemacht.

Die Verfolgung Scilingos zeitigte die beabsichtigte Wirkung in den Reihen der Marine. Aber sie konnte die enorme gesellschaftliche Resonanz auf sein Geständnis, das die Verbrechen des Staatsterrorismus wieder auf die öffentliche Agenda gebracht hatte, nicht verhindern. Obgleich der Weg der Strafverfolgung versperrt war, forderten die Familien der Opfer die Gerichte auf, festzustellen, was ihren geliebten Angehörigen widerfahren war. Mit dem von Emilio Mignone angestoßenen Vorgang begannen die *Juicios por la verdad*, die Wahrheitstribunale, die sich über das ganze Land ausweiteten.

Der Effekt von Scilingos Worten wurde durch die serienweise formulierten Selbstkritiken der militärischen Führung noch verstärkt, obwohl man deren Aufrichtigkeit diskutieren kann. Zum ersten Mal konnte man völlig frei über das Geschehene sprechen, was unter anderem dazu führte, dass sich die Kinder von Desaparecidos, die bis dahin ihre Identität verschwiegen hatten, erstmals in aller Öffentlichkeit präsentierten. Sie gründeten H.I.J.O.S.*, die erste Menschenrechtsorganisation der Hinterbliebenen und nicht der Vorfahren derjenigen, die von der Diktatur verfolgt worden waren.

Zur gleichen Zeit begann die argentinische Gesellschaft, Rechtfertigungsversuche der Massaker nicht mehr zu tolerieren. In diesem neuen Klima wurde der 20. Jahrestag des Militärputsches, der 24. März 1996, mit einer gewaltigen Mobilisierung der Bevölkerung vor der Casa Rosada begangen, an der nicht weniger als 50.000 Menschen teilnahmen. Im Kontext des Gedenkens an den Jahrestag wandte sich eine Gruppe von in Spanien lebenden Argentiniern mit Unterlagen über die Menschenrechtsverletzungen während der Diktatur an den spanischen Staatsanwalt Carlos Castresana, der sich auf das Völkerrecht und die in Spanien seit langem anerkannte universelle Jurisdiktion bezog und daraus die Forderung ableitete, die argentinischen Militärs wegen Terrorismus und Völkermordes vor Gericht zu bringen. Der spanische Ermittlungsrichter Baltasar Garzón akzeptierte das Vorhaben und begann, rund 100 Angehörige des Militärs vorzuladen. Die in Madrid lebenden Chilenen trieben ein ähnliches Verfahren gegen Ex-Diktator Augusto Pinochet voran, dessen Verlauf in der ganzen Welt bekannt werden sollte.

Nachdem der gegen ihn inszenierte Fall in sich zusammengefallen und Scilingo wieder in Freiheit war, wurde er bedroht und belästigt. An einem Nachmittag wurde er wenige Meter vom Kongressgebäude abgefangen, und man ritzte ihm die Initialen von drei Journalisten ins Gesicht, mit denen er gesprochen hatte. Seine persönliche Situation wurde unerträglich. Einige Organisationen von Überlebenden würdigten die Bedeutung seines Geständnisses und trafen sich mit ihm, um die Menschen zu identifizieren, die er getötet hatte, aber andere reagierten mit Unmut. Es ist das eine, die Wahrheit einzufordern, aber etwas ganz anderes ist es, sie aus dem Munde eines Mörders zu hören. Einige Überlebende fühlten sich in ihrer gesellschaftlichen Rolle derjenigen, welche die Erinnerung an den Horror wachhielten, bedrängt, andere waren wütend, weil die Gesellschaft erst jetzt, als es einer der Täter bestätigte, wirklich glaubte, was sie schon so lange gesagt hatten.

Scilingos messianisches Sendungsbewusstsein und sein zwanghafter Wille zur Wiedergutmachung machten das Ganze nicht einfacher. Er dachte, dass der Ermittlungsrichter Garzón ihm den Status eines geschützten Zeugen zugestehen würde, obschon seine Anwälte ihn gewarnt hatten, dass dem nicht so sein würde. Im Oktober 1997 verfügte Garzón dann seine Festnahme und die weiterer zehn argentinischer Marineangehöriger.

Im Jahr darauf ordnete Garzón die Verhaftung des chilenischen Ex-Diktators Augusto Pinochet in London an. Der komplexe Auslieferungsprozess mit seinen diversen spannenden Etappen eröffnete ein neues Kapitel der Aufarbeitung. Rückblickend fällt es schwer, es allein dem Zufall zuzuschreiben, dass dies exakt 50 Jahre nach der

Allgemeinen Erklärung der Menschenrechte durch die Vereinten Nationen geschah.

Die übervorsichtigen argentinischen Richter, die über Jahre die Lücken, die die Gesetze zur Straflosigkeit ihnen ließen, nicht genutzt hatten, brauchten jetzt nur wenige Stunden, bis Massera und Videla neben Pinochet auf den Titelblättern der Weltpresse erschienen. Beide wurden wegen des Raubes von Kindern von Desaparecidos festgenommen, ein Delikt, dessen Verfolgung diese Gesetze nie verhindert hatten.

Während die Strafkammer des Nationalen Gerichtshofes von Spanien in Madrid einstimmig die Zuständigkeit Garzóns bestätigte, über den staatlichen Terrorismus in Argentinien Recht zu sprechen, ordnete der Oberste Gerichtshof in Buenos Aires an, die Wahrheitstribunale abzuschließen. Die argentinische Regierung glaubte, es sei ausreichend, den Opfern Entschädigungen zu zahlen und Untersuchungen auf dem Verwaltungsweg abzuwickeln. Erst als das CELS* diesen Versuch vor der Interamerikanischen Menschenrechtskommission der OEA* zur Anzeige brachte, akzeptierte die im Niedergang begriffene Regierung Menem einen Kompromiss, demzufolge die Bundesgerichte die Untersuchungen weiterführten. Die Abgeordneten Alfredo Bravo und Juan Pablo Cafiero schlugen vor, das Schlusspunkt- und das Gehorsamspflichtgesetz für nichtig zu erklären, aber der Kongress beschränkte sich darauf, sie außer Kraft zu setzen.

Der bemerkenswerte gerichtliche Kontrapunkt jenseits des Atlantiks ging mit Scilingos Widerruf seines Geständnisses vor Garzón weiter. Von seinen alten Kameraden zurückgewiesen und ohne neue Freunde unter jenen, die während der Diktatur gelitten hatten, lebte Scilingo in Freiheit unter Polizeiaufsicht und mit Unterstützung eines wohltätigen Priesters in Madrid. Dort wurde er von den chilenischen Geheimdiensten angelockt, die versprachen, den spanischen Ermittlungsrichter und seine Verfahren zu delegitimieren. Obwohl Scilingo mittellos war, übernahm die gleiche Kanzlei, die den chilenischen Ex-Diktator Pinochet vertrat, seine Verteidigung.

Am 2. November 1999 erhob Garzón Anklage gegen Scilingo und rund 100 weitere Kameraden wegen Folter, Völkermordes und Terrorismus. Zwei Tage später widerrief Scilingo all seine zuvor gemachten Aussagen. Er sagte aus, er sei Teil einer von Garzón und den öffentlichen Anklägern organisierten Verschwörung, zu der er sich aus persönlichem Groll gegen Massera habe hinreißen lassen. Als Zeuge vorgeladen, übergab ich dem Richter sechs Stunden Tonbandaufzeichnungen von Scilingo (die mindestens ein Jahr vor der Eröffnung des Verfahrens durch Garzón, das durch die öffentlichen Ankläger und Staatsanwalt Castresana angeregt worden war, datierten) sowie jene Dokumente, aus denen klar ersichtlich wird, dass Scilingo seit 15 Jahren auf der Suche nach jemandem war, der bereit wäre, seine Geschichte anzuhören.

Nachdem das höchste Gericht des Vereinigten Königreichs in London in zwei verschiedenen Richtersprüchen, im November 1998 und im Januar 1999, entschieden hatte, dass Pinochet nach Madrid ausgeliefert werden müsse, interpretierte der Oberste Gerichtshof Chiles das Amnestiegesetz von 1978 neu und erklärte, dass eine Entführung als ein Dauerverbrechen anzusehen sei, solange der Körper des Opfers nicht auftaucht. Da somit der Weg für ein Verfahren gegen Pinochet in Chile eröffnet schien, das die Regierung von Präsident Eduardo Frei Ruiz Tagle bereits gefordert hatte, erwirkte die britische Regierung ein ärztliches Gutachten, das am 10. Januar 2000 bekannt wurde und demzufolge der Ex-Diktator aufgrund seines geistigen Zustandes nicht imstande sei, sich einem Prozess zu unterziehen. So ereignete sich das Wunder von Pudahuel, dem chilenischen Flughafen, auf dem Pinochet landete, das in der ganzen Welt live im Fernsehen zu sehen war: Als der gebrechliche Pinochet sich wieder auf heimischem chilenischen Boden befand, stand er flugs aus seinem Rollstuhl auf und erhob seinen Gehstock wie einen Säbel in die Luft.

Als sich der 25. Jahrestag des Militärputsches näherte, waren die nationalen und internationalen Rahmenbedingungen die günstigsten seit Jahrzehnten: Nach Pinochets Rückkehr nach Chile war seine Immunität aufgehoben worden, und rund 100 seiner Kameraden befanden sich in Haft oder in einem laufenden Verfahren; die Generäle Carlos Suárez Mason und Santiago Riveros waren von der italienischen Justiz verurteilt worden; Alfredo Ignacio Astiz wurde auf Antrag seiner eigenen Marine aus dem Amt enthoben, nachdem er in einer Reportage behauptet hatte, er sei der beste Mann, um einen Journalisten oder einen Politiker umzubringen; die Staatsanwaltschaft Nürnberg hatte die Auslieferung von Suárez Mason beantragt; an verschiedenen Gerichten Argentiniens waren die Wahrheitstribunale in vollem Gange; die Ex-Diktatoren Videla und Massera sowie ein Dutzend hoher Offiziere der Diktatur saßen wegen Kindesraubes in Haft; in Buenos Aires gab es ein laufendes Verfahren zur ›Operation Condor‹ gegen Videla,

Pinochet und den Ex-Diktator von Paraguay, Alfredo Stroessner; und das Bundesgericht von Buenos Aires hatte erklärt, dass Verbrechen gegen die Menschlichkeit nicht verjähren und nicht Gegenstand von Amnestien sein dürften.

Das CELS* forderte die Justiz auf, die Gesetze zur Straflosigkeit für nichtig zu erklären, da es keine juristischen, ethischen oder politischen Motive für ihr Fortbestehen mehr gebe. Im März 2001 akzeptierte der Richter Gabriel R. Cavallo diese Eingabe, und das Bundesgericht bestätigte die Entscheidung, der sich Richter und Kammern des ganzen Landes sowie die Generalstaatsanwaltschaft anschlossen. Zwei Wochen nach der ersten Sentenz der argentinischen Justiz entschied der Interamerikanische Gerichtshof für Menschenrechte in San José (das höchste Gericht, das von der 1994 reformierten argentinischen Verfassung anerkannt wird) in einem ähnlichen Fall. Das Urteil über das ›Massaker von Barrios Altos‹, begangen von einer Gruppe von peruanischen Militärs während der Präsidentschaft von Alberto Fujimori, stellte fest, dass schwere Menschenrechtsverletzungen nicht amnestiert werden dürfen und ihre Strafverfolgung nicht verjährt.

Im August 2002 gab die US-amerikanische Regierung Teile der Dokumente frei, die die Organisationen der Madres und der Abuelas, der Großmütter, de Plaza de Mayo und das CELS* zwei Jahre zuvor gemeinsam angefordert hatten. Die vier Kisten, die in die argentinische Hauptstadt geschickt wurden, enthielten Nachrichten, die Angehörige der US-Botschaft in Buenos Aires in jenen Jahren der Regierung in Washington übermittelt hatten. Sie belegten die staatliche Organisation der Verbrechen und die Verantwortung der argentinischen Regierung. In der Zwischenzeit war nicht nur die US-Regierung eine andere geworden, sondern auch die politische Weltlage. Nach dem 11. September 2001 erklärte die Regierung in Washington den sogenannten ›Krieg gegen den Terror‹ zur Maxime ihrer Innen- und Außenpolitik. Trotzdem gab es keinerlei Rechtfertigung für den schmutzigen Krieg des Militärs gegen die argentinische Gesellschaft. Das Verschwindenlassen von Personen, die Folter von Gefangenen und geheime Exekutionen sind Verbrechen gegen die Menschlichkeit, welche die internationale Gemeinschaft nicht akzeptiert, unter keinen Umständen – das war die implizite Nachricht der Kisten. Die einzige Vorkehrung, die die Regierung von George W. Bush vor der Freigabe ergriffen hatte, war die Anordnung einer erneuten Lektüre der Dokumente, um sicher zu gehen, dass US-Amerikaner in keiner Weise belangt werden könnten.

Von 1996 bis 2003 hatten die Präsidenten Carlos Menem, Fernando De La Rúa und Senator Eduardo Duhalde, der für einige Monate für die Regierungsgeschäfte verantwortlich zeichnete, das Territorialitätsprinzip angeführt, um den Auslieferungsgesuchen des Richters Garzón nicht nachzukommen. Außerdem bemühte sich Duhalde darum, dass der Oberste Gerichtshof die Gesetze zur Straflosigkeit erneut bestätigte, um das Kapitel der gerichtlichen Verfahren definitiv zu schließen, bevor er sein Amt an Néstor Kirchner abgab. Der neue Präsident war anderer Auffassung und machte das schnell deutlich. In der ersten Woche seiner Amtszeit versetzte er die Spitze des Militärs, die Teil der Verhandlungen mit Duhalde und dem Gerichtshof gewesen war, in den Ruhestand. Er setzte das Dekret von De La Rúa außer Kraft, das den Richtern die Entscheidungsmacht über die Auslieferungsanträge entzogen hatte, brachte einen politischen Vorgang gegen die automatische Mehrheit von Menemisten im Obersten Gerichtshof in Gang und sprach sich für die Annullierung der Gesetze zur Straflosigkeit aus, die der Kongress im August 2003 dann auch beschloss. Am 24. März 2004 unterzeichnete er die Resolution, derzufolge das gesamte Gelände der ESMA in einen Ort der Erinnerung und der Menschenrechte umgewandelt werden sollte. Fast 50 Generäle und Admiräle, darunter der falsche Leutnant Vaca, der an einem der Flüge mit Scilingo beteiligt gewesen war, wurden auf Antrag von Baltasar Garzón in Buenos Aires festgenommen. Die spanische Regierung von José María Aznar brachte die Option von Verfahren in Argentinien ins Spiel, um die laufenden Auslieferungsverfahren zu unterbrechen, weshalb sie rasch wieder freigelassen wurden. Gleichzeitig begannen Gerichte im ganzen Land, Akten wieder zu öffnen und Verhaftungen anzuordnen.

Kurz darauf wurde in Madrid das Ermittlungsverfahren abgeschlossen, und Garzón erhob Anklage gegen Scilingo. Außer zu widerrufen, begann Scilingo einen Hungerstreik und weigerte sich, vor dem Nationalen Gerichtshof zu erscheinen, der daraufhin anordnete, ihn durch Sicherheitskräfte holen zu lassen. Als Zeuge vorgeladen, erklärte ich, dass Scilingo mir auch nach seinem ersten Widerruf weiterhin aus Madrid geschrieben hatte, mit neuen Details über die kriminelle Organisation der ESMA. Ich übergab seine Briefe an die Richter, Scilingo bestätigte, dass es seine Handschrift war. Das Gericht ordnete eine Gegenüberstellung an, die sehr schnell endete: Scilingo senkte den Blick und sagte: »Die Dinge haben sich so ereignet, wie Herr Verbitsky sie darlegt.« Im April 2005 wurde er zu 640 Jahren Gefängnis verurteilt, was vom spanischen Optimismus hinsichtlich der menschlichen Lebensdauer zeugt. 2007 wurde die Strafe vom Obersten Gerichtshof Spaniens gar auf 1084 Jahre angehoben.

Im März 2014 habe ich Scilingo im Gefängnis Alcalá Meco außerhalb von Madrid besucht. Körperlich gealtert und geistig antriebslos scheint er weiterhin auf eine Institution angewiesen zu sein, in der er sich aufgehoben fühlt: früher die argentinische Marine, jetzt der spanische Strafvollzug. Scilingo ist ein vorbildlicher Häftling, der das Vertrauen der Vorgesetzten gewonnen hat. Deshalb haben sie ihm einen Plastikausweis ausgestellt, mit dem er sich frei bis in den letzten Winkel des Gefängnisses bewegen darf. Der Wachmann, der mich zu dem Gesprächsraum gebracht hat, in dem wir dann auf gegenüberliegenden Seiten der Glasscheibe sitzend eine Stunde miteinander sprachen, hat mit Respekt und Hochachtung von »Don Adolfo« gesprochen. Der Richter, der den Besuch autorisiert hat, erklärte mir, dass Scilingo aufgrund der spanischen Vorschriften über Vollzugslockerungen immer längere Zeiträume außerhalb des Gefängnisses verbringen darf. Als ich ihn besucht habe, standen ihm für drei im Gefängnis verbrachte Monate sieben Tage in Freiheit zu. Aber er hatte diese Möglichkeit noch nie genutzt, seine einzigen Ausgänge von Alcalá Meco führten ihn zum Arzt oder Zahnarzt. Ich habe ihn gefragt, warum er von seinem Recht nicht Gebrauch mache. »Rausgehen interessiert mich nicht«, war seine einzige Antwort, von der es mir nicht gelang, ihn abzubringen. »Rausgehen interessiert mich nicht.« 20 Jahre nach der ersten Veröffentlichung dieses Buches und zehn Jahre nach seiner Verurteilung durch die spanische Justiz scheint er mit der Strafe, die er für seine Verbrechen gesucht hat, zufrieden zu sein.

Horacio Verbitsky, Oktober 2015

ANHANG

QUELLEN

Kapitel: Sagen wir die Wahrheit

Zur Vorgeschichte von Rolón und Pernías vgl. *Página/12,* 28.12.1993 und 19.10.1994. Die Aussagen zur Rolle von Pernías im Fall der französischen Nonnen wurden vor Gericht von folgenden Personen gemacht: Ricardo Héctor Coquet, Graciela Daleo, Sara Solarz de Osatinsky, Ana María Martí, María Alicia Milia de Pirles und Alberto Girondo; zu seinem Hinweis auf die Pallottiner-Priester: Daleo und Andrés Castillo; zum Entführungsversuch des Unternehmers Julio Broner in Venezuela: Lisando Raúl Cubas; über Pernías als Lehrmeister der Folter: Amalia Larralde. Der Gefangene, an dem die vergifteten Pfeile angewandt wurden, war Daniel Schapira.

Kapitel: Lob der Folter

Die Aussage von Menem, dass er die Beförderung der Folterer nicht beantragt habe, in *Página/12*, 29.12.1993. Massot über die Folter in *Página/12*, 02.01.1994. Die Debatte über die Folter zwischen Hesayne und Harguindeguy in *Página/12*, Beilage zu Begnadigungen 31.12.1990. Die Erklärung von Alain Juppé in *Clarín*, 26.10.1994. Zur Entscheidung des Blocks der Senatoren der Peronistischen Partei in *Página/12*, 27.10.1994. Menem über den Triumph des Gesetzes im Programm »Periodismo y medialunas« des Radiosenders FM Jai, 25.10.1994. Balza über die Demut gegenüber der Vergangenheit in *La Prensa*, 27.10.1994, über den Zweck und die Mittel, nachdem er Chef des Generalstabs geworden war, in *Somos*, 01.06.1992 und in seiner Rede vor den Absolventen des Militärkollegs in *Página/12*, 17.12.1993. Die Reportage über Mayorga war von Jorge Lanata, in der Zeitschrift *El Porteño* im April 1985. Seine Erklärungen zur Spritze, die den Gefangenen gegeben wurde, und seine Verteidigung der Folter in dem hervorragenden Buch von Tina Rosenberg, *The children of Cain*, William Morrow & Company, New York 1991, S. 86.

Kapitel: Ein christlicher Tod

Neben den vielen Zeugenaussagen über die direkte Beteiligung von Pernías, Rolón und anderen Marineangehörigen an Folterungen, existiert eine umfassende Untersuchung über die Anwendung der Folter während des schmutzigen Krieges. Eine unveröffentlichte Studie eines Überlebenden der ESMA besagt, dass jede Streitkraft die Folter unterschiedlich anwandte: Das Heer versuchte, die Anwendung der Picana an Kräfte der Polizei oder Gefangene, die die Seiten gewechselt hatten, zu delegieren. Die Luftwaffe hat mystische Zeremonien veranstaltet: Verschiedene Offiziere bedienten die Picana, Peitschen und Stöcke, und einer hielt dem Opfer tröstend die Hand. Die Marine behauptete, in jedem Krieg gebe es eine entscheidende Waffe, die der Elite vorbehalten bleiben müsse, und verglich die Picana mit dem Auslöser zum Abschuss einer Atomwaffe. Deshalb war ihre Anwendung gleichermaßen eine Aufgabe wie ein Privileg, das den Offizieren des Geheimdienstes in der ESMA vorbehalten war. Nur ausnahmsweise wurde der Gebrauch operativen Offizieren wie Astiz erlaubt, oder dem Personal der Sicherheitsabteilung. In der schlimmsten Zeit der ESMA war derjenige, der den Decknamen Puma benutzte, Kapitän Jorge Perren.

Kapitel: Die institutionalisierte Lüge

Die Rede von Massera in *La Nación,* 03.11.1976. Die erste Erklärung von Videla zu den Desaparecidos in *La Prensa*, 15.09.1977. Die Rechnung von Viola zu Verhafteten und Toten in *La Nación*, 30.09.1977. Die Reportage über Massera in seiner Biografie, Claudio Uriarte: *Almirante Cero*, Buenos Aires, Planeta 1992, S. 139. Die Ansprache Violas über die für immer Abwesenden in allen Morgenzeitungen von Buenos Aires am 30.05.1979. Die Prahlereien von Harguindeguy in *Clarín*, 22.09.1979 und in *La Nación*, 22.03.1980. Die Warnungen von Viola und Galtieri vor einem Aufstand im Heer in *Clarín*, 12.04.1980. In der gleichen Zeitung am 17.04.1980 Videlas Anspruch auf die Rechtmäßigkeit des schmutzigen Krieges. Die Antwort der Diktatur auf den Bericht der OEA* in *Clarín*, 20.04.1980. Die von Bignone formulierte Feststellung, dass der Konservative Francisco Manrique der einzige Politiker sei, der den schmutzigen Krieg mit Sorgen betrachte, in *La Nación*, 29.03.1987. Die Details über die Verhandlungen der Kirche und die Versöhnungsmesse wurden mir von Augusto Conte, einem Spitzenpolitiker des Partido Demócrata

Cristiano, der Christdemokratischen Partei, geliefert. Das Dokument der Junta, demzufolge die Parteien kein Urteil über den schmutzigen Krieg abgeben sollen, in *Clarín*, 12.11.1982.

Kapitel: Bumerang

Die Nachrichten der ANCLA*, die *Geschichte des schmutzigen Krieges* und der *Offene Brief eines Schriftstellers an die Militärjunta*, in Horacio Verbitsky: *Rodolfo Walsh y la prensa clandestina*, Buenos Aires, Ediciones de la Urraca, 1985.

Kapitel: Die Desinfektion

Die Aussagen der drei Frauen, die Pernías der Entführung der Nonnen beschuldigen, in der spanischen Zeitschrift *La Calle*, 23.10.1979. Jene von Horacio Maggio in der Januar-März Ausgabe 1979 der in Schweden publizierten Zeitschrift *Alternativa*.

Kapitel: Ein Humanist in Uniform

Die Reform des Gesetzbuches der Militärgerichtsbarkeit in der Abgeordnetenversammlung, *Diario de Sesiones*, 05.01.1984, und im Senat, *Diario de Sesiones*, 31.01. und 01.02.1984. Massera über den christlichen Humanismus während des schmutzigen Krieges, in seinen Aussagen bei den Vernehmungen vor dem Obersten Rat der Streitkräfte am 08.02. und 30.08.1984. Lambruschini über die Subversion in seiner Erklärung vor dem Obersten Rat der Streitkräfte am 13.02.1984.

Kapitel: Das Urteil der Menschen

Die Zeugenaussagen aus dem Prozess gegen die Militärjunta 1985 stammen von den Bandaufzeichnungen des Bundesgerichts vom 23.04. (die Admiräle Luis María Mendía und Pedro Santamaría), 25.04. (Admiral Antoine Sanguinetti), 02.05. (Jacobo Timerman), 04.07. (Marta Bettini de Devoto), 16.07. (der Priester Orlando Yorio, Kapitän zur See Óscar Quinteiro), 17.07. (der Ex-Rekrut Alejandro Hugo López, Fregattenkapitän Jorge Búsico und der ehemalige Unteroffizier Jorge Torres), 18.07. (Graciela Daleo, Miriam Lewin und Andrés Castillo) und am 25.07. (Carlos Muñoz). Dort auch das Plädoyer von Massera, 03.10.1985. Jenes von Rosario Quiroga im in Caracas aufgenommenen konsularischen Protokoll vom 13.07.1985. Der ehemalige Offizier Urien über das Unterrichten der Folter in Rosenberg: *The children of Cain*, S. 117.

Kapitel: Modus Operandi

Die Erklärung von Acosta vom 27.02.1987 stammt aus den Akten des Bundesgerichts, vom Angeklagten und den Richtern unterzeichnet. Über die Demonstration im Regen im Militärviertel wird in *La Nácion* vom 26. und *La Prensa* vom 27.02.1987 berichtet. Die Einzelheiten der Anwendung des ›Gesetzes auf flüchtige Gefangene zu schießen‹ bei den drei Gefangenen sowie die Entlassungsbescheinigung des Gefängnisses stammen aus den Akten des Bundesgerichts von Córdoba. Die Klage von Astiz über seine soziale Isolierung in Rosenberg: *The children of Cain,* S. 134. Juan Yofre über Astiz und Arduino, in *Ámbito Financiero*, 23.12.1987.

Kapitel: Whiskey und Tabletten

Die Beschreibung des kriminellen Plans im Urteil des Bundesgerichts, das Videla, Massera & Co im Dezember 1985 verurteilt hat. Die Aussagen zum blinden Gehorsam und dem notwendigen Respekt gegenüber dem gefangengenommenen Feind, im Urteil desselben Gerichtes zu Ramón Camps, ein Jahr später.

Kapitel: Eine durch den Tod geglättete Ebene

Der Funkspruch von Molina Pico in *La Prensa*, 04.03.1995. Zum Verhalten von Nuntius Laghi vgl. *Página/12* vom 09., 11., 12. und 16.03.1995. Die Bischöfe, die zugaben, dass die Kirche nicht genug getan habe, waren Justo Laguna, Carlos Galán, Domingo Castagna, Emilio Bianchi di Carcano und Jorge Casaretto. Bischof Hesayne über die Bischofskonferenz und die Madres de Plaza de Mayo in *Página/12*, 16.04.1995. Die Aussage von Feldwebel Ibáñez in *La Prensa*, 24.04.1995, jene von Feldwebel Caraballo in *Página/12*, 01.07.1995. Das *mea culpa* der Oberbefehlshaber der Streitkräfte Balza, Molina Pico und Paulik in allen Zeitungen von Buenos Aires am 25.04. und 04.05.1995.

CHRONOLOGIE

1930
stürzt ein Militärputsch Hipólito Yrigoyen vom Partido Radical, der Radikalen Partei, den ersten Präsidenten Argentiniens, der in freien Wahlen mit geheimer Stimmabgabe und Wahlpflicht gewählt worden war. Er repräsentierte den Aufstieg der neuen Mittelklassen von Einwanderern. In den kommenden fünf Jahrzehnten erleidet Argentinien mindestens einen Militärputsch pro Dekade, es regieren mehr Präsidenten, die durch Waffen, als solche, die durch Wahlen an die Macht gekommen sind. In dieser Phase, die bis zum Amtsantritt des demokratisch gewählten Raúl Alfonsín vom Partido Radical 1983 andauert, regieren nur zwei gewählte Präsidenten eine komplette Amtszeit von sechs Jahren, beide waren Generäle des Heeres im Ruhestand. Einer von ihnen, Augustín P. Justo, gelangt 1932 mittels Betrug an die Macht. Der andere, Juan D. Perón, wird während seiner zweiten Amtszeit 1955 gestürzt.

1943
übernimmt eine Gruppe von Militärs mit Sympathien für die Achsenmächte die Führung. Unter ihnen sticht der damalige Oberst Perón heraus, der Staatssekretär für Arbeit und Soziales, Kriegsminister und Vizepräsident ist. Von Beginn an entwirft er eine Politik für die Arbeiterrechte, die von der Sozialdoktrin der katholischen Kirche inspiriert ist.

1945
fordert eine spontane Demonstration, die sich von den Stadträndern aus ins Zentrum von Buenos Aires ausbreitet, die Freilassung Peróns, der von seinen eigenen Kameraden gefangen genommen worden war.

1946
wird Perón bei sauberen Wahlen zum Präsidenten gewählt.

1955

werfen am 16. Juni Marinefliegerkommandos 9,5 Tonnen Bomben auf der Plaza de Mayo gegenüber dem Präsidentenpalast Casa Rosada ab. Der Versuch, dadurch Perón, der drei Jahre zuvor mit 62 Prozent der Stimmen wiedergewählt worden war, zu stürzen, misslingt. Die Episode bildet den Ausgangspunkt für die Gewalt, die Argentinien in der Folge bis 1983 erleben würde. Im September stürzt eine Militärjunta Perón, löst den Kongress und den Obersten Gerichtshof auf, übernimmt die Kontrolle über die Gewerkschaften und regiert im Ausnahmezustand. Ein Dekret führt Gefängnisstrafen für diejenigen ein, die die Namen des Ex-Präsidenten Perón oder seiner Frau Eva, genannt Evita, in der Öffentlichkeit aussprechen. Die Militärs entführen die einbalsamierte Leiche von Eva Perón.

1956

werden im Juni der General Juan José Valle und zwei Dutzend zivile und militärische Peronisten auf Befehl des Militärpräsidenten Pedro Aramburu erschossen, eine Vergeltungsmaßnahme für einen Aufstand, der die Einberufung von freien Wahlen zum Ziel gehabt hatte. Im Oktober schickt Perón aus dem Exil seine ›Allgemeinen Richtlinien für alle Peronisten‹ und seine ›Anweisungen für Parteimitglieder‹. Darin empfiehlt er den bewaffneten Widerstand gegen die Regierung, den Aufbau von Guerillabewegungen, das Bombenlegen und die Ermordung des Gegners. Argentinische Militärs studieren an der Kriegsakademie von Paris, und französische Generäle unterweisen Offiziere in den Militärinstituten von Buenos Aires. Gelehrt werden Methoden der Aufstandsbekämpfung, wie Frankreich sie im Indochina- und Algerienkrieg praktizierte.

1958

wird Arturo Frondizi vom Partido Radical zum Präsidenten gewählt, mit den Stimmen der verbotenen peronistischen Bewegung, der er die Wiedereingliederung in das politische System versprochen hatte. Während der 46 Monate seiner Regierung gibt es 32 militärische Protestaktionen, einige davon mit dem Einzug von Panzern in den Straßen der argentinischen Hauptstadt. Der peronistische Widerstand wird intensiver, seine Aktivisten verüben Sprengungen von Pipelines und zahlreiche Sabotageakte in Fabriken. Streikende Eisenbahner militarisieren sich, und Soldaten übernehmen ihren Job. Kriegspanzer zerstören die Kühlhäuser der Schlachterei *Lisandro de la Torre*, die von ihren Arbeitern besetzt worden war. In diesem Jahr kommen die ersten Vertreter der *Cité Catholique*, einem Ableger der von Charles Maurras begründeten katholischen, monarchistischen und rechtsextremen Gruppierung *Action Française*, nach Argentinien. Mit ihnen gelangen die Doktrin des konterrevolutionären Krieges, die Techniken der Folter und deren dogmatische thomistische Grundlegung an den Río de la Plata. Von Jean Ousset, dem Privatsekretär Maurras' begründet, hatte sich die *Cité Catholique* in den französischen Streitkräften und insbesondere unter den Geheimdienstoffizieren verbreitet. Das Mitglied Oberst Charles Lacheroy stellte als Erster Überlegungen zu den ideologischen und technischen Gründen für die französische Niederlage im Indochinakrieg an. Roger Trinquier, ein weiteres Mitglied der Organisation, schrieb mehrere Bücher über die Folter, die in dem einschlägigen und bekannten Werk *La guerre moderne* kulminieren. Ein dritter Mitstreiter von Ousset war der Oberst Jean Gardes, französischer Experte der *Acción Sicologica*. Zusammen entwarfen sie ein neues Konzept, das der ›Subversion‹, das einen wandelbaren, essentiellen Feind definiert, der nicht durch seine Handlungen bestimmt wird, sondern durch das Ziel, die christliche Ordnung, das Naturgesetz oder den Plan der Schöpfung zu unterwandern. Deshalb gilt für Ousset, dass »der revolutionäre Apparat eher ideologisch denn politisch und eher politisch denn militärisch zu denken ist«, was nicht zuletzt das breite Spektrum seiner Feinde erklärt (vgl. Marie-Monique Robin: *Escadrons de la mort, l'école française*. Editions de la Découverte, Paris 2004).

1959

ziehen am 1. Januar Fidel Castro und der argentinische Arzt Ernesto Che Guevara triumphierend in Havanna ein. Sie schlagen vor, die Gebirgskette der Anden in eine große *Sierra Maestra* zu verwandeln, jenes Gebirge, in dem der kubanische Aufstand seinen Anfang genommen hatte.

1960

wird John F. Kennedy zum Präsidenten der Vereinigten Staaten von Amerika gewählt.

1961

nimmt der persönliche Vertraute von Perón, John William Cooke, am kubanischen Widerstand gegen die Invasion in der Schweinebucht teil. Cooke schlägt Perón vor, sich dort niederzulassen, aber der Ex-Präsident zieht es vor, nach Spanien zu gehen, wo er bis 1973 bleiben wird. Kennedy verabschiedet die *Allianz für den Fortschritt* zur wirtschaftlichen Zusammenarbeit von Nord- und Südamerika. Die innenpolitische Dynamik Argentiniens wird von den strategischen Konflikten des Kalten Krieges überlagert. Nach dem Waffenstillstand in Algerien kommen französische Militärs und Geistliche nach Buenos Aires, und es erscheint die erste spanischsprachige Ausgabe von *Der Marxismus-Leninismus* von Jean Ousset. Übersetzer ist der Geheimdienstchef des Heeres, Oberst Juan Francisco Guevara, der 1955 am Sturz Peróns beteiligt gewesen war. Das Vorwort stammt von Kardinal Antonio Caggiano, Vorsitzender der Bischofskonferenz und Generalvikar des Militärs. Caggiano wird der Lehrmeister für die Ausbildung argentinischer Militärs in der französischen Doktrin des konterrevolutionären Krieges und der zugehörigen Dogmatik. Er schreibt in seinem Vorwort, man müsse sich auf »einen Todeskampf« vorbereiten, der »höchst ideologisch« sein werde und dessen Gegner »noch nicht zu den Waffen gegriffen« haben. Dieser Satz ist eine weitere deutliche Bestätigung für das Ausmaß des Massakers, das bereits geplant worden war, bevor sich die erste Guerillaorganisation im Land formiert hatte.

In der Kriegsakademie wird ein erster interamerikanischer Kurs zum konterrevolutionären Krieg mit französischen und argentinischen Dozenten abgehalten. Unter den Teilnehmern sind Militärs aus den USA.

1962

lässt Frondizi peronistische Bewerber zu den Wahlen von Landesgouverneuren zu. Einer von ihnen gewinnt die entscheidende Provinz Buenos Aires, was den Anfang des Endes von Frondizi bedeutet. Interne Gruppierungen des Militärs sorgen dafür, dass der Senatspräsident, José María Guido, und nicht der Oberbefehlshaber des Heeres das Amt des Präsidenten übernimmt. Im September kämpfen die militärischen Fraktionen mit Waffengewalt um die Kontrolle über den schwachen Präsidenten Guido.

1963

bekämpfen sich im April die gegnerischen militärischen Fraktionen erneut, mit Flugzeugangriffen und Panzern. Die Panzer des Heeres zerstören die Landebahnen der Marineflieger, was lang anhaltende Feindseligkeiten auslöst. Aus diesen Kämpfen geht mit General Juan Carlos Onganía ein neuer starker Mann hervor, der sich als Hüter über »die Armee, die Verfassung und die Gesetze« präsentiert und sagt, er unterstütze den Aufruf zu Wahlen, um sich danach wieder seinem Beruf zu widmen und ohne in die »Innenpolitik« einzugreifen. Doch fünf Wochen nachdem er so klar erklärt hatte, sich den zivilen Autoritäten zu unterwerfen, wurde der Peronismus wieder verboten. Im Juni wird Arturo Illia vom Partido Radical mit nur 23 Prozent der Stimmen zum Präsidenten gewählt.

1964

bleibt Onganía Oberbefehlshaber des Heeres. Von der US-amerikanischen Militärakademie in West Point aus formuliert er die Doktrin der ideologischen Grenzen und fordert die Intervention der Armee im Inneren als ein Kontrollorgan jenseits der Verfassung. In der Provinz Salta zerschlägt die Polizei ein marxistisches Guerillakommando. Der französische Präsident Charles de Gaulle besucht Argentinien. Perón ordnet aus dem Exil an, ihn zu empfangen, als sei er selbst es. Im ganzen Land protestieren die Massen bei Demonstrationen gegen die Regierung. Monate später versucht Perón nach Argentinien zurückzukehren, aber auf Drängen der Regierung Illia wird sein Flugzeug in Río de Janeiro von brasilianischen Militärs festgehalten.

1965

erzielt der Peronismus gute Ergebnisse bei allen Wahlen, bei denen er zugelassen wird, was seinen Sieg bei den im folgenden Jahr anstehenden Wahlen in der Provinz Buenos Aires vorhersehen lässt.

1966

stürzt am 28. Juni eine Militärjunta Präsident Illia vor dem anberaumten Wahltag in der Provinz Buenos Aires, installiert Onganía als Präsidenten und erlässt ein *Revolutionäres Statut*, das über der Verfassung steht. Der Kongress und der Oberste Gerichtshof werden erneut aufgelöst, die Arbeit von Parteien und Gewerkschaften verboten. Die klerikale Organisation *Opus Dei* ist wichtiger Bestandteil des Kabinetts. Kardinal Antonio Caggiano unterzeichnet das Protokoll der Amtsübernahme Onganías und nimmt an allen offiziellen Zeremonien teil. Onganía und eine Reihe von prominenten Generälen partizipieren an geistlichen Treffen, bei denen sie Kontakt zu den fundamentalistischen katholischen Gruppen der Zeitschrift *Verbe* und der *Cité Catholique* bekommen.

1967
wird Che Guevara als Anführer einer kleinen Guerillagruppe gefangen genommen und durch das bolivianische Heer getötet. Nach eigenen Worten hatte er als Teil seines revolutionären Kampfes ›zwei, drei, viele Vietnams‹ gründen wollen.

1968
wird ein Kommando von einem halben Dutzend Guerillakämpfern der FAP* in der Provinz Tucumán zerschlagen.

1969
besetzen Arbeiter und Studenten, vereint im Protest gegen die Sozial- und Wirtschaftspolitik Onganías, Córdoba, die zweitgrößte Stadt des Landes. Die Polizei ist überfordert, das Heer interveniert und schießt auf die Menge, um die Kontrolle über die Stadt wiederzugewinnen. Am gleichen Tag tötet ein unbekanntes Guerillakommando den Funktionär der Metallgewerkschaft, Augusto Vandor, der paradigmatisch für das Bündnis zwischen gewerkschaftlicher peronistischer Bürokratie und dem Establishment des Militärs galt. Während der auf diese Episoden folgenden Unruhen kommt Nelson Rockefeller auf seiner Lateinamerika-Mission nach Argentinien. In seinen Notizen für Präsident Nixon beschreibt er eine wachsende kommunistische Bedrohung, lobt die Rolle der Streitkräfte und empfiehlt die Stärkung der Polizeikräfte des Kontinents. Onganía kündigt eine Prozession zum Heiligtum in San Luján an, um Argentinien dem Herz der Heiligen Maria zu weihen. Doch die katholische Kirche ist gespalten: Unter den Eindrücken des Zweiten Vatikanischen Konzils und der lateinamerikanischen Bischofskonferenz von Medellín verteidigen viele Bischöfe und Geistliche die sogenannte Option für die Armen, rechtfertigen die gewaltsame Antwort auf die Repression und fassen einen Dialog zwischen Katholiken und Marxisten ins Auge. Alle Bedingungen für eine weitere Militarisierung der Politik sind gegeben.

1970

entführt am 29. Mai ein Kommando der neuen Organisation der Montoneros – die ihren Namen von den irregulären Gaucho-Truppen ableiten, die sich dem pro-britischen Liberalismus im 19. Jahrhundert widersetzt hatten – den Ex-Diktator Aramburu. Nach einer Persiflage eines Prozesses für die Erschießungen von 1956 wird Aramburu in einem Keller ermordet und sein Leichnam in Kalk eingelegt. Aus seinem Exil in Madrid billigt Perón die Aktion und gratuliert den Montoneros, die in ihrem ersten Kommuniqué die Seele Aramburus Gott anvertrauen. Die Mitglieder dieses Montonero-Kommandos stammen aus der Organisation *Acción Catolica* und engagieren sich in der von Geistlichen organisierten Sozialarbeit in den ärmsten Regionen des Landes. Die Montoneros kombinieren Attentate auf Angehörige des Militärs und Gewerkschaftsführer mit der Stadtteilarbeit und der politischen Organisation der Juventud Peronista, der Peronistischen Jugend. Onganía wird durch das Heer gestürzt, das an seiner Stelle den Militärattaché aus Washington, General Robert Levingston, installiert, ein Spezialist in der Aufstandsbekämpfung. Massive Proteste gegen die Sozial- und Wirtschaftspolitik und für eine politische Öffnung weiten sich im ganzen Land aus, das für die Militärs nicht mehr regierbar ist. Während die peronistischen Gewerkschaften Absprachen mit der Regierung treffen, organisieren Gewerkschaftsführer der Basis, die Montoneros und die Juventud Peronista den Widerstand gegen die Militärdiktatur. Der Bruch, den man zuvor in der Kirche beobachten konnte, vollzieht sich nun innerhalb des Peronismus. Perón sagt, er müsse agieren wie der Heilige Vater, und verteilt seinen Segen auf alle verfeindeten Gruppierungen. Kleine marxistische Guerillagruppen wie das ERP* oder die FAR* entstehen. Beide sind von den kubanischen, chinesischen und vietnamesischen Erfahrungen inspiriert, aber während das ERP* der Orthodoxie treu bleibt, beginnen die FAR* einen Prozess der Annäherung an die Massenbewegung des Peronismus.

1971

entmachtet der Chef des Heeres, General Alejandro Lanusse, Levingston, übernimmt die Präsidentschaft und beruft Wahlen ein, zu denen zum ersten Mal die Peronisten zugelassen werden. Angesichts der Schwierigkeiten, sie mit Waffengewalt zu bekämpfen, ist seine Idee, der peronistischen Guerilla durch ihre Legitimierung ihr stärkstes Schwert zu nehmen, und sie in der Folge politisch und sozial zu isolieren.

1972

überreicht Lanusse als Zeichen seines guten Willens Perón in Madrid den einbalsamierten Körper Evitas, den die Militärs mithilfe der Kirche auf einem italienischen Friedhof versteckt gehalten hatten. Lanusse legt fest, dass nur Kandidaten, die ihren Wohnsitz vor August des Jahres bereits im Land hatten, zu den Wahlen zugelassen werden, und fordert Perón in einer militärischen Ansprache heraus: »Er wird nicht den Schneid haben, zurückzukommen!« Perón kehrt im November nach Argentinien zurück und wird von hunderttausenden jubelnden Menschen empfangen. Da er aufgrund der abgelaufenen Frist nicht antreten darf, nominiert er seinen persönlichen Vertrauensmann Héctor J. Cámpora, und kehrt nach Madrid zurück. Die zentrale Parole für die Wahlen lautet dann: ›Cámpora an die Regierung, Perón an die Macht‹. Am 22. August exekutiert die Marine in ihrem Flottenstützpunkt Trelew unter Vortäuschung eines Fluchtversuchs ein Dutzend inhaftierter Guerilleros. Ihre Körper werden im Hauptsitz des Partido Justicialista, der Peronistischen Partei, aufgebahrt. Die Polizei stürmt den Parteisitz und entführt die Särge, um so eine eventuelle Autopsie zu verhindern. Während des Wahlkampfes sind bei allen Veranstaltungen die Sprechchöre ›FAR* und Montoneros sind unsere Compañeros‹ zu hören, was beim Militär große Empörung hervorruft.

1973

wird Héctor J. Cámpora am 11. März zum Präsidenten Argentiniens gewählt. Zu seinem Amtsantritt am 25. Mai lädt er den chilenischen Präsidenten Salvador Allende und den Kubaner Osvaldo Dorticós ein. Seine erste Entscheidung ist die Freilassung aller inhaftierten Guerilleros – eine Entscheidung, die einstimmig durch den Kongress bestätigt wird, der auch die Sondergerichte zur Verurteilung von Guerilleros als verfassungswidrig auflöst. Nach und nach kommen die Inhaftierten aus den Gefängnissen im ganzen Land in ihre Städte zurück und werden in den regionalen Regierungssitzen wie Helden empfangen. Die FAR* fusionieren mit den Montoneros zu einer Organisation. Am 20. Juni macht sich Perón zu seiner definitiven Rückkehr auf. Sein Privatsekretär und Minister der Regierung Cámpora, José López Rega, ein Ex-Polizeipräsident und esoterischer Astrologe, paktiert mit Gewerkschaftern und Militärs. Man bringt eine mit Bewaffneten besetzte Vorrichtung an jener Bühne nahe des Flughafens von Ezeiza an, auf der Peróns erster Auftritt in Argentinien geplant ist.

Die Versammlung der Menschenmenge beginnt bereits am Abend vor Peróns Ankunft, man schätzt über eine Million Menschen. Als sich die Kolonnen der Juventud Peronista nähern, wird von der Bühne aus das Feuer auf sie eröffnet. Die Versammlung löst sich auf, es gibt mindestens 13 Tote und 300 durch Schüsse Verletzte. Perón bezieht gegen die Montoneros Stellung und zwingt Cámpora zum Rücktritt. Raúl Lastiri, Schwiegersohn des ›Hexers‹ López Rega, wird Interimspräsident und ruft erneut Wahlen aus. Am 23. September wird Perón zum dritten Mal zum Präsidenten gewählt, mit einer Zusatzformulierung, die seine Frau Isabelita zur Vizepräsidentin macht. Zwei Tage später ermorden die Montoneros José Rucci, den Generalsekretär des Gewerkschaftsbundes CGT*, der als einer der Verantwortlichen für die Vorfälle in Ezeiza verdächtigt wird, aber sie bekennen sich nicht zu der Tat, um Perón nicht zu provozieren. Die ERP* entführt weitere US-amerikanische Unternehmer, um Lösegeld zu erpressen, und greift Lager des Heeres an. Das Vorgehen schwächt den Heereschef General Jorge Carcagno, der bei der *Konferenz der Armeen* in Caracas die ›Doktrin der Nationalen Sicherheit‹ abgelehnt hatte. Perón, der sein Überlaufen zu den Montoneros befürchtet, versetzt Carcagno in den Ruhestand.

1974
nennt Perón beim Festakt zum 1. Mai die Montoneros Dummköpfe und Jünglinge, woraufhin diese ihm die kalte Schulter zeigen und sich die Plaza de Mayo zur Hälfte leert. Perón stirbt am 1. Juli, Isabelita übernimmt die Präsidentschaft, doch hinter ihr regiert López Rega. Es beginnen Aktionen der Triple A*, die Intellektuelle und Politiker, die im Verdacht stehen, Verbindungen zu den Guerillagruppen zu haben, verschleppt und ermordet. Im September erklären die Montoneros, fortan aus dem Untergrund zu agieren. Die ERP* eröffnet eine Guerillafront im ländlichen Gebiet der nördlichen Provinz Tucumán.

1975
verlieren die Aktionen der Montoneros ohne den politischen Schutz des Peronismus an Heftigkeit und Akzeptanz. Isabelita beauftragt das Heer, die wachsenden sozialen Unruhen unter Kontrolle zu bekommen, und der Oppositionschef des Partido Radical, Ricardo Balbín, nennt die streikenden Arbeiter eine »industrielle Guerilla«.

Die Regierung beauftragt das Heer, »die Aktionen der Subversion zu vernichten«, zuerst in Tucumán, dann im ganzen Land. Der Oberbefehlshaber der Truppen in Tucumán ist General Adel Vilas, ein Schüler der Franzosen, der die Folter in einem solchen Kampf als die ausgewählte Waffe verteidigt, und die Ausweitung des Konflikts auf die Universitäten fordert. Sein Nachfolger wird General Domingo Bussi, der seine Ausbildung zur Aufstandsbekämpfung in Vietnam absolviert hatte. Aus Tucumán vertrieben versuchen die ERP* in den letzten Tagen des Jahres einen verzweifelten Schlag gegen eine Kaserne in Buenos Aires. Das Scheitern besiegelt das Ende der Organisation. Die Montoneros greifen eine Kaserne in der Provinz Formosa an – eine Aktion, wie sie bislang nur die ERP* durchgeführt hatte –, und auch sie erleiden starke Verluste. Der Nachfolger von Caggiano als Vorsitzender der Bischofskonferenz und Generalvikar des Militärs, Monsignore Adolfo Tortolo, kündigt bei einer Veranstaltung von Unternehmern an, dass ein Prozess der Säuberung bevorstehe. Der Einsatzbefehl des Heeres schließt spezielle Verhörmethoden ein, ein Euphemismus für Folterungen. Gleiches praktiziert die Marine, wie deren Einsatzleiter, Admiral Luis Mendía, es seinen Offizieren im Flottenstützpunkt von Puerto Belgrano erklärt. Er sagt, dass diese Methoden sowie die Eliminierung der lebendigen Gefangenen durch das Ins-Wasser-Werfen von der kirchlichen Hierarchie gut geheißen worden seien. Angesichts der internationalen Isolierung der chilenischen Diktatur unter Augusto Pinochet entscheiden die argentinischen Militärs, verdeckt zu agieren.

1976

besuchen die Oberbefehlshaber von Heer, Marine und Luftwaffe Monsignore Tortolo in seinem Sitz der Bischofskonferenz. Stunden später, am 24. März, setzen sie Isabel Perón ab und inhaftieren sie. Der Gouverneur der Provinz La Rioja, Carlos Menem, und andere peronistische Parteiführer werden auf ein im Hafen von Buenos Aires liegendes Schiff der Marine verbannt. Ein weiteres Mal werden der Kongress und der Oberste Gerichtshof aufgelöst. In Einheiten der Streitkräfte und der Polizei werden geheime Konzentrationslager eingerichtet, in die die entführten Personen gebracht werden, immer des Nachts und ohne richterliche Anordnung. Dort werden sie gefoltert und anschließend im Verborgenen eliminiert. In einer Sitzung der Bischofskonferenz verteidigt Tortolo die Folter mit theologischen Argumenten. Die Militärjunta ernennt den Oberbefehlshaber des Heeres, Jorge Videla, zum Präsidenten, wird aber von internen Querelen zerrissen. Die alten Eifersüchteleien zwischen Heer und Marine brechen erneut auf: Die zentrale Figur hierbei ist Admiral Emilio Massera, der auf dem Standpunkt beharrt, dass die dreiköpfige Junta das Machtorgan ist, und Videla lediglich ihr delegierter Verwalter. Den von der Militärjunta verabschiedeten Plänen gemäß untersteht die Führung des schmutzigen Krieges dem Heer und die Zuständigkeiten sind klar festgelegt. Doch Massera respektiert die Vereinbarungen nicht und drängt in den Zuständigkeitsbereich des Heeres, um seine Macht innerhalb des Militärs auszubauen. Sein Instrument ist die ESMA, in der ein geheimes Konzentrationslager betrieben wird. Die hier agierende Einsatzgruppe 3.3. untersteht direkt Oberbefehlshaber Massera, der an einigen Operationen persönlich teilnimmt. Massera spielt regelmäßig mit dem Apostolischen Nuntius Pío Laghi Tennis. Am 19. Juli erschießt eine Patrouille des Heeres den Anführer der ERP*, Roberto Santucho, womit die Zerschlagung der Organisation komplett war. Bei einem Frühstück während der Konferenz der OEA* im Juni in Chile berichtet der argentinische Außenminister Admiral César Guzzetti seinem US-amerikanischen Amtskollegen Henry Kissinger, wie das argentinische Militär gerade vorging. Kissinger sagt ihm, sie müssten den Kampf gegen die Terroristen vor der Einsetzung des neuen US-Kongresses im Januar 1977 beendet haben. Kissinger ist zuversichtlich, dass Gerald Ford wiedergewählt werden würde, dieser jedoch unterliegt Jimmy Carter.

1977

empfinden die argentinischen Militärs Carters Politik der Verteidigung der Menschenrechte als Verrat und wenden sich der ultrakonservativen Opposition, zum Beispiel dem Senator Jesse Helms, zu. Videla empfängt die Abgesandte von Präsident Carter, Patricia Derian, und sagt ihr, er habe die unteren Dienstgrade nicht unter Kontrolle. Nuntius Pío Laghi empfiehlt Derian, ihre Regierung möge Videla nicht in Fragen der Menschenrechte unter Druck setzen, denn das könnte kontraproduktiv sein, und erklärt, der Diktator sei ein guter Katholik. Am 25. März wird der Schriftsteller und Journalist Rodolfo Walsh entführt, nachdem er seinen *Offenen Brief an die Militärjunta* veröffentlicht hatte, in dem Folterungen und Ermordungen von Gefangenen explizit benannt werden. Walsh, selbst Montonero, sagte, dass schlimmste Verbrechen der Militärs sei die geplante Verelendung von Millionen Menschen. Kurz vor Weihnachten werden in der Kirche von Santa Cruz die Angehörigen des Gründungskerns der Madres de Plaza de Mayo entführt, während sie Geld für die Veröffentlichung einer Liste mit Namen von verschwundenen Personen sammeln. Leutnant Alfredo Astiz hatte sich in die Gruppe eingeschlichen und vor dem Moment des Zugriffs die Opfer markiert. Sie werden in der ESMA von Leutnant Antonio Pernías gefoltert und tauchen nie wieder auf. Zu der Gruppe gehören zwei französische Nonnen, Alice Domon und Léonie Duquet. Andere Gefangene der ESMA bleiben am Leben, im Gegenzug kollaborieren sie unter Zwang, und zwar für die politische Karriere Masseras, der das Ziel hat, der neue Führer des Peronismus zu werden. Verantwortlich für diese Gruppe von Gefangenen ist Leutnant Juan Carlos Rolón. Einige dieser Gefangenen werden später freigelassen und bringen, nachdem sie das Land verlassen haben, das repressive Vorgehen in der ESMA zur Anzeige.

1978
geht Admiral Massera in den Ruhestand. Sein Nachfolger, Armando Lambruschini, berät sich mit Nuntius Laghi über die Situation der Gefangenen: Er will sie nicht umbringen, befürchtet aber, dass sie, wenn er sie am Leben lässt, erzählen könnten, was sie gesehen haben.

1979
besucht die Interamerikanische Menschenrechtskommission der OEA* Argentinien. Während der Mission entscheidet die Einsatzgruppe der ESMA, die Gefangenen übergangsweise in einem anderen Konzentrationslager unterzubringen. Unter Benutzung der Dokumente eines Gefangenen, dessen Unterschrift sie fälschen, erwirbt die ESMA von der Kirche ›El Silencio‹, ein Eiland im Delta des Río Paraná, das der Wochenenderholung des Kardinals von Buenos Aires, Juan Carlos Aramburu, dient. Nachdem die Kommission das Land wieder verlassen hat, werden die Gefangenen zurück in die ESMA gebracht und die Insel wird erneut verkauft. Es ist der einzige bekannte Fall in der Geschichte der Neuzeit, in dem sich ein Konzentrationslager auf Ländereien befindet, die Eigentum der Kirche sind. Argentinische Militärs beraten Diktator Anastasio Somoza in Nicaragua.

1980

sagt der Bericht der OEA*, dass tausende Desaparecidos durch staatliche Gewaltanwendung gestorben sind, und bestätigt den alarmierenden und systematischen Einsatz von Folter. Die Regierung antwortet, der Staat habe unter Anwendung »angemessener Mittel« sein Recht auf Selbstverteidigung ausgeübt. Adolfo Pérez Esquivel von der SERPAJ*, der die massiven Menschenrechtsverletzungen öffentlich verurteilt hatte, erhält den Friedensnobelpreis. Nach dem Sturz Somozas durch die Sandinisten, die Unterstützung von argentinischen Montoneros erhalten hatten, trainieren argentinische Militärs in Absprache mit der CIA die ersten Kontingente der Contras. Außerdem unterweisen sie Militärs von Honduras, Guatemala und El Salvador in Foltermethoden. Ronald Reagan wird zum Präsidenten der USA gewählt.

1981

ist das Land in einer wirtschaftlichen Krise und erlebt eine rasche Aufeinanderfolge von Militärpräsidenten. Im März folgt General Roberto Viola auf Videla, der im Dezember durch Leopoldo Galtieri ersetzt wird. Die politischen Parteien fordern Wahlen und die Gewerkschaften wirtschaftliche Fortschritte.

1982

besetzt am 2. April das argentinische Militär die Falklandinseln, Südgeorgien und die Südlichen Sandwichinseln, die seit den ersten Jahrzehnten des 19. Jahrhunderts unter britischer Herrschaft standen. Die Regierung von Margaret Thatcher entsendet eine gewaltige Flotte zur Rückeroberung der Inseln. Die Marine, die die Besetzung initiiert hatte, zieht ihre Flotte angesichts der Ankündigung Großbritanniens, an Bord ihrer U-Boote seien Nuklearwaffen, an die Küste zurück. Nachdem die Inseln Südgeorgiens kampflos aufgegeben werden, nehmen die Briten Astiz fest. Als die letzte britische Offensive beginnt, entlässt Oberstleutnant Martín Balza seine Soldaten und bleibt selbst mit den Offizieren, die ihre letzten Kugeln verschießen, bis sie im Moor versinken oder ihnen die Kanonenrohre versagen. Nach wenigen Gefechtstagen ergeben sich die argentinischen Truppen. Galtieri wird von den Seinen abgesetzt. Tödlich getroffen, beruft die Diktatur Wahlen ein.

1983

verfügen ordentliche Gerichte die Festnahme Masseras wegen des Mordes am Ehemann einer Geliebten, den er auf seine Dienstyacht zu einem Segelausflug eingeladen hatte. Das Vermögen des Mannes, ein Unternehmer namens Fernando Branca, wurde in den folgenden Monaten verscherbelt, und zwar mithilfe von selbst autorisierten Dokumenten, die der argentinische Konsul in Miami legalisiert hatte. Danach starb er. Auch der Notar weiterer Verkäufe und der Vorarbeiter eines Feldes von Branca starben kurz darauf an Herzversagen.

Im September verabschiedet die Militärjunta eine Autoamnestie für alle Mitglieder der Streitkräfte, denen Menschenrechtsverletzungen vorgeworfen wurden. Im Oktober gewinnt der Vorsitzende des Partido Radical, Raúl Alfonsín, die Präsidentschaftswahl mit 52 Prozent der Stimmen. Es ist die erste Niederlage des Peronismus bei sauberen Wahlen. Am 10. Dezember tritt Alfonsín das Amt an. Der neue Kongress erklärt das Autoamnestiegesetz für ungültig. Alfonsín setzt mit der Conadep* eine Präsidialkommission von bekannten Persönlichkeiten ein, um die Verstöße gegen die Menschenrechte zu untersuchen, und fordert die Justiz auf, Videla, Massera & Co vor Gericht zu stellen. Eine Reform des Gesetzbuches der Militärgerichtsbarkeit legt fest, dass vor dem Obersten Rat der Streitkräfte, also einem Militärgericht, Recht gesprochen wird, mit einer Möglichkeit der Berufung vor dem zivilen Bundesgericht.

1984

ordnet auf Ersuchen der nationalen Regierung, die eine Selbstreinigung des Militärs fordert, die Militärgerichtsbarkeit die Festnahme der drei Oberbefehlshaber an, die 1976 die Macht ergriffen hatten. Die Conadep* übergibt unter ihrem Vorsitzenden, dem Schriftsteller Ernesto Sábato, ihren Bericht an Präsident Alfonsín. Er besagt, dass die Menschenrechte systematisch und von Staats wegen verletzt worden sind, und dass Desaparecidos, nachdem sie gefoltert worden waren, in den Río de la Plata bzw. das Meer geworfen wurden. Er bestätigt 9000 Opfer mit Namen und Nachnamen, vermutete aber eine höhere Zahl. In einer Antwort behauptet das Militärgericht, die von den ehemaligen Junta-Mitgliedern erteilten Befehle seien tadellos gewesen. Das Bundesgericht entzieht daraufhin der Militärgerichtsbarkeit das Verfahren und führt den Prozess fort, der sich auch auf jene Junta-Mitglieder ausdehnt, die dem ersten Führungstrio gefolgt waren. Insgesamt wird neun ehemaligen Oberbefehlshabern der Prozess gemacht, von denen drei auch De-facto-Präsidenten waren.

1985

nimmt im Prozess gegen die Militärjunta das Bundesgericht von April bis September in täglich zwölf Stunden dauernden Sitzungen die Zeugenaussagen von Überlebenden der geheimen Konzentrationslager sowie von nationalen und internationalen Persönlichkeiten und Experten auf. Am 9. Dezember werden Videla und Massera wegen ihrer Verantwortung für heimtückische Morde, unrechtmäßige Freiheitsberaubungen, Folter und Raubes in zahlreichen Fällen zu lebenslangen Freiheitsstrafen verurteilt; Ex-General Roberto Viola wegen unrechtmäßiger Freiheitsberaubungen, Folter und Raubes zu 17 Jahren; Ex-Admiral Armando Lambruschini wegen unrechtmäßiger Freiheitsberaubungen und Folter zu acht Jahren und Ex-Brigadegeneral Ramón Agosti wegen Folter und Raub zu vier Jahren und sechs Monaten Freiheitsstrafe. Außerdem wurden alle aus dem Dienst entlassen. Das Urteil beschreibt den »kriminellen Plan« der ehemaligen Oberbefehlshaber, der darin bestanden habe, »Verdächtige zu fassen, sie unter inhumanen Bedingungen an geheimen Orten gefangen zu halten, sie unter Folter zu verhören, um an Informationen zu gelangen, und sie schließlich der Justiz oder der Exekutive zu übergeben oder sie physisch zu eliminieren«. Außerdem stellt das Urteil fest, dass die Verantwortung der tatsächlichen Täter untersucht werden müsse, und dass der Gehorsam in der Ausführung von Befehlen die Vollstrecker von abscheulichen Verbrechen nicht entschuldige.

1986

bestätigt der Oberste Gerichtshof diese Urteile, wenngleich er die Strafe von Viola auf 16 Jahre und sechs Monate und die von Agosti auf drei Jahre und neun Monate Freiheitsstrafe reduziert. Das gleiche Gericht verurteilt die ehemaligen Polizeichefs von Buenos Aires, Leutnant Ramón Camps und General Pablo Ovidio Riccheri, zu 25 bzw. 14 Jahren Freiheitsstrafe; den stellvertretenden Polizeichef, Kommissar Miguel Osvaldo Etchecolatz, zu 23 Jahren, den Arzt Jorge Bergés zu sechs und den Korporal Norberto Cozzani zu vier Jahren Haft. Somit ist die gesamte repressive Pyramide von den höchsten Militärs bis hin zu unteren Polizeirängen und zivilen Kollaborateuren abgedeckt.

Das gleiche Gericht zieht den Prozess über die Taten in der ESMA an sich. Aus Sorge vor den Reaktionen innerhalb des Militärs erreicht Alfonsín, dass der Kongress das Schlusspunktgesetz verabschiedet: Demzufolge haben die Richter 60 Tage Zeit, Verfahren gegen jene zu eröffnen, die beschuldigt werden, an Menschenrechtsverletzungen beteiligt gewesen zu sein. Nach Ablauf dieser Frist würden alle Fälle als verjährt gelten.

1987

als im Februar die Frist von 60 Tagen abgelaufen ist, haben Bundesgerichte im ganzen Land nicht Verfahren gegen 30 oder 40 Militärs aufgenommen, wie die Regierung erwartet hatte, sondern gegen fast 400. Obschon die Belege nicht in jedem Fall erdrückend sind, so schützen sich die Richter damit doch vor dem Versuch der Regierung, sie für die Straffreiheit verantwortlich zu machen. Das Bundesgericht der Hauptstadt Buenos Aires ordnet im Fall der ESMA die Verhaftung von vier Generälen im Ruhestand und einem Dutzend von Offizieren, darunter Astiz und Pernías, an. In dem Maße, in dem Vorladungen für Offiziere, gegen die Verfahren anhängig sind, auch in anderen Teilen des Landes ankommen, steigt die Anspannung unter den Militärs. Am 15. April ignoriert Oberstleutnant Ernesto Barreiro die Vorladung des Bundesgerichts von Córdoba, vor dem er Aussagen zu Folter und heimtückischem Mord machen soll. Oberstleutnant Aldo Rico besetzt die Infanterieschule der größten Militärkaserne des Landes. Seine Kommandos, die aufgrund ihrer mit Tarnfarbe angemalten Gesichter Carapintadas genannt werden, fordern, dass die Prozesse gegen ihre Kameraden unterbrochen werden. »Der steinige Weg des Gesetzes und die juristische Schikane sind nicht das natürliche Umfeld des Soldaten. Der Soldat ist ausgebildet, um Zähne zu zeigen und zu beißen, seine Natur ist der Kampf und seine Macht basiert auf dem Gewaltmonopol, das er innehat«, erklärt er in einem Dokument. Der Präsident ordnet die Niederschlagung der Aufständischen an, doch die militärischen Kolonnen brauchen auf ihrem Weg Tage, um wenige hundert Kilometer zurückzulegen. Vor der Gesetzgebenden Versammlung sagt Alfonsín, dass kein ziviler Bürger und kein Angehöriger der Streitkräfte das Recht habe, Gewalt anzuwenden, um damit seine Position vor den Gerichten zu klären, und bekräftigt die Gleichheit aller vor dem Gesetz. Vor der Menschenmenge, die auf der Plaza de Mayo gegen die Aufständischen demonstriert, kündigt er an, persönlich in die Kasernen zu gehen, um die Aufgabe der Carapintadas zu fordern. Als er zurückkehrt, nennt er die Aufständischen »Helden des Falklandkrieges« und ruft die Demonstranten zur Auflösung der Versammlung auf, indem er beschwichtigt: »Es ist alles in Ordnung!« Er verabschiedet sich von der Menge mit einem irritierenden »Frohe Ostern!«. Im Juli erreicht Alfonsín, dass der Kongress dem Gesetz über den pflichtgemäßen Gehorsam zustimmt, demzufolge diejenigen von jeder Schuld befreit werden, die auf Befehl Vorgesetzter gefoltert oder gemordet hatten. In Haft bleiben danach nur die ehemaligen Junta-Mitglieder und eine ausgewählte Gruppe von Generälen, ehemaligen Chefs von Heereskorps und Sicherheitskräften. Unter den Freigelassenen sind Astiz und Pernías.

1988

sind die Carapintadas Protagonisten von zwei weiteren Aufständen, der erste angeführt von Rico, der zweite von Oberst Mohamed Alí Seineldín, dem ehemaligen Verbindungsglied zwischen dem Heer und der Triple A* und dem späteren Berater des starken Mannes von Panamá, Manuel Noriega. Mohamed Alí Seineldín sagt, er erhalte Anordnungen direkt von der Heiligen Jungfrau Maria.

1989

besetzt im Januar eine Abspaltung des vormaligen ERP* das Militärregiment La Tablada, nachdem eine Absprache zwischen den Carapintadas und dem Peronismus mit dem Ziel des Rücktritts von Alfonsín bekannt geworden war. Die internationalen Kreditgeber setzen die Zahlungen an Argentinien aus, was zu einer Abwertung des Pesos führt. Im Mai wird der peronistische Kandidat Carlos Menem zum Präsidenten gewählt. Die Hyperinflation frisst die Gehälter, und an verschiedenen Orten des Landes kommt es in Supermärkten zu Plünderungen von Lebensmitteln. Alfonsín tritt zurück, und Menem übernimmt die Präsidentschaft fünf Monate vor dem geplanten Termin. Im Oktober unterzeichnet er die Begnadigungen für 400 Offiziere und Unteroffiziere, die für die Carapintada-Aufstände angeklagt worden waren, darunter Rico und Seineldín, für die drei Ex-Oberbefehlshaber, die von der Militärjustiz wegen des Falklandkrieges verurteilt worden waren, und für 40 Generäle, Admiräle, Oberste und Kapitäne zur See, die wegen Menschenrechtsverletzungen in Haft waren.

1990

ist Seineldín, zwei Tage vor der Ankunft von George Bush in Argentinien, erneut Anführer eines Aufstandes, der durch den stellvertretenden Oberbefehlshaber des Heeres, General Martín Balza, mit Waffengewalt niedergeschlagen wird. Menem will die Gefangenen erschießen lassen, wird aber von seinen Beratern davon abgebracht. Kurz darauf begnadigt er die von der Justiz verurteilten ehemaligen Junta-Mitglieder sowie die ehemaligen Anführer der Montoneros, Mario Firmenich (zu 30 Jahren verurteilt) sowie Fernando Vaca Narvaja und Roberto Perdía (die sich im Exil befinden). Menem schwört seinem volksnahen Wahlprogramm ab, schließt sich mit der Leidenschaft eines Konvertierten dem *Washington Consensus* an und beginnt sein Projekt der Deregulierung und Liberalisierung neoliberalen Zuschnitts umzusetzen. Er bindet den Peso an den US-Dollar, wodurch es ihm gelingt, die Inflation zu kontrollieren, allerdings auf Kosten einer neuen Welle der Auslandsverschuldung und der Zerstörung von Industriestrukturen.

1995

gesteht Korvettenkapitän Adolfo Scilingo seine Teilnahme am schmutzigen Krieg – das Thema dieses Buches. Der Oberbefehlshaber des Heeres, Generalleutnant Martín Balza, formuliert zum ersten Mal eine institutionelle Selbstkritik. Auf Befehl von Menem verlautbaren die Oberbefehlshaber von Luftwaffe und Marine ähnliche Widerrufe. Das Bundesgericht akzeptiert eine Eingabe von Emilio Mignone, die Geschehnisse um seine Tochter Mónica Candelaria zu untersuchen. An verschiedenen Gerichten des Landes werden die ersten Wahrheitstribunale eröffnet. Menem ordnet an, Scilingo seinen Dienstgrad zu entziehen. Ein Richter der Provinz Buenos Aires nimmt ihn wegen Betrugs beim Wareneinkauf für ein Restaurant fest. Kurz vor einer Reise Menems nach Frankreich, reicht Astiz seinen Antrag auf Versetzung in den Ruhestand ein. Andernfalls wäre sein Beförderungsschreiben durch den Senat nicht angenommen worden. Massera gibt erstmals zu, dass seine Leute auf seinen Befehl hin versucht haben, Rodolfo Walsh zu verschleppen. »Er hat sich verteidigt und starb durch Schüsse«, sagt er. Die Menschenrechtsorganisation H.I.J.O.S.* wird gegründet.

1996

sind am 24. März über 50.000 Menschen, die den Militärputsch an seinem 20. Jahrestag verurteilen, auf der Plaza de Mayo. In Madrid bitten dort lebende Argentinier Staatsanwalt Carlos Castresana, die Militärs der argentinischen Diktatur wegen Terrorismus und Völkermord anzuklagen. Castresana bezieht sich auf das Prinzip der universellen Jurisdiktion, demzufolge spanische Richter in Madrid gegen argentinische Militärs wegen in Argentinien und an Argentiniern begangenen Verbrechen vorgehen können. Der Ermittlungsrichter Baltasar Garzón akzeptiert den Vorschlag, lädt rund 100 Angehörige der Streitkräfte zu Aussagen vor und beantragt deren Auslieferung, der Menem nicht zustimmt. In Madrid lebende Chilenen treiben ein ähnliches Verfahren gegen Augusto Pinochet voran.

1997

enthebt eine Kommission jenen Richter des Amtes, der Rechtsfälle erfunden und Scilingo wegen angeblichen Betrugs festgenommen hatte. Scilingo kommt frei und reist nach Spanien, wo er vor Ermittlungsrichter Garzón aussagt. Dieser beantragt die Festnahme von Scilingo und zehn argentinischen Marineangehörigen wegen Terrorismus und Völkermordes. Die argentinische Bischofskonferenz erklärt, dass für den Fall, dass irgendein Mitglied der Kirche »durch Empfehlungen und Komplizenschaft« für die Guerilla oder für die Repression »gebürgt habe«, dann sei das »in persönlicher Verantwortung geschehen, und es bedeute einen schweren Fehler bzw. eine große Sünde gegen Gott, die Menschheit und das Gewissen«.

1998

bestätigte die Strafkammer des Nationalen Gerichtshofes von Spanien in Madrid einstimmig die Rechtszuständigkeit des Ermittlungsrichters Garzón, über die Delikte des Völkermordes und Terrorismus, die von den argentinischen Militärs begangen wurden, zu befinden. Der Oberste Gerichtshof von Argentinien ordnet den Abschluss der Wahrheitstribunale an. Die Abgeordnetenkammer setzt auf Vorschlag der Abgeordneten Alfredo Bravo und Juan Pablo Cafiero das Schlusspunkt- und das Gehorsamspflichtgesetz außer Kraft, weigert sich aber, sie für ungültig zu erklären. Ermittlungsrichter Baltasar Garzón ordnet die Verhaftung des chilenischen Ex-Diktators Augusto Pinochet in London an. In Buenos Aires weisen zwei Richter die Verhaftung von

Massera und Videla wegen Kindesraubes und Zwangsadoption an, Delikte, die die Gesetze zur Straffreiheit nicht beinhalteten. Menem veranlasst, die Ausbildungseinrichtung der Marine nach Puerto Belgrano zu verlegen, das historische Gebäude der ESMA zu sprengen und auf dem Gelände in der Hauptstadt ein Monument der nationalen Einheit zu errichten. Aber die Opfer der Repression rufen die Gerichte an, und Bundesrichter Ernesto Marinelli erklärt Menems Dekret für verfassungswidrig. Die ESMA, in der die beschämenden und grausamen Taten geschehen waren, sei Teil des kulturellen Erbes und sie dürfe daher weder in einen Park verwandelt werden, noch sei es erlaubt, dort irgendein Monument aufzustellen.

1999

wird Carlos Menem nach zehneinhalb Regierungsjahren von Fernando de la Rúa abgelöst, der einem Bündnis von Peronisten und Radikalen vorsteht. In Folge einer Anzeige des CELS* akzeptiert der argentinische Staat vor der Interamerikanischen Menschenrechtskommission einen Kompromiss, in dem er das ›Recht auf Wahrheit‹ und auch die Tauglichkeit von Strafverfahren zur Feststellung derselben anerkennt. Scilingo widerruft vor Ermittlungsrichter Garzón und behauptet, er habe seine Erklärung über die Flüge erfunden. Der Autor dieses Buches tritt als Zeuge auf und übergibt Garzón die Beweismittel der ursprünglichen Erklärung von Scilingo.

2000

deutete der chilenische Richter Juan Guzmán Tapia das Amnestiegesetz um: Entführung ist demzufolge ein Delikt, das fortwährt, solange der Körper des Opfers nicht auftaucht. Das CELS* fordert, bereits unter der Leitung des Autors dieses Buches, die Justiz zur Annullierung der beiden Gesetze zur Straflosigkeit auf. In Mexiko wird der Ex-Offizier der ESMA, Ricardo Miguel Cavallo, alias Sérpico, festgenommen. Garzón beantragt seine Auslieferung. Die italienische Justiz verurteilt General Carlos Suárez Mason wegen seiner Handlungen gegen Italiener in Buenos Aires in Abwesenheit zu lebenslanger Haft. Die Legislative der Autonomen Stadt Buenos Aires verabschiedet ein Gesetz, das verfügt, auf dem Gelände der ESMA ein Museum der Erinnerung zu errichten.

2001

erklärt der Richter Gabriel Cavallo drei Wochen vor dem 25. Jahrestag des Militärputsches die beiden Gesetze zur Straflosigkeit für ungültig und verfassungswidrig. Das Bundesgericht bestätigt diese Entscheidung. Bundesrichter der Provinzen Salta, Santa Fe und Resistencia äußern sich in der gleichen Richtung. Im peruanischen Fall der ›Barrios Altos‹ entscheidet auch der Interamerikanische Gerichtshof für Menschenrechte, dass schwerwiegende Menschenrechtsverletzungen nicht amnestiert werden dürfen und nicht verjähren. Präsident De La Rúa tritt zurück, ihm folgen in kurzem Abstand der Abgeordnete Eduardo Camaño, die Senatoren Ramón Puerta, Adolfo Rodríguez Saá und Eduardo Duhalde. Die Gesetzgebende Versammlung beauftragt Duhalde, das Mandat des zurückgetretenen Präsidenten De La Rúa zu Ende zu führen.

2002

spricht sich ein Gutachten von Generalstaatsanwalt Nicolás Becerra für die Annullierung des Schlusspunktgesetzes und des Gesetzes über den pflichtgemäßen Gehorsam aus. Der Militärbischof Antonio Baseotto fordert den Obersten Gerichtshof auf, alle offenen Fälle des schmutzigen Krieges gegen die argentinische Gesellschaft zu schließen. Am 26. Juni eröffnet die Polizei bei einer Demonstration von Organisationen arbeitsloser Arbeiter das Feuer und tötet dabei aus dem Hinterhalt zwei von ihnen, Maximiliano Kosteki und Darío Santillán. Angesichts der Unruhen, die durch die Veröffentlichung von den Fotografien dieses Verbrechens gegen zwei unbewaffnete Jugendliche ausgelöst werden, beschließt Duhalde, die Einberufung der Wahlen vorzuziehen, und verkürzt so seine Interimszeit auf sieben Monate.

2003

stimmt der Oberste Gerichtshof Mexikos der Auslieferung von Kapitän Cavallo zu, der nach Spanien ausgeflogen wird. Duhalde begnadigt den Oberst der Carapintadas, Mohamed Alí Seineldín, und den trotzkistischen Guerillero Enrique Gorriarán. Zusammen mit dem Chef des Heeres Ricardo Brinzoni unterstützt er die gerichtliche Schließung der Verfahren. Der Gouverneur der kleinen patagonischen Provinz Santa Cruz, Néstor Kirchner, besiegt Menem in den Präsidentschaftswahlen und tritt im Mai sein Amt an, mit 22 Prozent der Stimmen und einer

Arbeitslosenquote von 25 Prozent. Als eine seiner ersten Amtshandlungen ordnet er die Versetzung in den Ruhestand von General Brinzoni und zwei Dritteln des Generalität an und fordert Wahrheit und Gerechtigkeit für die Verbrechen der Diktatur. Der Kongress annulliert das Schlusspunkt- und das Gehorsamspflichtgesetz.

2004

eröffnet Ermittlungsrichter Garzón die öffentliche Hauptverhandlung gegen Scilingo. Kirchner bringt einen politischen Prozess gegen die automatische Mehrheit von Menemisten im Obersten Gerichtshof in Gang und setzt Mechanismen für Transparenz und Selbstbegrenzung bei der Ernennung neuer Richter um. Am Jahrestag des Militärputsches, dem 24. März, lässt Kirchner die ESMA räumen und verkündet, dass dort ein Museum der Erinnerung errichtet wird. Außerdem akzeptiert er einen Vorschlag des CELS* und ordnet an, die Konterfeis der Ex-Diktatoren Jorge Videla und Benito Bignone aus der Militärschule, dem Institut für die Ausbildung von Offizieren des Heeres, dem sie einstmals vorgestanden hatten, abzuhängen. Der Chef der Marine, Admiral Jorge Godoy, sagt, dass man die grausamen Geschehnisse in der ESMA weder negieren noch entschuldigen dürfe, dass die aktuelle Marine diese kategorisch ablehne und dass man die Vergangenheit nicht hinter sich lassen werde, wenn die Justiz nicht jedem Einzelnen zuteilwerden lässt, was er verdient habe.

2005

verurteilt der Nationale Gerichtshof von Spanien im April Scilingo zu 640 Jahren Haft wegen der Teilnahme an den Flügen, bei denen er 30 Menschen ins Meer geworfen hatte. Im Juni bestätigt der Oberste Gerichtshof Argentiniens das Urteil von 2001, das die Verfassungswidrigkeit des Schlusspunktgesetzes und des Gesetzes über den pflichtgemäßen Gehorsam und die Nichtigkeit aller aus ihnen resultierenden Folgen erklärt hatte. Im ganzen Land werden zuvor eingestellte Prozesse wieder eröffnet und neue Verfahren aufgenommen. Für die Entführung und Ermordung von Rodolfo Walsh wird den Marineangehörigen Jorge Acosta, Jorge Rádice, Juan Carlos Rolón, Antonio Pernías, Pablo García Velasco und Alfredo Ignacio Astiz, dem Heeresmajor Julio César Coronel, dem Präfekten der Küstenwache Héctor Febres, dem Polizisten Ernesto Weber und dem Gefängniswärter Carlos Generoso der Prozess gemacht.

2007

wird Cristina Fernández de Kirchner, die Ehefrau von Néstor Kirchner, zu seiner Nachfolgerin gewählt. Sie setzt seine Politik der Erinnerung, Wahrheit und Gerechtigkeit fort. Kirchner tritt ihr Amt am 10. Dezember an. Am gleichen Tag wird der Präfekt Héctor Febres in seiner Zelle vergiftet tot aufgefunden. Er war vorgeladen, um zur Zwangsadoption von Kindern von Desaparecidos, was seine spezielle Aufgabe in der ESMA gewesen war, auszusagen. Die Bundesrichterin Sandra Arroyo Salgada geht davon aus, dass er ermordet wurde, damit er nicht aussagt. Es ist der erste Prozess zu Verbrechen, die in der ESMA begangen worden sind.

2009

beginnt der zweite ESMA-Prozess, auch als Megacausa ESMA II bezeichnet, mit jenen Fällen, die 1987 nicht abgeschlossen worden waren.

2010

stirbt am 27. Oktober der ehemalige Präsident Kirchner, der beabsichtigte, 2011 erneut zu kandidieren, an einem Herzinfarkt. Am 8. November stirbt Ex-Admiral Massera zu Hause. Sein Fall war angesichts eines dementen Geisteszustandes wegen Rechtsunfähigkeit aus dem Verfahren herausgenommen worden.

2011

verurteilt das Tribunal Oral Federal 5 der Hauptstadt 16 der 18 Angeklagten der Megacausa ESMA II, zwölf von ihnen zu lebenslanger Freiheitsstrafe. Unter den Verurteilten sind Admiral Oscar Antonio Montes, Tigre Acosta, Antonio Pernías, Alfredo Ignacio Astiz, Ricardo Cavallo, Jorge Rádice, Adolfo Donda, Raúl Scheller, Alberto González, Julio César Coronel, Ernesto Weber und Néstor Omar Savio. Juan Carlos Fotea wird zu 25 Jahren Haft verurteilt, Carlo Capdevilla zu 20 Jahren und Juan Antonio Azic zu 18 Jahren. Andererseits werden Rolón, weil es widersprüchliche Aussagen zu seinem Aufenthalt in der ESMA gab, und Pablo García Velazco, der mit seinem Zwillingsbruder verwechselt worden war, freigesprochen. Cristina Fernández de Kirchner wird mit 54 Prozent der Stimmen wiedergewählt.

2012

sagt Ex-Diktator Videla, der wegen Entführungen, Folter und Morden in mehreren Fällen von Gerichten verschiedener Provinzen verurteilt worden war, er habe mit der Wiederwahl von Kirchner jede Hoffnung verloren, je wieder frei zu kommen, und beginnt erstmals Fragen von ausgewählten vertrauten Journalisten zu beantworten. Er sagt, dass zwischen 7000 und 8000 Desaparecidos von den Streitkräften ermordet worden seien; dass die Regierung von Isabel Perón ihnen die Erlaubnis zum Töten erteilt habe; dass Oppositionsparteien, wie zum Beispiel der Partido Radical, den Putsch befürwortet haben; dass Unternehmer sie gebeten haben, weitere 10.000 Menschen zu töten; dass die katholische Hierarchie in freundschaftlicher Verbundenheit zur Junta gestanden habe und dass die Militärgeistlichen freiwillig mit der Repression zusammengearbeitet hätten.

Im November beginnt der dritte Teil der Megacausa ESMA, bei denen neben anderen Verbrechen auch die geheimen Geburten und die Todesflüge verhandelt werden. Die Anhörungen waren bei Redaktionsschluss dieses Textes, im Oktober 2015, noch nicht abgeschlossen. Im Verlauf der Anhörungen wird die Rolle des Einsatzkommandos der Marine geklärt, das die Flüge plante und koordinierte. Die Beschuldigten sind die Piloten der Skyvan-Flugzeuge der Küstenwache, Enrique José de Saint Georges, Alejandro Domingo D'Agostino und Mario Daniel Arru, sowie die Marinepiloten Emir Sisul Hess, spezialisiert in Hubschrauberflügen, Julio Poch, dessen Akten einen Glückwunsch des Chefs der Marineeinsätze enthält, und der Mechaniker der Marine, Rubén Ricardo Ornello.

2013

stirbt Jorge Videla am 17. Mai im Gefängnis Marcos Paz von Buenos Aires.

2014

hebt das Nationale Revisionsgericht in Strafsachen den Freispruch für Rolón und García Velasco wegen Willkür in der Beurteilung der Beweismittel auf und ordnet ein erneutes Verfahren an.

2015

werden separate Gerichtsverfahren für Flüge, die mit Flugzeugen des Heeres bzw. mit jenen der Luftwaffe durchgeführt worden sind, eröffnet. Im April ordnet die Bundesrichterin von San Martín, Alicia Vence, die Verhaftung von Oberstleutnant Luis del Valle Arce und Major Delsis Angel Malacalza, ihres Zeichens Chef bzw. stellvertretender Chef des Fliegerbataillons des Heeres, an, sowie der Kapitäne Horacio Alberto Condito und Alberto Luis Devoto; Letzterer ist zum Zeitpunkt seiner Festnahme Berater des Gouverneurs von Córdoba, José Manuel de la Sota. Ein Soldat identifiziert unter den Menschen, die bei einem dieser Flüge umgebracht worden waren, den zweiten Chef der Montoneros, Roberto Quieto.

Bundesstaatsanwalt Federico Delgado befragt während der Untersuchungen zu den Flügen, die von Luftwaffeneinheiten in Palomar und Morón mit Flugzeugen des Typs Fokker und Hércules durchgeführt worden waren, Hunderte von Rekruten. Trotz der fehlenden Mitwirkung der Luftwaffe kann Delgado verschiedene Repressoren und einige ihrer Opfer identifizieren. Bundesrichter Daniel Rafecas eröffnet Verfahren gegen die Vorsitzenden der beiden Einheiten, Hipólito Mariani und César Comes.

Von der Wiederaufnahme der Prozesse im Jahr 2001 bis heute wurden bei den im ganzen Land durchgeführten Prozessen 522 Menschen verurteilt und 57 freigesprochen, es gab 250 Einstellungen mangels hinreichenden Tatverdachts oder mangels Beweisen. Dieses Verhältnis zeigt, dass es sich keineswegs um Volkstribunale handelt, die Rache wollen, sondern um rechtsstaatliche Prozesse, in denen ein entsprechendes Verfahren und das Recht auf Verteidigung garantiert sind.

Horacio Verbitsky, Oktober 2015

PERSONEN

Acosta, Jorge Eduardo, alias Tigre, der Tiger,

von 1976 bis 1978 unter Oberbefehlshaber Massera der Chef der Einsatzgruppe 3.3. des Geheimdienstes der ESMA. Die Marine versetzte ihn in den Ruhestand, nachdem in einer Zeitschrift ein Foto von ihm mit einem Varieté-Girl, das die Dienstkappe seiner Uniform trug, erschien. Im Februar 1987 wurde er von der Justiz wegen unrechtmäßiger Freiheitsberaubungen angeklagt und festgenommen und im gleichen Jahr aufgrund des Gesetzes über den pflichtgemäßen Gehorsam wieder freigelassen. 2003 wurde er nach Annullierung des Gesetzes erneut festgenommen und zu lebenslanger Freiheitsstrafe verurteilt, die er im regulären Strafvollzug verbüßt.

Agosti, Ramón

ehemaliger Brigadegeneral, als Oberbefehlshaber der Luftwaffe Teil der dreiköpfigen Militärjunta, die mit dem Putsch am 24. März 1976 die Macht übernahm. Die Zivilgerichtsbarkeit verurteilte ihn wegen Folter und Raubes zu vier Jahren und sechs Monaten Gefängnis und enthob ihn des Amtes. Der Oberste Gerichtshof reduzierte die Strafe auf drei Jahre und neun Monate Gefängnis, die er im Juni 1988 verbüßt hatte. Es ist der einzige Angehörige des Militärs, der die 1985 im Rahmen des Junta-Prozesses verhängte Strafe komplett verbüßt hat.

Alfonsín, Raúl

1983 demokratisch gewählter Präsident Argentiniens vom Partido Radical. Er setzte mit der Conadep* eine Untersuchungskommission zu den Desaparecidos während der Diktatur ein und ordnete die Einleitung eines Gerichtsverfahrens gegen die neun Oberbefehlshaber der Streitkräfte, darunter drei De-facto-Präsidenten, an. Der Prozess gegen die Militärjunta fand von April bis Dezember 1985 statt. 1987, nach dem ersten Aufstand der Carapintadas, brachte Alfonsín im Kongress den Gesetzesentwurf zur Gehorsamspflicht ein, demzufolge die direkten Exekutoren der Verbrechen des schmutzigen Krieges von jeglicher

Verantwortung freigesprochen wurden. Aufgrund der Hyperinflation und der Plünderungen von Supermärkten verzichtete Alfonsín im Mai 1989, fünf Monate vor Ablauf seines Mandats, auf die Präsidentschaft.

Anchézar, Juan Carlos

Vizeadmiral im Ruhestand und enger Mitarbeiter von Massera. Er begutachtete, dass Scilingo nicht unter psychischen Störungen litt. 1987 verhaftet, wurde Anklage erhoben, aber aufgrund des Gesetzes über den pflichtgemäßen Gehorsam wurde er freigesprochen. Menem ernannte ihn zum Staatssekretär für die Geheimdienste. 2015 begann ein Verfahren gegen ihn wegen der Verdunkelung des terroristischen Attentats, das 1994 das jüdische Gemeindezentrum AMIA* in Buenos Aires zerstörte und 85 Menschen das Leben kostete.

Arduino, Adolfo

befahl Scilingo als Chef der Verteidigung der ESMA seinen ersten Flug. Gegen ihn wurde nie Anklage erhoben. 1988 wurde er zum Vizeadmiral befördert, im Jahr darauf trat er in den Ruhestand. Er starb 1997.

Arosa, Ramón

Admiral, Chef des Generalstabs der Marine unter Alfonsín von 1983 bis 1989. Direkter Vorgesetzter von Scilingo in der *Casa Militar* des Staatspräsidenten.

Astiz, Alfredo Ignacio

Fregattenkapitän und Mitglied der Einsatzgruppe der ESMA. 1987 wurde er wegen unrechtmäßiger Freiheitsberaubung und Folter, die den Tod von politischen Häftlingen, darunter zwei französische Nonnen, zur Folge hatte, von der Justiz festgenommen, dann aber aufgrund des Gesetzes über den pflichtgemäßen Gehorsam wieder freigelassen. Der französische Berufungsgerichtshof in Paris verurteilte ihn in Abwesenheit zu lebenslanger Freiheitsstrafe, weshalb er Argentinien nicht verlassen konnte. 2003 wurde er nach Annullierung des Gesetzes erneut festgenommen und 2011 zu lebenslanger Haft verurteilt, die er im regulären Strafvollzug verbüßt.

Balza, Martín Antonio

Generalleutnant und ab 1991 Chef des Generalstabs des Heeres. Er war während der ersten Jahre der Diktatur außer Landes, kämpfte dann im Falklandkrieg. 1990 unterdrückte er mit Waffengewalt den letzten Aufstandsversuch der Carapintadas. 1995 sowie in der Debatte, die auf die Veröffentlichung dieses Buches folgte, erkannte er die vom Heer begangenen Grausamkeiten während des schmutzigen Krieges an und forderte eine moderne Doktrin des Gehorsams: Ein Militär müsse unmoralischen oder unrechtmäßigen Befehlen gegenüber mit Ungehorsam reagieren. Während der Regierungen von Néstor und Cristina Kirchner war er argentinischer Botschafter in Kolumbien und Costa Rica.

Barreiro, Ernesto Guillermo, alias Nabo

ehemaliger Oberstleutnant. Verantwortlicher der Folterungen im Konzentrationslager des Heeres in Córdoba. Am 15. April 1987 widersetzte er sich der Vorladung der Zivilgerichtsbarkeit, die wegen Folter und Mordes aus Heimtücke ermittelte, und flüchtete sich in eine Kaserne. Damit begann der Aufstand der Osterwoche, der im Gesetz über den pflichtgemäßen Gehorsam mündete, das besagte, dass alle Offiziere unterhalb des Generalsranges von der Strafverfolgung ausgenommen werden. Als das Gesetz annulliert wurde, floh Barreiro in die USA, wo er sich dem Handel mit Kunsthandwerk und Wein widmete. 2007 wurde er nach Argentinien ausgeliefert, 2010 wegen Entführungen, Folter und Mordes angeklagt. Das Verfahren ist im Oktober 2015 noch nicht abgeschlossen.

Bignone, Benito

General und letzter De-facto-Präsident der Militärdiktatur. Er wurde im Juni 1982 nach dem Desaster des Falklandkrieges ernannt und übergab im Dezember 1983 die Präsidentschaft an Raúl Alfonsín. Nach der Machtübergabe wurde er wegen des Verschwindens von zwei zu seiner Einheit gehörenden Rekruten von der Zivilgerichtsbarkeit festgenommen. Die Militärjustiz ließ ihn frei, während das Verfahren, das dann aufgrund des Gehorsamspflichtgesetzes beendet wurde, noch lief. 2014 wurde er in zwei Prozessen wegen widerrechtlicher Aneignung von Babys nach geheim gehaltenen Schwangerschaften in der von ihm geführten Militäreinheit zu 25 bzw. 16 Jahren Haft verurteilt.

Bonafini, Hebe

eine der Madres de Plaza de Mayo, die seit April 1977 an jedem Donnerstag vor dem Präsidentenpalast Casa Rosada für ihre verschwundenen Kinder demonstrieren. Zwei ihrer Kinder sind Desaparecidos.

Búsico, Jorge

Fregattenkapitän und einer der wenigen Offiziere, die angesichts der Methoden des schmutzigen Krieges die Marine verlassen haben.

Chamorro, Rubén Jacinto

Admiral und Leiter der ESMA. Unter seinen Spitznamen ›Máximo‹ oder ›Delfin‹ führte er die Einsatzgruppe an, die seit dem Putsch 1976 agierte. Er wurde wegen unrechtmäßiger Freiheitsberaubungen, Folter und Mordes von Häftlingen verurteilt und starb 1986 im Gefängnis.

Daleo, Graciela

Mitglied der Montoneros. Sie wurde 1977 entführt, in der ESMA gefoltert und 1979 freigelassen. 1985 sagte sie als Zeugin während des Junta-Prozesses aus. 1989 war sie die einzige Person, welche die Begnadigung durch Präsident Menem nicht akzeptierte. Der Oberste Gerichtshof entschied allerdings, dass eine Begnadigung nicht abgelehnt werden kann.

Devoto, Jorge

Oberleutnant der Marine im Ruhestand. Nach dem Verschwinden seines Schwiegervaters bat er den Oberbefehlshaber um Auskunft und tauchte danach selbst nie wieder auf. Scilingo hörte in der ESMA, man habe ihn bei vollem Bewusstsein ins Meer geworfen.

Domon, Alice und Duquet, Léonie

französische Nonnen, die im Dezember 1977 durch die Einsatzgruppe entführt und in der ESMA gefoltert und ermordet wurden.

Ferrer, Jorge Osvaldo

Admiral, Chef des Generalstabs der Marine von 1989 bis 1993. Als Befehlshaber über den einzigen Flugzeugträger der Marine war er direkter Vorgesetzter von Scilingo und bearbeitete dessen Antrag auf Versetzung in den Ruhestand.

Firmenich, Mario Eduardo

Anführer der peronistischen Guerillagruppe Montoneros. 1984 von Brasilien ausgeliefert. 1986 wegen der Entführung der Unternehmer Juan und Jorge Born zu 30 Jahren Haft verurteilt. 1990 von Menem begnadigt. Er schloss ein Studium der Wirtschaftswissenschaft ab und lebt heute in einem katalanischen Dorf.

Galtieri, Leopoldo

ehemaliger Generalleutnant, einer der Chefs der Repression in den Provinzen Santa Fe, Entre Ríos, Corrientes, Chaco, Formosa und Misiones. De-facto-Präsident seit Dezember 1981, befahl er im April 1982 die Besetzung der Falklandinseln und musste nach der Niederlage gegen Großbritannien im Juni des gleichen Jahres das Amt aufgeben. 1986 verurteilte die Militärjustiz ihn wegen des Falklandkrieges zu 14 Jahren Haft, 1988 reduzierte ein ziviles Gericht die Strafe auf zwölf Jahre. Außerdem waren Verfahren wegen Menschenrechtsverletzungen während des schmutzigen Krieges gegen ihn anhängig. 1989 von Menem begnadigt, wurde er 2002 wegen der Ermordung von in den Jahren 1979 bzw. 1980 entführten Montoneros festgenommen. Angesichts seines hohen Alters von über 70 Jahren und einer Erkrankung an Bauchspeicheldrüsenkrebs wurde ihm Hausarrest zugestanden. Er starb 2003.

Hagelin, Dagmar

schwedisch-argentinische 17-Jährige, die am 27. Januar 1977 von der Einsatzgruppe der ESMA während einer Operation entführt wurde, bei der Astiz sie am Rücken verletzte. Sie tauchte nie wieder auf. Das Bundesgericht hielt die Tat im Dezember 1986 für bewiesen, sprach Astiz aber wegen Verjährung frei. Das Verfahren wurde wieder aufgenommen, nachdem der Oberste Gerichtshof Verbrechen gegen die Menschlichkeit als nicht verjährbar eingestuft hatte. Das Verfahren läuft im Oktober 2015 noch.

Harguindeguy, Albano Eduardo

General des Heeres, Polizeipräsident 1975 und Innenminister der Militärregierung von 1976 bis 1981. Ihm wurde wegen erpresserischer Entführung von zwei Unternehmern der Prozess gemacht. Menem begnadigte ihn 1989. 2011 wurde er erneut festgenommen und ein Verfahren wegen verschiedener Verbrechen eingeleitet. Er starb 2012, bevor ein Urteil gefallen war.

Hesayne, Miguel Esteban

Bischof von Viedma in Patagonien. Einer der wenigen kirchlichen Oberhäupter, welche die Folterungen verurteilten und den regierenden Militärs die Stirn boten. Er forderte die Bischofskonferenz, die Ähnliches nie getan hatte, zur Reue auf.

Ibáñez, Víctor

Unteroffizier des Heeres, verantwortlicher Wachmann über die Gefangenen des größten Konzentrationslagers des Heeres in Buenos Aires. Nach dem Geständnis von Scilingo erklärte er, dass auch das Heer Gefangene ins Meer geworfen hatte. Er identifizierte ein halbes Dutzend Opfer. Am Tag darauf gestand der Chef des Generalstabs Balza die Taten öffentlich ein.

Jalics, Francisco

katholischer Jesuitenpriester, im Mai 1976 zusammen mit seinem Kollegen Orlando Yorio verschleppt und in die ESMA gebracht. Fünf Monate später wurden sie betäubt per Hubschrauber auf einem Feld außerhalb von Buenos Aires ausgesetzt. Yorio erkannte in der ESMA die Gefangene Mónica Quinteiro. In einem Brief an seinen Vorgesetzten Pedro Arrupe klagte Yorio an, dass der Provinzial der Jesuiten, Jorge Maria Bergoglio, ihnen den Schutz entzogen und so die Entführung begünstigt habe. 1994 bestätigte Jalics das in einem Buch. 1999, als Bergoglio Erzbischof von Buenos Aires wird, zieht Yorio nach Uruguay, wo er ein Jahr später stirbt. 2013 wird Bergoglio Papst und nimmt den Namen Franziskus an. Der 86-jährige Jalics erklärt aus seiner Jesuitenresidenz in Deutschland, dass er sich mit dem Geschehen versöhnt habe. Als ich darauf aufmerksam machte, dass das Sakrament der Aussöhnung oder die Vergebung die Existenz einer Tat nicht bestreitet, veröffentlicht Jalics eine weitere Erklärung, in der er bekräftigt, er fühle sich verpflichtet zu sagen, dass Bergoglio nichts mit der Entführung zu tun gehabt habe.

Laghi, Pío

von 1974 bis 1981 Apostolischer Nuntius in Argentinien, Tennispartner von Massera und Berater seines Nachfolgers Armando Lambruschini. Nach den Aussagen der Ehefrau eines Desaparecido, für den Laghi ab und zu tätig gewesen war, hatte Lambruschini den Delegierten des Vatikans gefragt, was er mit einer Gruppe von 40 Gefangenen tun solle, die er nicht töten wolle, von denen er aber befürchte, sie könnten erzählen, was sie erlebt hatten. Zuvor hatte die Marine eine andere Gruppe von Gefangenen heimlich außer Landes gebracht, mit Visa, die das Militärvikariat über einen Kontakt Laghis zum Botschafter von Venezuela erhalten hatte. Der Nuntius hat einige Leben gerettet, aber nie zur Anzeige gebracht, was er wusste. Nach seiner Mission in Argentinien wurde er der erste Diplomat des Vatikans in den USA, wo er an den antikommunistischen Vereinbarungen zwischen Johannes Paul II. und der Reagan-Regierung beteiligt war, deren Geheimdienste und Sicherheitsberater in Händen von treuen Katholiken waren. Er starb 2009 in Rom.

Lambruschini, Armando

Oberbefehlshaber der Marine und von 1978 bis 1981 Teil der Militärjunta. 1978 starb bei einem Attentat der Montoneros seine 15-jährige Tochter Paula in seinem Haus. 1985 verurteilte ihn die Zivilgerichtsbarkeit wegen unrechtmäßiger Freiheitsberaubung und Folter zu acht Jahren Gefängnis. 1990 von Menem begnadigt, wurde er erneut festgenommen, nachdem der spanische Ermittlungsrichter Garzón seine Auslieferung beantragt hatte. Er starb 2004, ohne Auslieferung und ohne Prozess in Argentinien.

Lewin, Miriam

verschleppt und in der ESMA gefangen gehalten, sagte sie als Zeugin im Junta-Prozess 1985 aus. Sie beschäftigte sich nach Erscheinen dieses Buches weiter mit den Todesflügen und trug zur Identifikation verschiedener Piloten bei, die daraufhin festgenommen und angeklagt wurden.

López, Fausto

Admiral im Ruhestand, ehemaliger Personalchef und die Nummer drei in der Hierarchie der Marine. Als Scilingo seine ersten Briefe schrieb, in denen er forderte, die Wahrheit über die Desaparecidos zu sagen, bot López ihm zunächst Schweigegeld an und drohte dann, ihm die zustehende Altersversorgung zu streichen. Menem ernannte ihn zum stellvertretenden Leiter der Inneren Sicherheit.

López Rega, José

Polizeikommissar und esoterischer Astrologe, bekannt als ›El Brujo‹, ›der Hexer‹, wurde zum Verwalter des Hauses von Perón während dessen Exil in Madrid. Bei Peróns Rückkehr 1973 wurde er Minister und Generalkommissar. Von dieser Position aus organisierte er die Todesschwadronen, die als Triple A* bekannt wurden. Aufgrund militärischen Drucks schied er 1975 aus der Regierung aus und verließ das Land. 1986 wurde er, nach einem Jahrzehnt, in dem er untergetaucht war, in Miami/Florida festgenommen und nach Argentinien ausgeliefert. Er starb 1989 vor Abschluss seines Verfahrens im Gefängnis.

Maggio, Horacio Domingo

Gewerkschafter und Montonero. 1978 gelang es ihm, aus der ESMA auszubrechen. Er berichtete darüber, was dort geschah. Kurz darauf wurde er erneut gefasst und von der Einsatzgruppe umgebracht.

Martínez de Perón, María Estela, genannt Isabelita

lernte als Nachtclub-Tänzerin den 30 Jahre älteren Juan D. Perón in dessen Exil in Venezuela kennen, sie heirateten und ließen sich im franquistischen Spanien nieder. 1973 wurde sie nach der Wiederwahl Peróns in Argentinien Vizepräsidentin und übernahm die Präsidentschaft nach dem Tod ihres Mannes am 1. Juli 1974. Während ihrer kurzen und chaotischen Präsidentschaft organisierte der ›Superminister‹ López Rega die Todesschwadronen der Triple A*. Sie wurde am 24. März 1976 vom Militär gestürzt. Trotz verschiedener Strafanzeigen wegen ihrer Rolle in der Triple A* lebt sie beschaulich in Madrid.

Massera, Emilio Eduardo

ab 1975 Oberbefehlshaber der Marine, von 1976 bis 1978 Teil der Militärjunta, die Isabel Perón gestürzt hatte. 1983 von der Justiz wegen des Mordes am Ehemann einer Geliebten festgenommen. 1985 durch das Bundesgericht von Buenos Aires zu lebenslanger Freiheitsstrafe wegen unrechtmäßiger Freiheitsberaubungen sowie Folter, Mordes und Raubes in der ESMA verurteilt und seines Dienstgrades eines Admirals enthoben. 1990 von Menem begnadigt, wurde er 1998 erneut wegen Kindesraubes und Zwangsadoption von Babys festgenommen, aber es kam nicht zum Verfahren, da er nach einem Schlaganfall als nicht verhandlungsfähig erklärt wurde. Er starb im November 2010.

Massot, Vicente

Staatssekretär im Verteidigungsministerium unter Präsident Menem, der auf seine Empfehlung hin beim Senat die Beförderungen von Rolón und Pernías beantragte. Er trat im Januar 1994 aufgrund des Skandals, der sich daraus entwickelt hatte, zurück. Selbst beschuldigt musste er wegen des Mordes an zwei Gewerkschaftsmitgliedern der Zeitschrift *La Nueva Provincia* aus Bahía Blanca, an der er Aktien hielt, aussagen. Obschon er die Anschuldigungen zurückwies und behauptete, dass er während der Vorfälle im über 600 Kilometer entfernten Buenos Aires gelebt habe, belegen Dokumente, dass er jeden Tag in die Redaktion gekommen und der Beauftragte für die Gehaltsverhandlungen mit den beiden später Ermordeten gewesen war.

Mayorga, Horacio

Admiral, vor dem Putsch 1976 in den Ruhestand versetzt, war Chef der Marineflieger und Verteidiger von Astiz vor der Militärjustiz. Der erste Offizier der Marine, der zugab, dass man die Gefangenen in der ESMA folterte.

Mendía, Luis María

Vizeadmiral, 1976 Befehlshaber über die Marineeinsätze und in dieser Funktion verantwortlich für die Operationen der Marine im schmutzigen Krieg. Er erklärte allen Offizieren auf dem größten Marinestützpunkt Puerto Belgrano, dass die Gefangenen geheim exekutiert würden und dass die Methode der Flüge von der kirchlichen Hierarchie gebilligt wurde. 1984 angeklagt, blieb er wegen Verjährung in Freiheit. 2006 wurde er erneut festgenommen und starb 2007 vor Prozesseröffnung.

Menem, Carlos

1989 demokratisch gewählter Präsident Argentiniens der Peronistischen Partei. Nach einer Verfassungsreform wurde er 1995 wiedergewählt. Zwischen 1989 und 1990 begnadigte er alle bereits verurteilten oder in laufenden Verfahren befindlichen Militärs, darunter auch die Ex-Mitglieder der Junta, die 1976 seine Verhaftung befohlen hatten.

Mignone, Emilio

Gründer und erster Präsident des CELS*, der führenden Menschenrechtsorganisation in der Verfolgung von Verbrechen gegen die Menschlichkeit. Seine Tochter Mónica wurde 1976 gemeinsam mit der Nonne Mónica Quinteiro entführt und tauchte nie wieder auf. Unter anderem wegen seiner Eingaben erklärte die argentinische Justiz das ›Recht auf Wahrheit und Identität‹ und damit die Verpflichtung des Staates zur Rekonstruktion der Geschehnisse. Dies war der Ausgangspunkt für die Wahrheitstribunale. Die Streitkräfte verneinten weiterhin, irgendwelche Informationen über seine Tochter zu besitzen. Mignone starb 1998. Der Autor dieses Buches folgte ihm als Präsident des CELS*, der er bis heute ist.

Molina Pico, Enrique Emilio

Admiral der Marine, der im Falklandkrieg kämpfte. Eine Schwester seiner Frau, die Nonne Mónica Quinteiro, wurde 1976 von der Einsatzgruppe entführt, gefoltert und ermordet. 1993 nominierte Menem ihn zum Chef des Generalstabs der Marine, der er auch zum Zeitpunkt des Geständnisses von Scilingo war.

Moreno Ocampo, Luis

Staatsanwalt der Anklage gegen Videla, Massera, Pernías und Astiz. 1991 gestand Scilingo ihm seine Beteiligung an den Flügen. Moreno Ocampo antwortete ihm, dass der juristische Weg verschlossen sei, und machte das Geständnis nicht öffentlich. Er war von 2003 bis 2012 der erste Chefankläger des Internationalen Strafgerichtshof in Den Haag.

Muñoz, Carlos

entführt und in der ESMA gefangen gehalten, sagte er als Zeuge im Junta-Prozess 1985 aus. Muñoz hatte in der ESMA 5000 Akten auf Mikrofilm eingesehen, eine für jeden Gefangenen, mit Name, Nummer, Biografie, der Geschichte, wie er sie in der ESMA aufgeschrieben hatte, dem Namen des Entführers, dem Datum der Entführung, zu welcher politischen Gruppierung er gehörte sowie einem Urteil.

Pernías, Antonio
Fregattenkapitän der Marine, dem 1994 vom Senat die Beförderung verweigert wurde. Nach dem Putsch 1976 war er Teil der Einsatzgruppe der ESMA. 1987 festgenommen und der Folter mit Todesfolgen an politischen Gefangenen, darunter zwei französischen Nonnen, beschuldigt. Er kam aufgrund des Gehorsamspflichtgesetzes frei, wurde 2003 nach Annullierung des Gesetzes erneut festgenommen und 2011 zu lebenslanger Freiheitsstrafe verurteilt, die er im regulären Strafvollzug verbüßt.

Perón, Juan D.
zentrale Figur der argentinischen Politik des 20. Jahrhunderts. General des Heeres, gewählter Präsident von 1946 bis 1955, durch einen Militärputsch gestürzt. 1973 kehrte er nach 18 Jahren im Exil zurück und wurde wiedergewählt. Er starb während der Präsidentschaft am 1. Juli 1974.

Quinteiro, Mónica
katholische Nonne, 1976 entführt und in der ESMA gesehen worden. Sie tauchte nie wieder auf. Ihre Schwester ist die Ehefrau des Chefs des Generalstabs der Marine unter Menem, Admiral Molina Pico.

Quinteiro, Oscar
Kapitän zur See im Ruhestand. Vater von Mónica Quinteiro und Schwiegervater von Admiral Molina Pico. Er intervenierte bei Massera, dessen Lehrer er gewesen war. Der erklärte ihm, seine Tochter sei nicht in Händen der Marine.

Quiroga, Rosario Evangelina
entführt und in der ESMA gefangen gehalten, sagte als Zeugin im Junta-Prozess 1985 aus.

Rádice, Jorge
Mitglied der Einsatzgruppe 3.3. der ESMA, dessen Aufgabe es war, die bei den Opfern beschlagnahmten Güter zu Geld zu machen. In der ESMA begann er eine Beziehung mit einer Gefangenen, die er später heiratete und mit der er Kinder hat. Er war in der peronistischen Rechten aktiv. Während der Regierung Menem war er beim Geheimdienst SIDE* unter Vertrag. 2001 wurde er festgenommen und 2011 zu lebenslanger Freiheitsstrafe verurteilt, die er im regulären Strafvollzug verbüßt.

Rico, Aldo
1987 Anführer des Carapintada-Aufstandes, der von Präsident Alfonsín das Ende der Prozesse gegen Angehörige des Militärs forderte. Später wurde er Abgeordneter für eine kleine rechte Gruppierung, welche die Regierung Menem unterstützte, und Bürgermeister von San Martín, einem Bezirk im Großraum Buenos Aires.

Rolón, Juan Carlos
Fregattenkapitän der Marine, dem 1994 vom Senat die Beförderung verweigert wurde. Nach dem Putsch von 1976 war er Mitglied der Einsatzgruppe der ESMA. 1987 wurde er festgenommen und aufgrund des Gehorsamspflichtgesetzes wieder freigelassen. Nach der Annullierung des Gesetzes ging er erneut ins Gefängnis. Der Freispruch im ersten ESMA-Prozess 2011 wurde 2014 vom Nationalen Revisionsgericht in Strafsachen kassiert, das ein weiteres Urteil nach erneuter Beweisaufnahme anordnete.

Sábato, Ernesto
argentinischer Autor und Maler. 1984 Vorsitzender der Conadep*.

Solarz de Osatinsky, Sara
ihr Ehemann, der Montonero Marcos Osatinsky, und ihre zwei heranwachsenden Kinder wurden von den Militärs ermordet. Sie war zwischen dem 14. Mai 1977 und dem 19. Dezember 1978 in der ESMA. 1979 machte sie gemeinsam mit ihren ehemaligen Mitgefangenen Ana María Martí und María Alicia Milia de Pirles in der französischen Nationalversammlung eine umfassende Aussage, in der die Flüge als eine Methode, die Gefangenen zu töten, benannt wurden.

Timerman, Jacobo

Herausgeber und Eigentümer der Zeitung *La Opinión*. Im April 1977 wurde er von den Militärs festgenommen und seine Zeitung enteignet. 1979 ordnete der Oberste Gerichtshof seine Freilassung an, die Militärjunta verwies ihn des Landes. 1985 sagte er als Zeuge im Junta-Prozess aus, dass Massera und andere Marineoffiziere die geheimen Tötungen gerechtfertigt hatten. Sein Sohn Héctor war Außenminister unter Präsidentin Cristina Fernández de Kirchner. Gemeinsam mit seinem Bruder Javier zeigte Héctor die Entführer und Folterer seines Vaters an. Für diese Vergehen wurden 15 Angehörige des Militärs und der Polizei sowie der Anwalt Jaime Smart, Minister der Provinzregierung von Buenos Aires, verurteilt. Letzterer war der erste Zivile, der für Verbrechen gegen die Menschlichkeit verurteilt wurde.

Urien, Julio César

Offizieranwärter der Marine, erhielt 1971 Unterweisungen in Foltermaßnahmen in der ESMA. Im November 1972 versuchte er einen Aufstand in der ESMA zu organisieren, um die Rückkehr von Perón zu unterstützen. Er schloss sich den Montoneros an und wurde 1975 festgenommen. Er blieb bis zum Ende der Diktatur in Haft.

Vaca, Leutnant

Anwalt und Cousin von Tigre Acosta, der sich unter Vorspielung seines militärischen Dienstgrades der Einsatzgruppe 3.3. anschloss. Er nahm an dem ersten Flug Scilingos teil, der ihm vorwirft, aus rein persönlichen Motiven die Entführung und Ermordung einer politisch nicht aktiven Anwältin angeordnet zu haben. Seine wahre Identität ist Gonzalo Torres de Tolosa, ehemaliger Gerichtsbeamter. Er wurde 2011 festgenommen und angeklagt, doch wegen gesundheitlicher Probleme wurde Hausarrest bewilligt. Der Prozess läuft im Oktober 2015 noch.

Videla, Jorge Rafael

Oberbefehlshaber des Heeres seit 1975 und Teil der Militärjunta, die die Regierung von Isabel Perón am 24. März 1976 stürzte. Bis 1981 De-facto-Präsident Argentiniens. 1985 verurteilte ihn das Bundesgericht von Buenos Aires wegen von ihm befohlener unrechtmäßiger Freiheitsberaubung, Folter, Mordes und Raubes und enthob ihn von seinem Dienstgrad des Generals. 1990 von Menem begnadigt, wurde er 1998 wegen Kindesraubes und Zwangsadoption von Babys erneut festgenommen. Er wurde von verschiedenen Gerichten des Landes zu lebenslanger Freiheitsstrafe verurteilt. 2012 gestand er, dass 7000 bis 8000 Desaparecidos umgebracht wurden. Er starb 2013 im Gefängnis.

Villar, Alberto

Kommissar und Polizeipräsident, als Organisator der Todesschwadronen, die als Triple A* bekannt wurden, angeklagt. 1975 von den Montoneros umgebracht. 20 Jahre später rehabilitierte Menem ihn als »einen der größten Führer«.

Viola, Roberto

erst Chef des Generalstabs, dann Oberbefehlshaber des Heeres nach dem Putsch von 1976. Die Junta nominierte ihn als Nachfolger von Videla im Präsidentenamt. 1980 sagte der designierte Präsident während eines Besuchs in den USA, dass die Nürnberger Prozesse in Richmond/Virginia stattgefunden hätten, wenn die Nazis den Krieg gewonnen hätten. Er übernimmt das Amt im März 1981, wird aber im Dezember angeblich aus gesundheitlichen Gründen von dem Mann entmachtet, der ihm als Oberbefehlshaber des Heeres gefolgt war, Leopoldo Galtieri. 1985 wurde er wegen unrechtmäßiger Freiheitsberaubung, Folter und Raubes zu 17 Jahren Gefängnis verurteilt. Der Oberste Gerichtshof reduzierte die Strafe auf 16 Jahre und sechs Monate. 1990 von Menem begnadigt, starb er 1994.

Walsh, Rodolfo

einer der bedeutendsten argentinischen Erzähler des 20. Jahrhunderts, Autor von Novellen, Erzählungen, journalistischen Untersuchungen über politische Gewalt und Theaterstücken. Er mischte sich in die Bewegung der Montoneros ein, lehnte aber den Militarismus ihrer nationalen Führungsspitze ab. Nach dem Putsch von 1976 organisierte er die heimliche Verbreitung der Grausamkeiten aus den Konzentrationslagern der Diktatur über die Nachrichtenagentur ANCLA*. Am 25. März 1977, am Tag, an dem er auf dem Postweg den *Offenen Brief eines Schriftstellers an die Militärjunta* in Umlauf gebracht hatte, den Gabriel García Márquez als »Meisterwerk des universellen Journalismus« bezeichnet hat, versuchte ein von Astiz beauftragter Trupp der ESMA ihn zu entführen. Walsh widersetzte sich und wurde von Kugeln durchsiebt. Ein Gefangener sah seinen Körper in der ESMA, wo er vermutlich verbrannt wurde. 2012 wurden die Mitglieder der Einsatzgruppe, die versucht hatten, ihn zu entführen, darunter Acosta und Astiz, wegen des Mordes an Walsh verurteilt.

HORACIO VERBITSKY, OKTOBER 2015

SIGLENVERZEICHNIS

AMIA: Asociación Mutual Israelita Argentina; Jüdisches Gemeindezentrum in Argentinien. – Bei einem bis heute nicht aufgeklärten terroristischen Attentat auf den Sitz der AMIA in Buenos Aires kamen am 18. Juli 1994 85 Menschen ums Leben.

ANCLA: Agencia de Noticias Clandestina; Klandestine Nachrichtenagentur. – Von Rodolfo Walsh 1976 gegründete Nachrichtenagentur, die aus dem Untergrund heraus Informationen über die Verbrechen der Diktatur verbreitete.

CELS: Centro de Estudios Legales y Sociales; Zentrum für Legale und Soziale Studien. – Nichtregierungsorganisation, die sich seit der Gründung 1979 dem Schutz der Menschenrechte und der Stärkung des demokratischen Systems in Argentinien widmet. Seit 2000 fungiert Horacio Verbitsky als Präsident.

CGT: Confederación General del Trabajo de la República Argentina; Argentinischer Gewerkschaftsbund. – 1930 gegründeter Dachverband argentinischer Gewerkschaften. 1973 ermordeten die Montoneros den damaligen Generalsekretär José Rucci.

Conadep: Comisión Nacional sobre la Desaparición de Personas; Nationale Kommission über das Verschwindenlassen von Personen. – Von Präsident Raúl Alfonsín 1983 eingesetzte Kommission zur Untersuchung der Menschenrechtsverletzungen während der Diktatur unter Vorsitz des Schriftstellers Ernesto Sábato. 1984 veröffentlichte sie den Bericht ›Nunca Más!‹.

ESMA: Escuela de Mecánica de la Armada; Mechanikerschule der Marine. – Seit den 1920er-Jahren Ausbildungsstätte der Marine im Stadtteil Nuñez von Buenos Aires. Während der Diktatur von 1976 bis 1983 fungierte ein Gebäude des 17 Hektar großen Geländes, das Kasino der Offiziere, als geheimes Gefangenenlager der Marine. 2004 wurde das gesamte Gelände in einen ›Ort der Erinnerung und Menschenrechte‹ umgewandelt.

ERP: Ejército Revolucionario del Pueblo; Revolutionäre Volksarmee. – Seit 1970 in Argentinien agierende orthodox-marxistische Guerilla, deren Anführer Roberto Santucho im Juli 1976 vom Heer ermordet wurde.

FAP: Fuerzas Armadas Peronistas; Bewaffnete Peronistische Streitkräfte. – 1965 von Envar El Kadri ins Leben gerufene argentinische Guerilla.

FAR: Fuerzas Armadas Revolucionarios; Bewaffnete Revolutionäre Streitkräfte. – Ende der 1960er-Jahre gegründete marxistische Guerilla in Argentinien, die 1973 mit der linksperonistischen Gruppe der Montoneros fusionierte.

H.I.J.O.S.: Hijos y Hijas por la Identidad y la Justicia contra el Olvido y el Silencio; Söhne und Töchter für die Identität und die Gerechtigkeit gegen das Vergessen und das Schweigen. – 1995 von Kindern von Desaparecidos begründete Nichtregierungsorganisation, die ihren Sitz heute auf dem Gelände der ehemaligen ESMA hat.

OEA: Organización de los Estados Americanos; Organisation Amerikanischer Staaten. – 1948 gegründete Vereinigung von 35 Staaten Nord- und Südamerikas. 1979 besuchte die Interamerikanische Menschenrechtskommission der OEA Argentinien und dokumentierte 1980 in ihrem Bericht zahlreiche Menschenrechtsverletzungen.

SERPAJ: Servicio de Paz y Justicia; Dienst für Frieden und Gerechtigkeit. – In verschiedenen Ländern Lateinamerikas operierende Nichtregierungsorganisation. 1974 Mitbegründer und aktueller Präsident ist der argentinische Friedensnobelpreisträger Adolfo Pérez Esquivel.

SIDE: Secretaría de Informaciones del Estado; Argentinischer Geheimdienst. – 1946 von Juan D. Perón ins Leben gerufener größter staatlicher Geheimdienst. Dieser wurde 2015 aufgelöst und neu strukturiert als »Agencia Federal de Inteligencia« installiert.

Triple A: Alianza Anticomunista Argentina; Antikommunistische Allianz Argentiniens. – Rechte Todesschwadronen, die insbesondere während der Regierungszeit von Isabelita Perón Künstler, Intellektuelle, Gewerkschafter und Politiker verfolgten. Bis zu 700 Personen verschwanden oder wurden ermordet.